U0507533

绿色技术创新的制度研究

——基于生态文明的视角

杨发庭◎著

中国社会科学出版社

图书在版编目（CIP）数据

绿色技术创新的制度研究：基于生态文明的视角／杨发庭著 . —北京：
中国社会科学出版社，2017.3
ISBN 978 - 7 - 5203 - 0100 - 8

Ⅰ. ①绿…　Ⅱ. ①杨…　Ⅲ. ①无污染技术—技术革新—
研究　Ⅳ. ①F062.4

中国版本图书馆 CIP 数据核字（2017）第 055199 号

出 版 人	赵剑英	
责任编辑	孙　萍　马　明	
责任校对	郝阳洋	
责任印制	王　超	

出　　版	中国社会科学出版社	
社　　址	北京鼓楼西大街甲 158 号	
邮　　编	100720	
网　　址	http://www.csspw.cn	
发 行 部	010 - 84083685	
门 市 部	010 - 84029450	
经　　销	新华书店及其他书店	

印刷装订	北京君升印刷有限公司
版　　次	2017 年 3 月第 1 版
印　　次	2017 年 3 月第 1 次印刷

开　　本	710×1000　1/16
印　　张	16.5
字　　数	212 千字
定　　价	69.00 元

凡购买中国社会科学出版社图书，如有质量问题请与本社营销中心联系调换
电话:010 - 84083683
版权所有　侵权必究

序

在杨发庭博士完成《绿色技术创新的制度研究——基于生态文明的视角》一书之际，我受邀为之作序。杨发庭是我培养的一名博士生，在中央党校学习期间，谦虚好学、视野开阔、勤于思考，将社会需求和学术追求紧密结合，把绿色技术创新的制度研究作为主攻方向。本书是在他博士论文的基础上修改完成的，体现了杨发庭博士近年来的学术积累和感悟，凝聚了其大量心血，反映了其孜孜不倦的求索精神。

近年来，我带领我的团队（杨发庭博士是我的团队中重要成员之一）致力于生态文明、绿色发展、技术创新等领域的研究，先后主持完成了国家社科基金重点课题"我国绿色发展的理论建构与动力机制研究""绿色技术范式与生态文明制度研究"，主持在研的有国家社科基金委托专项课题"十八大以来党中央治国理政的生态文明思想和实践研究"，先后出版了《如何实现美丽中国梦——生态文明开启新时代》《绿色发展的动力机制研究》《我国生态文明建设的理论创新与实践探索》《全球视野中的绿色发展与创新——中国未来可持续发展模式探索》《党政干部环境保护知识读本》等著作。我很欣慰我的学生们一直跟随着我的研究领域，他们不断地为生态文明建设和绿色发展研究领域贡献新的研究成果，如郝栋博士出版的专著《绿色发展的思想轨迹——从浅绿色到深绿色》、卢艳玲撰写的博士论文《生态文明建构的当代视野》等，逐渐成长为生态文明建设和绿色发展的生力军。

绿色技术创新的制度研究是一个很有价值的研究方向。绿色技术是技术在生态科学和绿色观念指导下的实践活动，其内在结构是由生态科学、人与自然和谐发展的技术目标、生态经济产业的技术载体和生态环保的技术共同体构成的。绿色技术创新在理论上是对传统技术理论的进一步丰富和发展，是对技术本质认识的深化，同时，绿色技术创新在我国当前绿色发展和生态文明建设的大的时代背景与社会背景下具有重要的动力支撑作用。面对日益严重的环境问题，如何突破发展的资源瓶颈、化解过剩的产能、对传统不可持续的技术进行绿色化改造，都将是绿色技术创新所要探讨并解决的问题。另外，技术除了自身发展的自主性，在社会运行之中也形成了特定的技术范式。因此，在技术与社会之间，绿色技术的发展还需要相应的社会制度作为支撑，这也是为什么习近平总书记强调要进行生态文明体制改革，尽快搭建起我国生态文明制度体系的"四梁八柱"。

杨发庭博士在《绿色技术创新的制度研究——基于生态文明的视角》一书中，主要探讨并回答了以下问题：究竟怎样的技术创新才是全面、系统和生态的？为什么在传统工业体系中，绿色技术创新难以生存？绿色技术创新所需要的外部环境是怎样的？驱动绿色技术创新的动力是什么？通过对上述问题的探讨，提出了一些有价值的观点："技术进步与制度变迁是一个相互渗透、互为因果、双向互动的过程，共同构成一个联系紧密、不可分割的动态结构和有机整体。技术进步为制度变迁提供支撑，是制度变迁的动力源。制度变迁为技术进步提供坚实保障，是技术进步的助推器""技术的发展遵循着从萌芽期、成长期、成熟期到衰落期的规律""绿色技术创新制度重在解决人与自然之间的关系""绿色技术创新的联动制度体系是以生态价值观为前提，以人与自然和谐为出发点，以政策激励制度、现代市场制度、社会参与制度、文化提升制度和法律保障制度为主要内容的制度体系"。

从生态文明的视角，探讨技术与制度的互动关系是一个新的话题，本书作了有益的探讨，当然这也是一个需要不断深入研究的领域。比如，政府、企业、社会不同主体在绿色技术创新中发挥作用的机理、绿色技术范式与生态文明制度的互动机制、绿色技术创新制度的典型案例及启示等，值得进一步探索。希望杨发庭博士今后能在本书的基础上继续进行更深层次的拓展研究。

《绿色技术创新的制度研究——基于生态文明的视角》一书坚持问题导向、思路清晰、逻辑完整，从技术与制度互动的层面，提出了自己的学术见解、实践构想和对策建议，为生态文明建设做了扎实的理论探索。我认为，本书有一定的启示作用，值得一读。也期望能够有更多的青年学生和学者关注绿色发展与生态文明建设的研究，为美丽中国绿色崛起贡献智慧，向世界讲好生态文明建设的中国故事。

赵建军

2017 年 3 月

目　　录

导　　论

一　问题的提出

工业革命以来，生态危机的出现使人们深刻反思大肆掠夺自然的行为，期待着人类文明的新发展。工业文明是以大工业生产、人对自然疯狂掠夺为特征的文明形态。在工业文明时期，人与自然的关系被异化，人类占有欲不断膨胀，肆意破坏生态，企图完全征服自然和统治自然。生态文明是以产业生态化、人与自然和谐共存为特征的文明形态。在生态文明时期，人与自然的关系平等和谐，人类尊重、顺应和保护自然，追求安全、舒适、健康和绿色的生产和生活环境。因此，从工业文明向生态文明转型符合文明发展的趋势和演变规律。

改革开放以来，我国先后建立了一批资源利用、技术创新和环境保护方面的制度，但是这些现有的制度多数已经跟不上时代的发展。长期以来，人类中心主义和功利主义的不断强化，使得人类把征服自然、掠夺自然视为理应如此的行为，甚至把"山高我为峰"等肆意践踏自然的行为看作一种成功的象征和资本。粗放型的经济发展模式已经使得环境难以为继，蓝天白云、青山绿水日益远离我们，生态系统岌岌可危，由环境问题引发的群体性事件逐年增多。一些地方政府的生态文明意识尚未形成，相关决策部门针对生态文明的顶层设计还是空白，没有制定出生态文明发展的整体策略和规划。基于长期形成的制度路径依赖，一些地方政府的发展观和政绩观依然停留在"唯 GDP 至上论"的层次，政府生态服务能力偏低。作为公共权威的代表，政府的生态服务能力低下会影响社会组织和公众的积极性。面对资源耗竭、环境污染、生态退化的严峻形势，建设生态文明成为人们的迫切需求。

生态文明是应对生态危机的理论思考和实践探索，是解决人与自然矛盾激化的有效途径，是一个认识不断深化、理论逐渐成熟的过程。生态文明的核心是人与自然的关系，生态文明建设需要以平等甚至敬畏的心态对待自然，赋予生态一种独立的"人格"，建设生态和谐、经济和谐、社会和谐相统一的现代文明。生态文明建设需要制度保障，生态文明制度需要绿色技术支撑，绿色技术的生命力在于不断创新。绿色技术创新具有丰富的内涵和时代特征，对生态文明建设和绿色现代化的实现具有强大的推动作用。具体来说，主要是基于以下两点认识。

第一，绿色技术创新是对技术创新的拓展和提升。在传统工业化发展模式下，人们片面追求大生产及经济的快速发展，以高消耗、高污染为代价换取高经济效益，却很少考虑到社会效益和生态效益。人们对技术过度崇拜，把希望寄托于单纯为提高产量和效率的技术创新上，导致技术像一匹脱缰的野马难以驾驭和控制，促使技术创新越来越偏离正确的轨道，引起了一系列的政治、社会和生态问题。这引发了人们对技术创新的反思，究竟怎样的技术创新才是全面、系统和生态的呢？20 世纪 60 年代，国外开始了对绿色技术创新的研究，人们逐渐意识到绿色技术创新是一种符合时代要求的新型的技术创新，从设计、研发到生产都是生态的，整个过程考虑的不仅仅是经济效益，而是从全局出发，兼顾经济、社会、生态各方面，力争以最少的资源消耗获得最大的收益。

第二，绿色技术创新是生态文明视域下技术创新的崭新形态。在传统工业体系下，人们一直重视技术应用的经济指标，忽视了环境指标和资源消耗指标，导致技术异化，引起生态危机，出现了人与自然关系的恶化，而绿色技术创新也是"举步维艰"，没有发展的空间。人们陷入了新的思索，为什么在传统工业体系中，绿色技术创新难以生存呢？原因很清楚，传统工业体系存在着诸多制度性的障碍，条条框框约束着绿色技术创新。那么，在怎样的环境中，才会使绿色技术创新焕发生机呢？技术的生态化转向，促进生态文明转型，给人们带来了答案。只有在生态文明的视域下，扫除各种制度性障碍，绿色技术创新才有生存的土壤和发展的环境，才会释放出饱满的激情和巨大的活力。

综上所述，绿色技术创新是绿色技术从思想形成到推向市场的整个创新过程，是综合考虑生态需求、环境承载、资源利用、成本控制的技术创新。绿色技术创新是对技术创新的拓展和提升，是生态文明视域下技术创新的崭新形态，是推动绿色发展的重要动力和迫切需求。绿色技术创新倡导人、技术、制度的和谐统一，积极践行生态价值观，提高了环境支撑能力和生态容纳能力，蕴含着丰富的人文精神和伦理关怀。绿色技术创新需要良好的制度环境。绿色技术创新的制度是绿色技术创新的前提和保障。可是问题在于，在生态文明视域下，有哪些力量驱动着绿色技术创新向前发展？怎样发挥制度的激励和保障作用？影响绿色技术创新的深层次因素及其路径又是什么呢？在不断的绿色技术创新过程中，如何才能既保持经济发展又促进生态优化，既有金山银山又有绿水青山呢？对这些问题，已有研究还没有很好地解决。

因此，在工业文明向生态文明转型时期，系统探讨绿色技术创新及其制度，具有紧迫性和重要性。建设生态文明需要绿色技术支撑，绿色技术需要不断创新才会产生不竭动力，绿色技术创新需要制度进行激励、约束和保障。本书系统分析技术与制度的变迁与互动关系，摸清绿色技术与传统技术、绿色技术创新与传统技术创新之间的演变逻辑，紧扣主题，层层深入。生态危机引发人们对工业文明的反思，促使人们转变发展的理念、道路和模式，走生态文明之路；建设生态文明需要制度支持，生态文明制度需要绿色技术支撑；绿色技术发展需要绿色技术创新，绿色技术创新需要制度保障，构建绿色技术创新的联动制度体系符合时代发展要求。绿色技术创新制度促进绿色技术的发展，推动生态文明的转型和绿色现代化的实现。

二 研究的意义

（一）理论意义

人类经历了三种文明：原始文明、农业文明和工业文明。目前，正从工业文明向第四种文明形态即生态文明转型。原始文明是人类依附于自然、受自然支配的文明形态，人类受到自然的束缚，盲目地崇拜自然和依赖自然。农业文明是人类利用自然、改造自然、有限破坏自然的文明形态，人类对生态环境的破坏是有限的，没有超出大自然的承载能力。工业文明是人类控制自然、征服自然、严重破坏自然的文明形态，人类大量消耗资源能源，疯狂掠夺自然，引起了沙尘暴、沙漠化、大洪水等一系列生态问题，造成生态危机。生态文明是人类尊重、顺应和保护自然，实现人与自然和谐共处的文明形态。生态文明摒弃了工业文明对资源能源的过度消耗、对生态环境的强行破坏、对物质生活的日益膨胀，追求生态公平和生态正义，坚持走绿色发展之路。绿色发展就是既要发展，又要绿色，是对资源高效利用、对环境全面保护的发展，是统筹兼顾、全面协调的发展。建设生态文明，实现绿色发展，绿色技术是支撑。发展绿色技术需要绿色技术创新的引领。绿色技术创新的发展需要良好的制度，制度是绿色技术创新的前提和保障。因此，从生态文明的视角，系统分析绿色技术创新的制度，是对人、自然、技术三者和谐发展理论的提升，丰富和发展了生态文明理论，为绿色技术创新提供坚实保障和巨大动力。

（二）实践意义

环境容量和最终承载能力是经济社会系统的硬约束。面对资源环境压力、生态环境退化、全球气候变化的重重压力，我国需要积极地参与全球绿色工业革命，大力进行绿色技术创新。绿色技术创新有助于加快转变发展方式，提升生态文明建设水平，推动生态文明转型。绿色技术创新有助于加快绿色技术的研发、扩散和产业化，以科技进步和持续创新实现绿色发展，提升绿色竞争力。绿色技术创新有助于积极参与绿色工业革命，占领国际绿色市场，实现绿色现代化。坚持生态文明和绿色技术创新理念，总结国内外生态文明和绿色技术创新的实践经验，设计绿色现代化蓝图，有利于人类整体的、长远的生存与发展，有利于推进人类的现代化，实现人的全面发展，推进人类文明向更高层次跃进。因此，立足于可持续发展，从全局、长远的利益出发，基于生态文明的视角，研究绿色技术创新的制度，对于经济发展、社会进步、生态文明建设、可持续发展具有重要的实践意义。

三　国内外研究现状

（一）关于绿色技术的研究现状

1. 国外绿色技术的研究现状

从 20 世纪 60 年代起，西方工业化国家出现了社会生态运动，人们深刻反思运用传统技术大肆破坏生态环境、引发生态危机的疯狂行为。1992 年，联合国举行"环境与发展大会"，通过了《21 世纪议程》等文件。《21 世纪议程》指出，绿色技术是获得持续发展，支撑世界经济，保护环境，减少贫穷和人类痛苦的技术。① 随后，国外专家学者分别从不同领域、不同角度，运用不同方法对绿色技术进行了分类和研究，提出了各具特色的观点。

Becker M. 等（1995）认为，绿色技术包括绿肥技术，要适当评估绿肥技术发展状况、潜力和局限性，并把使用水稻种植系统作为案例进行分析。目前，在水稻种植方面，仅仅将少部分的豆类植物作为绿肥使用。在亚洲和非洲的潮湿地带，田菁是最广泛使用的绿肥；而在比较冷的地带，充当绿肥角色的是红花草。但是由于农业和社会—经济方面的局限性，在可预见的未来，绿肥的使用不是非常乐观。但是，当土壤特质和水文特征对于粮食作物生产不那么理想的情况下，绿肥可能会有一个比较现实和实际的应用空间，因为农民将会被迫使用绿肥来满足他们的粮食产量需求。②

Schwitzguébel J. P.（2001）认为，植物修复技术是一种绿色技术，在很大程度上，需要在基本研究领域和应用研究领域加大研究力度以求发现高等植物的代谢和生长习性。植物修复技术被描述为使用绿色植物和与绿色植物相关联的微生物、土壤改良剂和农事技术的方式消除和遏制无毒的环境污染物。欧洲成本行动837计划的根本目的就是促进植物修复技术的发展和评估植物生物技术的潜能，力求将有机污染物和有毒金属从废水和被污染的地带排除出去。③

Jiménez-González C. 等（2004）认为，在当今社会，人们对可持续的生产过程和产品表现出了日益高涨的兴趣，因为它们对人类而言是健康的、环保的和安全的。专家将绿色技术划分成四个

---

① United Nations Commission on the Environment and Development. Agenda 21 [R]. USA: UNCED, 1992.

② Becker M., Ladha J. K., Ali M. Green Manure Technology: Potential, Usage, and Limitations. A Case Study for Lowland Rice [J]. Plant and Soil, 1995, 174 (1 – 2): 181 – 194.

③ Schwitzguébel J. P. Hype or Hope: The Potential of Phytoremediation as an Emerging Green Technology [J]. Remediation Journal, 2001, 11 (4): 63 – 78.

领域：环保领域、安全领域、效益领域和能量领域。这四个领域之间没有高低贵贱之分，这就为根据不同的商业目标确立重要性分级提供了广阔的空间。①

Ulrich J. （2004）认为，社会的结构范式在很大程度上影响了社会是否将某一种技术认同为绿色技术。长久以来，关于融化结晶是否是绿色技术的问题一直处于探讨的过程当中。除了对技术原因的评估，针对荷兰化学工业中能源消耗的案例研究表明：很多积极的证据显示融化结晶可以被看作一种绿色技术。②

Gratão P. L. 等（2005）认为，有毒金属对环境所造成的污染给人和生物圈产生了严重的威胁，突出表现为降低了农业产量和破坏了生态系统的健康。在发达国家中，这个问题已经进入人们的视野。人们开始通过抗有毒金属植物的绿色技术来清理受到污染的土壤。使用自然而生的抗有毒金属植物和基因管控的方法也许可以加速对绿色技术的实地应用。最近在这个领域所取得的进步主要来源于植物组学技术，研究表明这种技术在发展上述绿色技术的过程中起到了至关重要的作用。但是，究竟如何使用基因技术转变植物使其具有抗有毒金属的属性以及如何使用此类植物有待细细考量。③

Basel I. Ismail 和 Wael H. Ahmed （2009）认为，热电电力发电机通过它独特的优势成为一种有前景的、供替代选择的绿色技

① Jiménez-González C. , Constable D. J. , Curzons A. D. , et al. Developing GSK's Green Technology Guidance: Methodology for Case-scenario Comparison of Technologies [J]. Clean Technologies and Environmental Policy, 2002, 4 (1): 44 – 53.

② Ulrich J. Is Melt Crystallization a Green Technology? [J]. Crystal Growth & Design, 2004, 4 (5): 879 – 880.

③ Gratão P. L. , Prasad M. N. V. , Cardoso P. F. , et al. Phytoremediation: Green Technology for the Clean up of Toxic Metals in the Environment [J]. Brazilian Journal of Plant Physiology, 2005, 17 (1): 53 – 64.

术。通过这种技术产生的电能在将废热能转化为电能的过程中提供了一种潜在应用，而且在这个过程中热能输入的成本可以忽略不计。在将废热能直接转化为电能的过程中应用这种绿色技术还可以在整体上改进能源转化系统的效率。①

Hall B. H. 等（2010）认为，全球气候的变动要求大量发展和融合绿色技术。气候改变相关技术融合的研究表明：双重界外效应问题同时体现在环境和知识两个领域，这暗示着专利保护也许并不是促进创新的有效工具，特别是在绿色技术创新和绿色技术本土化领域。②

Lema R. 等（2012）认为，国际技术转化在如何遏制由于中国和印度的经济快速发展所产生的碳排放问题中始终占据中心议题的位置。但是考虑到中国和印度在科技创新和发展绿色技术中所取得的巨大进步的时候，技术转化对中国和印度的相关度又有多大？要回答这个问题，需要从两个国家的绿色技术研究着手，如风能、太阳能、电力机车和混合动力机车。传统的技术转换机制，如外商直接投资和经营，对于一个国家工业的形成和发展是非常重要的。但是，随着工业体系的初步形成，新的"非传统技术转换机制"，如 R&D 伙伴关系与直接购买外商公司，就会发挥着越来越重要的作用和功能。在中国和印度的工业领域中为传统的技术转换机制保留的空间已经非常有限了，应当快速地实现从技术移植到国际合作与本土创新的转化。③

---

① Basel I. Ismail, Wael H. Ahmed, Thermoelectric Power Generation Using Waste-Heat Energy as an Alternative Green Technology [J]. Recent Advances in Electrical and Electronic Engineering, 2009, 2, 27 – 39.

② Hall B. H. , Helmers C. The Role of Patent Protection in (Clean/Green) Technology Transfer [R]. Social Science Electrinic Publishing, 2010, 26 (4): 487 – 552.

③ Lema R. , Lema A. Technology Transfer? The Rise of China and India in Green Technology Sectors [J]. Innovation and Development, 2012, 2 (1): 23 – 44.

2. 国内绿色技术的研究现状

随着绿色技术传入我国，绿色技术的发展逐渐影响着人们的生产、生活和思维方式。不同的学者，从不同的学科背景出发，对绿色技术进行理论总结和实践探索，提出了不同的观点。下面主要从绿色技术的理论层面和实践层面进行分析。

在绿色技术的理论层面，学者们见仁见智。陈昌曙认为，绿色技术是少污染、低污染、无污染、可持续的技术。[①] 吴晓波等人认为，缺乏利益激励和技术力量薄弱，成为阻碍绿色技术创新的主要原因。应建立绿色技术服务中心，形成一定程度的社会服务体系，不断调整产业政策和技术改造政策，大力推进合作创新。[②] 张亚雷等人把技术划分为三大类：传统技术、灰色技术和绿色技术。他们把绿色技术分为环境立法与管理、清洁生产、环境污染控制、绿色产品四个层次，认为绿色技术影响着人类生态伦理观和生产、生活方式，有助于实施可持续发展战略。[③] 赵定涛等人认为，绿色技术是符合自然生态演化规律，促进人与自然、人与社会和谐发展的无公害化技术。绿色技术以可再生能源的开发利用技术为基础，加强生态技术、信息技术、生物工程技术的运用，实现生产和运行过程中的低能耗、高效率、无公害。[④] 杨发明认为，绿色技术是一个从"浅绿色"到"深绿色"、从"远绿色"到"近绿色"的谱带。[⑤] 甘德建认为，绿色技术是一门

[①] 陈昌曙：《哲学视野中的可持续发展》，中国社会科学出版社2000年版，第216页。

[②] 吴晓波、杨发明：《绿色技术的创新和扩散》，《科研管理》1996年第1期，第39—41页。

[③] 张亚雷、顾国维：《绿色技术与可持续发展》，《中国人口·资源与环境》1997年第3期，第35—38页。

[④] 赵定涛、王士平：《绿色技术与自然、社会的协调发展》，《安徽大学学报》1997年第4期，第95—97页。

[⑤] 杨发明：《企业绿色技术创新过程与模式研究》，博士学位论文，浙江大学，1999年。

系统技术，分为绿色产品、绿色工艺和绿色意识三部分。他认为
开发绿色技术是生态危机的呼唤，反映了人们对技术的理性思
维，有助于促进生态平衡，推动人与自然和谐相处。① 俞国平认
为，绿色技术是符合生态规律和经济规律，富有外部正效应，具
有更多规定性和更大风险性的技术。② 叶薇认为，绿色技术包括
以减少污染为目标的浅绿色技术和以处置废物为目的的深绿色技
术。我国绿色技术发展不平衡，重视深绿色技术，忽视浅绿色技
术，主要原因是大众环保意识较低、环保投资不足、环境管理不
完善、社会化服务体系不健全。③ 王忠学、陈凡认为，绿色技术
的生态负效应最小，很少造成环境污染；绿色技术是一个包括污
染防治技术、环境监测技术、清洁生产技术、生态恢复技术等的
技术群，具有战略性和创新性。绿色技术经济功能的前提是生态
功能。④ 李翠锦等人认为，绿色技术是一种实现原材料和废弃物
再循环利用的方法、工艺和产品的总称。我国企业绿色技术创新
的能力不足，需要企业重视绿色技术开发和运用。⑤ 陈永申认为，
为应对能源危机、资源匮乏、生态退化的严峻局面，应大力发展
生物质能技术、太阳能应用技术、风能和海洋能技术、核电技
术、氢技术、海水淡化的膜技术、生物肥料技术等绿色技术，大
力发展循环经济，促进生态现代化的实现。⑥ 秦书生认为绿色技

---

① 甘德建：《论绿色技术》，《陕西环境》2000 年第 4 期，第 25—27 页。
② 俞国平：《试析绿色技术创新的制度障碍》，《生态经济》2001 年第 12 期，第 89 页。
③ 叶薇：《中国绿色技术现状及成因分析》，《科技进步与对策》2002 年第 3 期，第 31—32 页。
④ 王忠学、陈凡：《绿色技术系统观》，《理论界》2004 年第 2 期，第 51—52 页。
⑤ 李翠锦、李万明、王太祥：《我国企业绿色技术创新的新制度经济学分析》，《现代管理科学》2004 年第 11 期，第 25 页。
⑥ 陈永申：《生态现代化、循环经济与绿色技术》，《国际技术经济研究》2007 年第 2 期，第 21—22 页。

术包括资源化技术、再利用技术、替代技术等，是生态文明的技术支撑，绿色技术节约资源、保护环境、减少资源能源浪费、提高资源能源利用效率。绿色技术开发坚持以下原则，即关爱自然、经济价值与生态价值并重、运用绿色技术合理利用资源、资源循环利用、技术的生态影响评估和预警、实事求是原则。① 崔震宇认为，绿色技术应该从生态和资源两个层面去理解，绿色技术是一种节约资源、避免或减少环境污染、推动循环经济发展、维持生态平衡的技术。② 樊宏法等人认为，绿色技术是以人与自然、人与社会协调发展为理念，由绿色自然技术和绿色社会技术构成的体系。人类中心环境整体论是绿色技术的价值论基础。③ 衡孝庆等人从技术系统自身的属性出发，通过反思技术与生态的互动关系，认为绿色技术的界定只能是基于我们目前的技术能力和生态认识能力所构建的生态认识层面。绿色技术建立在生态科学基础之上，尽可能减少对环境的破坏。④ 王毅认为，绿色技术包括绿色低碳工业技术、低碳能源技术、绿色建筑技术、绿色交通技术、低碳农业技术、绿色消费技术、绿色环保协同控制技术和与绿色发展能力相关的技术。⑤ 另外，还有其他学者也对绿色技术进行了理论分析。

在绿色技术的实践层面，学者们也提出了不同的观点。吴晓波等人以造纸企业、印染企业、水泥企业等高污染企业为例，分析

① 秦书生：《生态文明视野中的绿色技术》，《科技与经济》2010 年第 3 期，第 82—84 页。

② 崔震宇：《企业绿色技术创新与应用》，《思想战线》2010 年第 S2 期，第 60—61 页。

③ 樊宏法、邹成效：《绿色技术的价值论基础——人类中心环境整体论》，《伦理学研究》2010 年第 5 期，第 95 页。

④ 衡孝庆、邹成效：《绿色技术三问》，《自然辩证法研究》2011 年第 6 期，第 111—112 页。

⑤ 科学技术部社会发展科技司、中国 21 世纪议程管理中心编著：《绿色发展与科技创新》，2011 年，第 96 页。

了我国绿色技术的创新和扩散的现状、原因和对策。① 任照阳等人
分析了一种新兴绿色技术——水生植物修复技术，他们认为植物修
复技术具有修复、保护和美化环境的功能，并且投资相对较低，
管理简便，处理效果好。② 丁绍兰等人探讨了绿色技术在皮革工业
中的应用，指出了皮革生产中存在的问题，从生产工艺设计、原
料、生产技术等方面提出了皮革生产中的绿色化要求。③ 张桦等人
以上海世博会建筑为例，从被动式建筑绿色技术、与建筑一体化
的空间绿化、再生能源利用、非传统水源的利用、绿色材料等方
面分析了绿色技术在建筑中的应用，他们认为绿色建筑设计理念
的核心是节约资源、节约能源、回归自然，内涵是减少建筑对环
境的负荷。④ 易格认为，绿色技术在城市市区边缘城镇及乡效地区
的规划设计、城市绿色基础设施的设计、城市绿色建筑物的设计、
城市园绿色开敞空间的设计等方面发挥了重要作用，为城市生态
环境改善提供保障。⑤ 郭振中等人认为绿色技术有利于促进循环经
济的发展，提出了促进绿色技术应用和推广的政策措施。⑥

　　总之，专家学者从理论层面和实践层面对绿色技术进行深入探
讨，取得了一些学术上的成果，推动了绿色技术的发展。结合以
上专家学者的观点，根据十八大提出的"着力推进绿色发展、循

　　① 吴晓波、杨发明：《绿色技术的创新和扩散》，《科研管理》1996 年第 1 期，第 38 页。
　　② 任照阳、邓春光：《新兴绿色技术——水生植物修复技术》，《节水灌溉》2007 年第 4 期，第 17 页。
　　③ 丁绍兰、王睿：《绿色技术在皮革工业中的应用》，《皮革科学与工程》2008 年第 3 期，第 26 页。
　　④ 张桦、田炜：《世博建筑绿色技术分析与思考》，《动感（生态城市与绿色建筑）》2010 年第 2 期，第 83—88 页。
　　⑤ 易格：《绿色技术在城市设计中的运用》，《城市建设理论研究》2012 年第 22 期，第 20 页。
　　⑥ 郭振中、张传庆：《关于构建绿色技术政策体系的几点思考》，《东北大学学报》（社会科学版）2007 年第 1 期，第 48 页。

环发展、低碳发展"论述，以及党和国家领导人的重要讲话，笔者认为，绿色技术是指能够推动绿色发展、循环发展、低碳发展的技术体系。绿色技术包含循环技术和低碳技术，它以可持续发展为理念，以循环清洁利用为准则，旨在实现人与自然、人与社会的和谐共存。与传统技术与制度的互动相比，绿色技术与制度的互动表现为污染更少、效率更高、速度更快、范围更广、驱动力更大、持续性更强、人与自然更加和谐等系列特征。

（二）关于绿色技术创新的研究现状

1. 国外绿色技术创新研究现状

20 世纪 60 年代，国外开始对绿色技术创新进行研究。1962年，美国海洋生物学家蕾切尔·卡逊出版了《寂静的春天》，反思了人类对大自然的疯狂掠夺行为，揭示了农药和化肥会使生机勃勃的大自然陷入沉寂，这标志着绿色意识开始萌芽。随着可持续发展理论的完善，绿色技术创新的研究被纳入可持续发展的框架。在一些国际会议和学术研讨会上，绿色技术创新成为讨论的重要议题。很多国家不断完善绿色技术创新政策体系，制定和实施绿色技术创新法律法规，鼓励社会组织和大众支持绿色技术创新。国外诸多专家学者探讨了文化、政策等制度因素对绿色技术创新的影响。

Hrubovcak J. 等（1999）认为，为了使美国农业在经济可持续发展的道路上继续前行，产量的增加必须得到技术的辅助，尤其是有益的和更加环保、健康的绿色技术。在这种语境中，我们必须考察绿色技术（也可称之为可持续发展的技术）对农业的可持续发展所起的作用。但是绿色技术市场的匮乏会限制其发展。另外，技术的产生并不意味着它一定会发挥相应的作用和功能，因为新的技术被社会所接受和认可需要一段时间。和绿色技术相关的产业，如保育耕作、有害生物综合治理、营养管理和精细农业，即使有证据表明某种绿色技术是有益的，社会对其投入应用的阻力还是不容忽视的。这种社会认同性与该社会的文化等因素相关，所以对绿色技术创新的研究必须伴随文化研究。[①]

Norberg-Bohm 等（1999）认为，人们应当迈入闭合回路式的工业社会，以避免环境污染和生态系统退化的影响。这个目标的实现有赖于在产品和生产过程方面进行彻底的技术创新。人们必须探讨如何设计公共政策制度，使之促进而不是阻碍污染防治的技术创新。这有赖于人们对政府在技术发展和拓展过程当中所起作用的理解。总体而言，在过去的十年当中，美国环境政策系统经历了一系列变革，很多变革的直接目的就是促进绿色技术的进步。这些变革为私人企业提供了相关绿色进步的信息，为技术的变革提供灵活的空间，企业自主选择适合自身的环境规章和目标。得益于这些变革，企业就更可能为了改善环境而采用绿色技术。但是，这些改革同样存在显著的弱点。除非政策本身就能提供关于未来环境需求的强有力的政治或经济动机以及更明确的变革信号，否则恐怕不能有效地促进工业技术革新，尤其是当回馈是长期的或是不确定的时候。如果是这样的话，迈向最小浪费社会的步伐将会步履维艰。[②]

Anex R. P.（2000）强调设计公共政策促进绿色技术创新。他认为，工业发展的可持续性在很大程度上依赖于绿色工业的发展，而绿色工业的发展要求通过私人企业实现根本的技术创新。通过公共政策鼓励绿色技术创新，需要对技术创新过程和政策如何影响企业技术创新进行深入分析。这要求人们评估当前的环保政策，

---

① Hrubovcak J., Vasavada U., Aldy J. E. Green Technologies for a More Sustainable Agriculture [R]. Agricultural Information Bulletins, 1999.

② Norberg-Bohm V. Stimulating "Green" Technological Innovation: An Analysis of Alternative Policy Mechanisms [J]. Policy Sciences, 1999, 32 (1): 13 - 38.

在政策评估的过程中，人们会加深对创新进程、政策机制、绿色技术和环境技术的理解。在绿色技术创新的框架中，公共政策和绿色技术相互影响、不可分割。[①]

Isik M.（2004）分析了政策的有效性对绿色技术创新的影响。他认为，美国的水质量保护系统立足于对农民的财政激励，这个激励举措的动机就是促使农民采用先进管理模式，推动绿色技术创新。一味增加补贴将导致农民对补贴政策产生依赖，使用一种没有确定性的价值选择模式将导致投资的延宕，关于分摊成本补贴政策的不确定程度将影响农民对绿色技术的应用。同样的道理，这种不确定性还会影响投资决策。当没有分摊成本补贴政策的时候，拖延采用绿色技术的概率将会提升。如果政策是有效的，进行绿色技术创新的概率将会增加。[②]

Jaffe A. B. 等（2005）认为，政策的实施与推动绿色技术创新相互联系。与环境污染、技术创新相关的市场失灵和公共政策相关，这些公共政策指的是能够减少废气排放量和增强绿色技术应用与推广的政策。理论和经验证据都显示，技术进步的频率和方向受制于市场和管理方面的动机，并且可以通过使用经济刺激政策得以有效贯彻。目前人们面临着弱势的环境政策甚至是环境政策的缺失，在绿色技术创新和扩散方面的投资很可能会比社会的实际需求少得多。而且很多社会问题，比如知识的匮乏、人口的不断增长以及信息的不对称都有可能导致创新机制和创新动机的弱化乃至崩溃。当绿色技术创新政策面临困境时，长远发展的视

① Anex R. P. Stimulating Innovation in Green Technology Policy Alternatives and Opportunities [J]. American Behavioral Scientist, 2000, 44 (2): 188 - 212.

② Isik M. Incentives for Technology Adoption under Environmental Policy Uncertainty: Implications for Green Payment Programs [J]. Environmental and Resource Economics, 2004, 27 (3): 247 - 263.

角给人们提供了一项可供参考的策略。概括而言，这种策略就是不断通过实证的方法测试所采取政策的有效性，并通过系统的方法科学评估所采取的政策。①

2. 国内绿色技术创新研究现状

面对日益严峻的生态危机，为促进经济社会的可持续发展，自20世纪90年代以来，国内学者对绿色技术创新进行了系统研究。

（1）关于绿色技术创新的内涵及构成。杨发明等人认为，绿色技术创新包含三个层次，即处理已产生污染的末端治理技术创新、将污染降到最低的绿色工艺创新、全过程预防和减少污染的绿色产品创新。② 袁凌等人认为，绿色技术创新包括清洁生产技术创新和绿色产品开发技术创新两个层次，我国的绿色技术创新系统包括社会教育子系统、技术研发子系统、投融资支持子系统和政策法规子系统。③ 钟晖、王建锋指出，为了保护环境，从管理和技术上进行的创新是绿色技术创新。它包括可对产品进行回收利用的绿色产品创新，减少废弃物排放的绿色工艺创新两部分内容。④ 甘德建等人认为，绿色技术创新分为降低污染的绿色工艺创新、节约能源的绿色产品创新和保护环境的绿色意识创新三大类。绿色技术创新具有绿色工艺创新的内部不经济性、绿色产品创新的社会性、绿色意识创新的被动性三个特点。⑤ 万伦来、黄志斌认为，绿色指省料节能、重复使用和高效循环，绿色技术

---

① Jaffe A. B. , Newell R. G. , Stavins R. N. A Tale of Two Market Failures: Technology and Environmental Policy [J]. Ecological Economics, 2005, 54 (2): 164 – 174.

② 杨发明、吕燕：《绿色技术创新的组合激励研究》，《科研管理》1998年第1期，第41页。

③ 袁凌、申颖涛、姜太平：《论绿色技术创新》，《科技进步与对策》2000年第9期，第64—65页。

④ 钟晖、王建锋：《建立绿色技术创新机制》，《生态经济》2000年第3期，第41页。

⑤ 甘德建、王莉莉：《绿色技术和绿色技术创新——可持续发展的当代形式》，《河南社会科学》2003年第2期，第23—24页。

创新是政府、企业、社会机构等创新主体，以绿色技术发明为基础，重视绿色技术成果商品化和绿色技术成果公益化，符合可持续发展要求、追求经济效益和社会效益的统一的技术创新。[①] 秦书生将科学发展观与传统发展观进行了对比，认为在科学发展观视野下，绿色技术创新坚持实用性、高效性、创新性和公平性的统一。[②] 张光宇认为，绿色技术创新是指在生产、消费等领域，综合考虑产品成本、资源消耗、生态破坏和人体健康等情况，进行综合分析、全面衡量，寻找最优化路径的技术创新活动。[③] 还有一些专家学者，如胡鞍钢、陈劲等探讨了绿色技术创新的问题。

基于以上分析，笔者认为，绿色技术创新包括两方面的含义：第一，绿色技术创新指"绿色 + 技术创新"。"技术创新"是中心语；"绿色"是定语，用来限制"技术创新"，指无污染、低能耗、可循环、清洁化。这里的绿色技术创新是指一种不同于传统技术创新的发展模式。第二，绿色技术创新指"绿色技术 + 创新"。"绿色技术"是主语；"创新"是谓语，用来强调绿色技术主体的行为。这里的绿色技术创新是指为促进人与自然和谐的绿色技术快速发展，而开展的各种有价值的创造性活动。

（2）关于绿色技术创新的制度。笔者在中国知网输入"绿色技术创新制度"查询，发现关于绿色技术创新制度的文章很多，从整体上看，文章数量呈上升趋势。代表性的文章有：张文博的《绿色技术创新制度及其结构设计》、俞国平的《浅析绿色技术创

---

① 万伦来、黄志斌：《绿色技术创新：推动我国经济可持续发展的有效途径》，《生态经济》2004 年第 6 期，第 29—30 页。

② 秦书生：《科学发展观视野中的绿色技术创新》，《科技与经济》2010 年第 3 期，第 124 页。

③ 张光宇：《企业绿色技术创新动力机制研究》，硕士学位论文，哈尔滨工业大学，2010 年，第 9 页。

新的制度障碍》、张艳的《论绿色技术创新的法律制度体系构建》、李启明的《企业绿色技术创新的激励机制研究》、张光宇的《企业绿色技术创新动力机制研究》、何隽的《绿色专利——应对气候变化的技术创新制度》等。

关于绿色技术创新制度的主要观点为：张文博将绿色技术创新制度分为基础制度（激励性产权制度、竞争性市场制度）、核心制度（政府促进科技创新制度、产学研合作制度）和保障制度（法律法规保障制度、教育培训制度、公众参与制度）三个层次，认为绿色技术创新制度具有激励、约束和引导功能。[①] 俞国平在分析了技术创新与制度创新的辩证关系后，指出绿色技术创新的制度障碍主要有市场制度缺乏激励机制、环境资源的无偿使用、风险保证制度缺乏、资金投入不足、存在急功近利的思想、应试教育的影响和绿色教育的缺乏等。[②] 张艳从政府法律制度激励、市场法律制度激励、产权法律制度激励、企业法律制度激励四方面入手，构建了绿色技术创新法律制度体系。[③] 李翠锦等人指出，绿色技术创新存在资源环境产权不清晰、政府管制失效、绿色意识和观念淡薄、企业绿色技术创新的能力机制不健全等问题，他们认为制度创新是进行绿色技术创新的关键，应强化绿色意识、实行排污权交易制度、强制法律规范手段、健全企业绿色技术创新能力机制等。[④] 李婉红指出，排污费制度在一定程度上弥补了区域经济差异对环境规制带来的影响，也可能对绿色技术创新的驱动产生空

[①] 张文博：《绿色技术创新制度及其结构设计》，硕士学位论文，大连理工大学，2005 年，第 9 页。

[②] 俞国平：《浅析绿色技术创新的制度障碍》，《生态经济》2001 年第 12 期，第 90—91 页。

[③] 张艳：《论绿色技术创新的法律制度体系构建》，硕士学位论文，山东师范大学，2006 年，第 1 页。

[④] 李翠锦、李万明、王太祥：《我国企业绿色技术创新的新制度经济学分析》，《现代管理科学》2004 年第 11 期，第 25—26 页。

间分异。研究排污费制度对绿色技术创新的驱动更具现实意义。①

总之，绿色技术创新是一种不同于传统技术创新的创新模式，它符合科学发展观的要求，蕴含着丰富的生态哲学思想、经济学思想和技术创新思想。目前，对于绿色技术创新的研究虽不少，但多从可持续发展视野、科学发展观视野、系统论视野、价值论视野进行研究，从生态文明视角进行研究的还不多。本书基于生态文明的视角，以技术与制度互动为理论铺垫，通过研究绿色技术创新制度，以期推动绿色技术创新和生态文明转型，实现可持续发展。

（三）关于技术进步与制度变迁关系的研究现状

国内外学者对技术进步和制度变迁进行了一系列研究。第一，从国外看，制度经济学鼻祖凡勃伦主张"技术决定论"，他认为制度变迁的动力来自技术变化和利益集团的推动，技术进步决定制度变迁。经济学家道格拉斯·C.诺斯坚持"制度决定论"，他认为制度在社会中更具有决定性，制度变迁决定技术进步和经济增长。新制度经济学家拉坦坚持"技术进步与制度变迁相互影响"，他认为技术变迁与制度变迁具有很强的彼此依赖性。第二，从国内看，著名经济学家林毅夫在《信息化，经济增长与社会转型》中指出，技术变迁与制度创新之间具有双向关系：制度影响和约束技术创新的能力，技术变迁可以引起制度创新。左峰认为，生产力与生产关系、技术进步与制度变迁是对应和统一的。技术进步对应着生产力，制度变迁对应着生产关系。② 王忠民、高树枝提出技术和制度共同决定论，技术与制度的共同作用推动了经济发

---

① 李婉红：《排污费制度驱动绿色技术创新的空间计量检验——以29个省域制造业为例》，《科研管理》2015年第6期，第2页。

② 左峰：《中国近代工业化研究——制度变迁与技术进步互动视角》，上海三联书店2011年版，第46页。

展。只强调技术或制度的某一方面都是不妥的。[①]

笔者认为，不管是技术决定论者、制度决定论者，还是技术进步与制度变迁的互动论者，他们都承认技术与制度的相互作用，其争论的焦点在于技术与制度的主次差异上。技术进步与制度变迁是双向互动的，正是它们之间的互动，解除了彼此的相互约束，产生了强大的互动力，促进了技术的研发和扩散，推动了制度的完善和生产力的发展。

四　研究的主要内容

导论部分介绍了本书的选题背景，提出在生态文明视角下，面对严重的生态危机，研究和推动绿色技术创新的必要性和重要性。系统梳理了目前国内外关于绿色技术、绿色技术创新、技术进步与制度变迁的研究现状。本书主体部共分为六章，主要内容如下：

第一章论述了技术与制度的变迁与互动。本章共分为技术与技术决定论、制度与制度决定论、技术与制度互动的历史考察、技术进步与制度变迁的双向互动四部分内容。对技术与制度互动进行了历史考察，分析了影响技术进步与制度变迁的因素，阐述了技术进步与制度变迁互动的辩证关系。

第二章论述了生态文明转型需要绿色技术支撑。本章共分为生态危机的根源、生态文明的转型、绿色技术的兴起三部分内容。分析了生态危机的表现、特征、根源；探讨了生态文明的转型是人类文明发展史上的一场伟大变革；摸清了绿色技术的演变轨迹，从理论基础、实践意义、发展前沿等系统分析了绿色技术。

第三章探讨了发展绿色技术的创新诉求。本章共分为从传统技术创新走向绿色技术创新、绿色技术创新的理论支撑、绿色技术

---

① 王忠民、高树枝：《制度和技术共同决定论》，《人文杂志》1997年第3期，第48页。

创新的动力、绿色技术创新的制度四部分内容。比较了绿色技术创新与传统技术创新的区别，明确了绿色技术创新的原则、动力、现实意义，分析了绿色技术创新与可持续发展、生态文明、低碳发展、两型社会的关系，分析了绿色技术创新的内生动力和外部动力，以及绿色技术创新制度的内涵、组成及作用。

第四章探讨了国外绿色技术创新的制度。本章共分为国外绿色技术创新制度的现状、国外绿色技术创新制度的经验、国外绿色技术创新制度的发展趋势三部分内容。以美国、英国、德国、日本、新加坡等发达国家为例，阐述了国外绿色技术创新的政策、法律制度、市场制度、社会参与制度等，以借鉴其成功经验。

第五章探讨了阻碍我国绿色技术创新的制度因素。本章共分为我国绿色技术创新的实践探索、阻碍我国绿色技术创新的制度现状、我国绿色技术创新制度面临的突出矛盾、我国绿色技术创新制度遭受阻碍的原因四部分内容。从绿色技术创新的激励制度不健全、社会参与制度不充分、法律制度不完善、文化传播制度滞后等方面分析现状；探讨了绿色技术创新制度建设的紧迫性与公众观念落后、绿色技术创新制度建设的滞后性与人们美好期待、绿色技术创新制度建设的重要性与法律监管缺位之间的矛盾；从绿色技术创新的外部经济性问题、动力不足问题、体制机制障碍，以及绿色文化传播的制度构建薄弱等方面探寻其原因。

第六章论述了构建我国绿色技术创新的联动制度体系。本章共分为构建绿色技术创新联动制度体系的原则和思路、我国绿色技术创新的联动制度体系、构建我国绿色技术创新联动制度体系的路径三部分内容。分析了我国绿色技术创新制度的类型：政策激励制度、现代市场制度、社会参与制度、文化提升制度和法律保障制度。探讨了五大制度对绿色技术创新的支撑，以及五大制度的内在关系和联动机制。论述了完善我国绿色技术创新联动制度体系的路径：简政放权，制定科学的政策体系；完善市场制度，强化企业的主体地位；广泛发动，大力提高社会参与程度；观念引导，弘扬绿色技术创新文化；崇尚法治，规范和完善法律保障制度。

结语部分系统梳理了本书研究所得出的结论。

五　本书重点探讨的问题

本书重点讨论的问题：技术进步与制度变迁的互动关系，绿色技术的界定，绿色技术创新的联动制度体系。这些重点问题成为贯穿全书的主线，也是全书的核心。

（一）技术进步与制度变迁的互动关系

技术进步与制度变迁的互动关系，是本书讨论的基本问题。技术是人类变革社会的重要力量，是文明转型的强大支撑，技术的进步伴随着制度的变迁。技术提高了生产力水平，满足了人们的各种需求，丰富了人们的物质文化和精神生活；技术加强了世界各地的联系，使世界成为一个紧密的整体和统一的国际大市场；技术促成资本主义社会的产生、发展以及资产阶级与无产阶级之间的矛盾激化，促使社会主义从弱到强、从理论到实践不断向前。技术的发展遵循着从萌芽期、成长期、成熟期到衰落期的规律。从历史实践看，在技术处于上升期（萌芽期、成长期、成熟期）时，会推动制度的完善；在技术处于衰落期时，制度促进传统技术的淘汰和新技术的萌芽、发展。技术革命是产业革命的前提和先导，也是产业革命的技术内容，为产业革命提供技术支撑；产业革命是技术革命的结果，促进新技术的产生和发展。

技术进步与制度变迁是一个相互渗透、互为因果、双向互动的过程，共同构成一个联系紧密、不可分割的动态结构和有机整体。第一，技术进步为制度变迁提供支撑，是制度变迁的动力源。技术进步扩大了制度变迁的获利空间，增加了制度变迁的潜在利润，降低了制度变迁的成本，刺激和扩大了制度变迁的需求，引起规模报酬递增和组织形式的复杂化，促使社会关系和社会结构的改变。当前，我国正处于社会转型时期，技术进步能够促进制度的完善，打破制度瓶颈、营造良好的制度环境将给技术进步提供坚实保障和强大动力。第二，制度变迁为技术进步提供坚实保障，是技术进步的助推器。制度变迁为技术进步提供良好的制度环境，减少技术进步外部性，使技术创新主体产生了合理的创新收益预期，诱导并激励技术进步。制度变迁推动技术进步是一个多层次、立体式、系统化的过程，需要理念的引导、思维的塑造、政策的激励、市场的优化、文化的提升、社会的参与以及法律的保障。

（二）对绿色技术进行系统分析和重新界定

伴随着工业文明向生态文明的转型，生产方式正逐渐发生某些变革，具有工业化特征的传统产业，如钢铁产业、水泥产业、交通产业、化工产业，其作为社会支柱产业的地位开始发生动摇；而绿色服务业、高新技术产业、战略性新兴产业等开始引领未来产业发展。这些变革离不开绿色技术的进步和支撑，在某种程度上变革本身就是绿色技术应用的一种体现。本书从"三大发展"出发，揭示出绿色技术的内涵。

1. 如何看待"绿色发展、循环发展和低碳发展"

2010 年 6 月 7 日，时任国家主席的胡锦涛同志在中国科学院第十五次院士大会、中国工程院第十次院士大会上对"绿色发展"的内涵作了详细阐述："绿色发展，就是要发展环境友好型产业，降低能耗和物耗，保护和修复生态环境，发展循环经济和低碳技术，使经济社会发展与自然相协调。"

2010 年 10 月，全国政协人口资源环境委员会副主任、中国生态文化协会会长江泽慧，在"第三届中国生态文化高峰论坛暨中国生态文明建设高层论坛"上作主题报告。她认为绿色经济是集循环经济的"低消耗"和低碳经济的"低能耗"以及社会公平发展等核心理念于一体的包容性经济发展形势之一。低碳经济、循环经济、绿色经济三者之间存在着主导与随从、依附与独立的复杂关系。绿色发展方式是包容性增长方式的有力体现，蕴含着循环经济与低碳经济的多层次需求。

2012 年 11 月，在党的十八大报告中提出"着力推动绿色发展、循环发展、低碳发展"，这是党中央面对资源约束趋紧、环境污染严重、生态系统退化的严峻形势做出的重要表述。走绿色发展、循环发展、低碳发展之路，是加快转变经济发展方式的重要途径，是把握时代脉搏、主动适应变化的战略选择，是应对国际竞争、提高绿色竞争力的迫切需要。

国内专家学者论述了"三大经济""三大发展"的关系。以"绿色经济发展理论之父"著称的刘思华先生认为，绿色经济是可持续发展经济的实现形态，它的本质是以生态经济协调发展为核心的可持续发展经济。"循环经济与循环发展、低碳经济与低碳发展，都是绿色经济与绿色发展的范畴与形态。这就决定了生态文明创新经济的载体与实现形式具有多样性，而循环经济和低碳经济则是它的两个基本形态。"①

因此，综合以上表述，笔者认为，绿色发展是包括低碳发展和循环发展的发展模式，它更加强调人与自然的和谐共存，更加提倡生态平衡，更加尊重和保障生命。

2. 怎样界定绿色技术

绿色技术是指能够推动绿色发展、循环发展、低碳发展的技术

---

① 刘思华、方时姣：《绿色发展与绿色崛起的两大引擎——论生态文明创新经济的两个基本形态》，《经济纵横》2012 年第 7 期，第 38 页。

体系。绿色技术包含循环技术和低碳技术，它以可持续发展为理念，以循环清洁利用为准则，实现人与自然、人与社会的和谐共存。相较于传统技术与制度的互动，绿色技术与制度的互动表现出污染更少、效率更高、速度更快、范围更广、驱动力更大、持续性更强、人与自然更加和谐的系列特征。

（三）尝试构建绿色技术创新的联动制度体系

社会制度重在解决人与人之间的关系，而绿色技术创新制度重在解决人与自然之间的关系。绿色技术创新联动制度体系是指以生态价值观为前提，以人与自然和谐为出发点，以市场为导向，以需求为基础，以政府为引导，以企业为主体，以法律为保障，以实现经济效益、社会效益和生态效益统一为目标，官产学研用紧密结合，各种创新资源高效配置和综合集成的制度体系。绿色技术创新联动制度体系主要包括政策激励制度、现代市场制度、社会参与制度、文化提升制度和法律保障制度等，它们之间的关系是：政策激励制度是主导，现代市场制度是平台，社会参与制度是补充，文化提升制度提供软环境，法律保障制度进行硬约束，五者紧密相连、相互促进、相辅相成。本书积极寻找绿色技术创新的复合推动力，尝试构建面向市场、系统高效、紧密联系的绿色技术创新联动制度体系。

总之，本书从生态文明的视角，以技术进步与制度变迁的互动关系为理论铺垫，辩证分析了绿色技术、绿色技术创新与生态文明转型的内在关联，探讨了绿色技术与传统技术、绿色技术创新与传统技术创新之间的演变逻辑，为绿色技术创新探寻了一条新的研究途径。

第一章　技术与制度的变迁与互动

按照马克思主义的观点，在社会基本矛盾中，生产力是社会发展的最终决定力量。生产力由实体性要素和智能性要素构成。实体性要素包括劳动者、劳动对象和劳动资料，其中生产工具是劳动资料的重要组成部分，是衡量生产力水平的客观尺度；智能性要素包括科学技术、生产管理等。随着经济和社会的快速发展，人们对生产力的认识不断深化和提升，经历了以下几个过程，具体表述为：生产力 =（劳动者 + 劳动对象 + 劳动资料）+（科学技术 + 生产管理）；生产力 =（劳动者 + 劳动对象 + 劳动资料）×（科学技术 + 生产管理）；生产力 =（劳动者 + 劳动对象 + 劳动资料）$^{（科学技术 + 生产管理）}$；生产力 =（劳动者 + 劳动对象 + 劳动资料）$^{（科学技术 × 生产管理）}$。可见，科学技术和生产管理在生产力中的作用和地位越来越重要，推动着生产力跳跃式发展和指数性增长。从宏观视角看，技术属于科学技术的范畴，管理属于制度的范畴。科学技术与生产管理的关系，可以理解为技术与制度的关系。因此，如何正确处理好技术与制度之间的关系，是需要研究的问题。

在人类文明的演进过程中，技术和制度的相互作用构成了社会发展的图景。正如 C. 弗里曼在分析经济增长波动时提出的，技术与制度的匹配状况决定了经济的繁荣和萧条。"技术与制度，古今中外它们总是与人同在。在不同的时空条件下和不同的社会历史环境中，它们的生发成因、盛衰态势、文化蕴涵既有相似的一面，又必然都有着独异的特征。"① 那么怎样把技术与制度结合起来，共同促进经济社会发展和生态文明建设呢？在技术进步与制度变迁的关系上，出现了技术决定论、制度决定论、技术进步与制度变迁互动论三种争论。技术进步与制度变迁的集成优化和良性互动，能够产生强大的互动力，不断提高生产力发展水平，推动经济社会发展。

第一节 技术与技术决定论

从刀耕火种的时代开始，技术就与人紧密相连，大大延伸和增强了人的力量，成为人生产、生活、交往的重要组成部分。"技术"一词源于古希腊语（techne），指"技能""技巧"。在我国古代，技术泛指"百工"。国内外很多专家学者从不同侧面提出各自的观点，出现了"百家争鸣"的局面。

一 对技术的解读

马克思主义关于技术的解读。马克思主义从物质生产劳动出发认为，技术在本质上"揭示出人对自然的能动关系，人的生活的直接生产过程，以及人的社会生活条件和由此产生的精神观念的直接生产过程"②。技术是在劳动过程中发展起来的，人通过劳动资料作用于劳动对象，其中技术手段是劳动资料的重要组成部分，技术成为人在实践活动中不可缺少的工具、手段和方法。

国外学者关于技术的解读。国外学者关于技术的解读很多，主

① 陈刚：《晚清媒介技术发展与传媒制度变迁》，上海交通大学出版社 2011 年版，第226 页。
② 《马克思恩格斯全集》（第 23 卷），中共中央马克思恩格斯列宁斯大林著作编译局编译，人民出版社 1972 年版，第 410 页。

要有以下观点：古希腊的亚里士多德认为技术是人类活动的技能；法国哲学家狄德罗认为技术是为完成特定目标而协调动作的方法、手段和规则的完整体系；德国哲学家贝克曼认为技术是指导物质生产过程的科学或工艺知识；德国哲学家海德格尔认为技术是一种"解蔽"的方式，技术的本质是"座驾"；德国哲学家马尔库塞在《单向度的人》中指出技术是当代资本主义社会的一种新的控制形式，技术已经变成了一种意识形态；日本哲学家三木清在《技术哲学》中指出技术是制作物的行为，技术的本质是"行为之形"；美国哲学家芒福德认为技术的本质是"巨技术"；美国哲学家米切姆在《技术的类型》一文中，提出技术的四种方式，即作为对象的技术、作为知识的技术、作为过程的技术和作为意志的技术。

国内学者关于技术的解读。国内专家学者展开了对技术的讨论，其中部分观点为：陈昌曙教授认为，技术是人类社会需要与自然物质运动规律相结合的产物，是主体要素和客体要素的统一，是生产力性质和水平的标志。① 于光远教授认为，技术是人类根据自然规律，运用自然界的物质、能量和信息，控制和应用人工自然系统的手段。② 刘大椿教授认为，控制自然过程和创造人工过程是技术的基本旨趣。现代技术由实验技术、基本技术和产业技术组成。③ 赵建军教授认为，技术是在利用和改造自然的过程中所掌握的各种活动方式、方法和手段的总和。它既指生产工具和其他物质设备，又指人们所掌握的各种技能和生产工艺知识；既有软件部分又有硬件部分；既表现为知识形态又表现为物质形态。④

---

① 陈昌曙主编：《自然辩证法概论新编》，东北大学出版社 2001 年版，第 7—8 页。

② 于光远：《自然辩证法百科全书》，中国大百科全书出版社 1995 年版，第 214—216 页。

③ 刘大椿：《科学技术哲学概论》，中国人民大学出版社 2011 年版，第 9—13 页。

④ 赵建军、方玉媚主编：《科技·理性·创新——哲学视域中的科学技术》，北京科学技术出版社 2014 年版，第 22 页。

二　技术决定论辨析

技术决定论不仅片面强调技术的作用和技术的价值独立性，而且相信技术发展的内在逻辑必然导致理想的制度变迁。它以经济增长理论为基础，认为技术是社会变迁的主导力量，制度始终被排除在经济增长因素以外，或者被看成外生的变量。技术悲观主义是技术决定论的一种表现形式，一种对技术的社会价值持否定态度的社会思潮。早期的代表人物是德国历史学家施本格勒，20世纪中叶以后，罗马俱乐部的悲观主义有着广泛的影响，他们认为技术是一切罪恶的根源，技术的发展将会造成人类文明的没落，人类社会将走向末日；为了拯救人类，只有停止技术本身的发展。"技术是人类无法控制的力量，技术决定了社会制度的性质、社会活动的秩序和人类生活的质量。"[①] 法国哲学家埃吕尔在《技术与社会》中指出技术不受任何人的支配，它是第一位的。美国经济学家舒尔茨认为，"现有的大量增长模型就是将制度视为'自然状态'的一部分，因而制度被剔除掉了"[②]。英国哲学家培根的"技术专家治国论"、法国学者埃吕尔的"技术自主论"、德国法拉克福学派的马尔库塞的"技术理性"和德国哲学家海德格尔的"座驾"等都表明了技术决定论的观点。

第二节　制度与制度决定论

制度是文明的一个重要的维度，起着激励、约束和保障的作

---

① 于光远主编：《自然辩证法百科全书》，中国大百科全书出版社 1995 年版，第225 页。

② ［美］R. 科斯、A. 阿尔钦、D. 诺斯：《制度与人的经济价值的不断提高》，刘守英等译，载《财产权利与制度变迁——产权学派与新制度学派译文集》，上海三联书店1994年版，第 255 页。

用。如果认为天赋要素、技术和偏好是经济理论的三大传统柱石的话，那么制度就是经济理论的第四大柱石。针对制度的解读，从不同的视角可以得出不同的观点。下面以政治学视角、经济学视角、社会学视角为例逐一作解读。

一 对制度的解读

（一）国外学者对制度的解读

国外各位专家学者从政治学视角、经济学视角、社会学视角等对制度进行了解读。主要观点如下：

第一，政治学视角。美国政治学家豪尔认为，制度是在各种政治单元中构造着人际关系的正式规则、得到遵从的程序和标准的操作规程。美国政治哲学家罗尔斯在《正义论》中指出，"我要把制度理解为一种公开的规范体系"①。美国组织管理领域专家詹姆斯·马奇和约翰·奥尔森在《重新发现制度：政治的组织基础》一书中指出，"政治制度自发地成为无所不在的理性思维以及工具的简约思维的一种挑战"②。

第二，经济学视角。美国经济学巨匠、制度经济学鼻祖凡勃伦把人与人之间的互动关系用交易范畴进行概括，提出了制度就是遵循着统一规则的交易活动的集合，并把交易分为买卖的交易（与市场对应）、管理的交易（与企业对应）和配额的交易（与政府对应）三种制度性安排；德国新历史学派领军人物施切莫勒认为，制度代表了一系列道德准则、习俗与法律的习惯和规则；德国经济学家康芒斯认为，制度是集体行动控制个人行动；奥地利学派的创始人门格尔认为，制度是展示相对整体的功能性的社会

---

① ［美］罗尔斯：《正义论》，何怀宏、何包钢、廖申白译，中国社会科学出版社1988年版，第50页。

② James G. March, Johan P. Olsen, Rediscovering Institutions. the Organizational Basis of Polities, London, New York: Pinter, 1989, 1 – 19.

现象；奥地利学派的主要继承者和发展者、英国经济学家哈耶克认为，制度是规则和秩序；美国经济学家、新制度经济学的创始人威廉姆森认为，制度是管制或交易模式；美国经济学家、新制度经济学的代表人物诺斯认为，制度是人为制定的约束，用于规范人们之间的相互行为，它们由正式约束（条例、法律、宪法）和非正式约束（行为准则、习俗、自我限定的行为准则）及其实施特征构成。制度的作用就是提供人类在其中相互影响的框架，使协作和竞争的关系得以确定，从而构成一个社会特别是构成一种经济秩序。日本经济学家青木昌彦认为，制度是"关于博弈重复进行的主要方式的共有信念的自我维持系统"①。

第三，社会学视角。实证社会学创始人、法国社会学家孔德认为制度是社会生活中的稳定性；法国社会学家迪尔卡姆把社会学的研究对象界定为社会事实，认为制度是社会事实的形成方式和存在方式；德国社会学家韦伯在《经济与社会》一书中，既论述了习惯、风俗和惯例等非正式制度，又论述了存在于企业、市场中的正式制度。德国哲学家、社会学家哈贝马斯从社会交往的视角审视制度，他认为，"人们在日常交往实践的有效范围内，形成了一种跨越多层面的交往理性，这种交往理性为彻底被扭曲的交往和生活方式提供了一种准绳"②。

（二）国内学者对制度的解读

国内学者对国外的制度观点进行了研究，并提出了自己的看法。比如，岳福斌指出，"新制度经济学认为，制度作为一系列规则，一般由非正式规则、正式规则和实施机制三部分构成。非正式规则主要包括价值理念、伦理规范、道德标准、风俗习惯、意

---

① ［日］青木昌彦：《比较制度分析》，周黎安译，远东出版社2001年版，第11页。
② 李松玉：《制度权威研究：制度规范与社会秩序》，社会科学文献出版社2005年版，第129页。

识形态等内容。正式规则是指人们有意识创造的一系列政策法规。实施机制是指对制度发挥功能作用过程的调节机制"①。陈刚认为，"制度可以分为正式制度安排和非正式制度安排两部分。正式制度安排是指人们有意识地制定的一系列政策法规。非正式制度安排是指长期交往中自发形成并被无意识地接受的行为规范，由文化演进所形成的行为的伦理道德、传统文化、风俗习惯、意识形态等。正式制度和非正式制度的良性互动，可以达成'战略性互补'的关系，使制度结构达成新的'双适应'"②。

综上所述，制度是指为促进经济、社会、生态的可持续发展，正确处理人与人、人与社会、人与自然之间的关系，具有激励、约束和保障作用的各种社会规范的总和。它包括正式制度（政策、法律、条例、规章等）和非正式制度（价值观念、社会习俗、文化传统、道德伦理、意识形态等）。在马克思主义的视野中，制度具有两重性，根本性制度是指社会形态，人类社会依次经历了原始社会、奴隶社会、封建社会、资本主义社会和社会主义社会。具体性制度包括保障社会正常运行的各种制度和体制，如政治体制、经济体制等。本书所使用的制度概念，既涉及正式制度，又涉及非正式制度；既涉及根本性制度，又涉及具体性制度。

二　制度决定论辨析

制度决定论以新制度经济学为基础，将制度变量纳入经济理论体系中，认为制度和技术都是内生的。新制度经济学认为，技术变迁取决于制度和制度的变迁；有效的制度和制度变迁推动技术进步，无效的制度限制技术进步。1970 年和 1971 年，美国经济学家道格拉斯·C. 诺斯和罗伯特·托马斯在《经济史评论》上发表

---

① 岳福斌：《现代产权制度研究》，中央编译出版社 2007 年版，第 81 页。
② 陈刚：《晚清媒介技术发展与传媒制度变迁》，上海交通大学出版社 2011 年版，第 220 页。

了《西方世界成长的经济理论》和《庄园制度的兴衰：一个理论模型》等论文。他们认为，经济增长的关键在于制度因素，一种提供适当的个人刺激的有效的制度是促使经济增长的决定性因素。1973年，道格拉斯·C.诺斯和罗伯特·托马斯在《西方世界的兴起——新经济史》中，拒绝承认技术创新、规模经济和资本积累是经济增长的根本原因，而只是把上述因素看作经济制度提供刺激后的结果。[①] 诺斯认为，制度把过去、现在和未来连接起来，在社会中具有更为基础性的作用。制度是理解政治与经济之间的关系，以及这种相互关系对经济停滞或衰退之影响的关键。[②] 诺斯甚至认为，即使在没有发生技术变迁的前提下，市场经济的扩张也能为人均收入的增长做出贡献。制度决定论认为，不管哪种形式的制度变迁都比技术变迁更为优先和根本。因此，制度决定论无限扩大了制度的作用，忽视了技术进步与制度变迁的双向互动关系。

第三节　技术与制度互动的历史考察

前两节分别探讨了技术与技术决定论、制度与制度决定论，但是技术与制度的关系是复杂的，单纯的技术决定论和制度决定论都没有充分揭示问题。技术进步与制度变迁之间是相互依赖、相互作用的。没有制度变革，技术进步就缺少支撑环境及保障，而没有技术进步，制度变迁就成为"无米之炊"。制度变迁是指用一种效益更高的制度（目标模式）替代另一种制度（起点模式）的

---

① 转引自华锦阳、许庆瑞、金雪军《制度决定抑或技术决定》，《经济学家》2002年第3期，第102页。

② ［美］道格拉斯·C.诺斯：《制度、制度变迁与经济绩效》，杭行译，格致出版社、上海三联书店、上海人民出版社2008年版，第147—162页。

过程。制度变迁的约束条件是制度的边际交易成本，是在动态的制度变迁中制度相关主体从事对制度这种物品的交易时所付出的成本。

为什么四大发明产生于中国，却没有推动中国科学技术的快速发展？为什么四大发明传到西方，却引起了科学技术和社会的重大变革？原因为四大发明主要是技术创造，反映了在中国古代科学技术体系中技术成果占主导地位，它们是在封建"大一统"的社会结构中转移和发展的，中国从古代到近代没有建立起促进科学技术发展的制度，而西方却制定了先进的科技制度，如知识产权制度、科技奖励制度等，推动了科学技术的迅速发展。英国著名科技史专家李约瑟在《中国科学技术史》中指出，在公元3世纪到13世纪，中国的科学知识水平、发明和发现数量远远超过同时期的欧洲，这种状况甚至在15世纪之前都很明显。而在16世纪之后，落后、专制、腐朽的封建制度，导致中国科技越来越落后。

1971年，美国经济学家诺斯和戴维斯出版了《制度变迁与美国经济增长》一书，该书是西方经济学界第一部比较系统阐述制度变迁理论的著作。他们认为制度变迁的过程是制度的动态变化与发展过程。在制度均衡状态下，对现存制度的改革，不会给改革者带来更大的利益，这时不会出现制度变迁的动机和力量。如果技术获得进步，就出现了获取新的潜在利益的机会。技术的每次进步，都会扩大制度选择的空间，引起规模报酬递增和组织形式的复杂化，促使社会关系和社会结构的改变，引起制度的变迁，促进制度的完善。技术与制度之间保持必要的张力，是二者分别保持活力的根本条件。它们之间张力的协调，是其走向良性互动的必要条件。

一 古代的技术与制度变迁

在古代，农耕技术、冶金技术、纺织技术、建筑技术、造船技术等获得了快速发展，大大提高了生产力，满足了统治阶级奢侈豪华生活的需要，在一定程度上促进了制度的完善，维护了社会稳定，巩固了统治阶级的统治。

（一）原始社会的技术与制度变迁

路易斯·亨利·摩尔根在《古代社会》中指出："人类从发展阶梯的底层出发，向高级阶段上升，这一重要事实，由顺序相承的各种人类生存技术上看得非常明显。人类能不能征服地球，完全取决于他们生存技术之巧拙。"远古人类依靠原始技术增强了人类在自然界的自主性，推动了文明的起步。"在从猿到人的进化过程中，人类的远古祖先学会了直立行走，开始更多地使用天然工具，并开始打制石器，还学会用火，发明弓箭。这是生存的技术。在这种技术的基础上，远古人类根据生存的地域条件，依靠采集和渔猎生活，有的地区还有了农业和畜牧业。定居的古人类学会了制陶和冶铜，一些地区的原始社会逐步向古代社会过渡。"①在原始社会，出现的技术萌芽主要有：第一，使用石器和弓箭的技术。人类最早使用的技术工具是石器，使用石器的方式代表了原始社会生产力的发展水平。先后出现了以打制石器为主的旧石器时代和以磨制石器为主的新石器时代。在旧石器时代末期，原始人发明和使用了弓箭。弓箭是一项重要的技术发明，标志着人类第一次把简单工具改造成复合工具。恩格斯认为，"弓、弦、箭已经是很复杂的工具，发明这些工具需要长期积累的经验和较发达的智力，因而也要同时熟悉其他许多发明"②。在新石器时代，出现了小刀、矛尖等各式各样的石器，有利于采集和渔猎，大大提高了生产力水平。第二，利用火的技术。对于人类来说，控制火是一

---

① 王鸿生：《科学技术史》，中国人民大学出版社 2011 年版，第 21 页。

② 《马克思恩格斯选集》（第 4 卷），中共中央马克思恩格斯列宁斯大林著作编译局编译，人民出版社 1995 年版，第 19 页。

项具有象征意义的非常关键的技术。人类约在五十万年前学会了用火。由于天然火种不易保存，原始人开始进行人工取火，先后发现了摩擦取火、碰撞石器生火、钻木取火等方法，人们利用火可以吃烧熟的食物，取暖御寒，驱逐黑暗。恩格斯认为，"就世界性的解放作用而言，摩擦生火还是超过了蒸汽机，因为摩擦生火第一次使人支配了一种自然力，从而最终把人同动物界分开"①。第三，农耕技术和养殖技术。大约在一万年前出现了农业和畜牧业。在新石器时代，人们制作和使用石耜、石犁等农具进行生产，农业生产方式发展为耕锄农业。随着农业生产和定居生活的发展，畜牧业比重越来越大，养殖技术得到快速发展，畜牧业从农业中分离出来，这是人类社会第一次大分工。第四，冶金技术。冶金技术出现在公元前 8 世纪到公元前 7 世纪。它的出现表明石器时代的结束，金属时代兴起。技术的进步，促进了生产的发展和生产力水平的提高，产生了剩余劳动，导致私有财产和阶级出现，有了奴隶主和奴隶的对立，原始社会解体，奴隶社会诞生。

（二）西方古代的技术与制度变迁

古埃及运用石器技术建造了金字塔和神庙，留下了伟大的技术成就。古希腊、古罗马时代是奴隶社会科学技术发展的高峰。丹皮尔在《科学史》中写道："到公元前 1 世纪，罗马人就征服了世界，但是希腊的学术也征服了罗马人。"② 古希腊人在冶金、加工制作、造船等技术上取得一定成就，发明了世界上第一台以蒸汽为动力的机械装置，可以看作蒸汽机模型。古希腊的城市大多是手工业的中心，以雅典最为著名。古罗马重视实用技术的应用，在建筑技术方面取得了较高成就，罗马大斗兽场是古罗马最大的

---

① 《马克思恩格斯选集》（第 3 卷），中共中央马克思恩格斯列宁斯大林著作编译局编译，人民出版社 1995 年版，第 456 页。

② ［英］丹皮尔：《科学史》，商务印书馆 1975 年版，第 99 页。

建筑，引水道工程采用了虹吸和筑坝蓄水技术，技术先进，气势恢宏。公元6世纪，封建制度在欧洲逐渐取代了奴隶制度，推动了生产技术的进步。在农业和手工业生产方面，广泛使用了铁器、水磨、蓄力驱动等，使用高炉法冶炼，冶铁技术不断提高，发明了染料、玻璃和眼镜，推动了社会生产力的发展。然而，中世纪的欧洲是个特别"黑暗的时代"，宗教神学居于统治地位，基督教会成为封建社会的精神支柱。教会把《圣经》的教义作为绝对的权威顶礼膜拜，反对研究自然和宣传科学，四处扼杀异端。凡是违背教义的人，都要接受宗教法庭严厉的审判和制裁。中世纪存在的僵化制度，遏制了技术的发展，在此时期几乎没有什么技术研发和应用推广，技术基本上处于停滞不前的境地。

（三）中国古代的技术与制度变迁

中华民族在5000多年的文明发展进程中，在农、医、天、算等方面创造了众多闻名于世的科技成果，取得了以四大发明为代表的一大批发明创造。中国古代的技术注重实践经验，具有首创性和历史连续性的特点，以满足封建自然经济和统治阶级需要为目的，成就辉煌，有许多世界之最，形成了独特的实用技术体系。"夏商周是青铜时代，发展了水利，商代甲骨文和金文提供了古代信息，周代有'周公测影台'。春秋战国时期中国社会变革，技术发明大量涌现，汉代发明造纸术，唐代科技有突破性进展的不多，宋辽金夏时代的重要技术有火器、指南针、活字印刷术等，明朝的重要科技成果有李时珍的《本草纲目》、宋应星的《天工开物》等，清朝前期闭关锁国，科技相对落后。"① 中国古代从陶瓷技术、丝织技术、建筑技术、冶金技术、机械制造到指南针、火药、造纸术、印刷术等技术成就令世界瞩目。商朝制造的后母戊大方鼎是

---

① 王鸿生：《科学技术史》，中国人民大学出版社2011年版，第90—91页。

目前世界上最大的青铜器，《考工记》是我国先秦时期最重要的工程技术典籍，是对先秦工匠技术知识和成就的记录和总结，是一部"先秦工程技术百科全书"。我国是世界上最早的瓷器生产国，外国人对瓷器技术非常赞赏，认为它是中国的重大独创技术，China（中国），即"瓷器"的意思。水排是一种冶铁用的水力鼓风装置，它利用水力鼓动鼓风设备向铸铁炉里压送空气，节省了人力，鼓风能力强，促进了冶铁业的发展。中国古代铸造方面的失蜡法，又称熔模铸造，可用于制作形状复杂且精密度高的金属铸件。万里长城代表了我国古代建筑技术的高超水平，京杭大运河代表了17世纪工业革命前世界范围内水利规划、土木工程的最高成就。指南针、火药、造纸术、印刷术四大发明，推动了中国古代政治、经济、文化的发展，在一定程度上维护了封建制度，巩固了封建统治阶级的统治，同时对世界文明的进步也起到了巨大的促进作用。

英国著名科学史家李约瑟在《中国科学技术史》中指出："在3—13世纪之间，中国的科学技术发展达到了西方望尘莫及的水平。"① 中国古代的技术在奴隶制向封建制过渡时（春秋战国时期）奠定基础，到秦汉时期形成体系，而后随着封建社会的发展而不断进步，在宋朝时出现了技术发展的高峰。李约瑟在《中国科学技术史》的导论中提出："每当人们在中国的文献中查找一种具体的科学史料时，往往会发现它的焦点在宋代，不管在应用科学方面或纯粹科学方面都是如此。"宋代理学兴盛，理学的求理精神促进了宋代的科技创新。中国在15世纪前技术处于世界领先的地位，然而由于占统治地位的自然经济的自主性，以及高度集中的封建

① ［英］李约瑟：《中国科学技术史》（第1卷），科学出版社1990年版，导论第3—4页。

制度的专制性,在 16 世纪后即明清时期,随着封建制度的衰落,技术的发展动力不足,技术的学科和门类日渐停滞,中国技术发展水平逐渐落伍。西方从 17 世纪开始进入工业文明时代,但中国的经济社会和科学技术总体上仍处于农耕文明时代的水平,中国的技术水平与世界先进技术水平差距越来越大。"近代以后,由于国内外各种原因,我国屡次与科技革命失之交臂,从世界强国变为任人欺凌的半殖民地半封建国家,我们的民族经历了一个多世纪列强侵略、战乱不止、社会动荡、人民流离失所的深重苦难。"①可见,中国古代技术的形成、发展、成熟和衰落,与社会制度的发展休戚相关。在社会制度处于开放、包容时期,技术会取得快速进步;在社会制度处于专制、封闭时期,技术的进步会受到遏制。

二　近代以来的技术与制度变迁

文艺复兴、宗教改革、新航路的开辟等为技术的发展扫除了思想障碍,搭建了有力的平台,提供了坚强保障。从 17 世纪开始,西方主要国家相继进入资本主义社会。然而,曾经走在世界前列的东方文明古国——中国,却处于残酷的封建专制统治与外国列强的侵略和瓜分之下。腐朽的封建制度和资本主义国家肆无忌惮的侵略,严重阻碍了技术的进步,中国依然在封建主义道路上缓慢发展。技术革命推动了工业革命和文明进程。每一次技术革命都会引起制度变迁,推动产业结构的变化,带来思维方式、生产方式和生活方式的巨大变革,促进社会生产力的提高。"技术革命存在一种'绵羊效应'。一个技术领域的技术突破,可以带动相关领域的技术进步,或者辐射其他领域,促进它们的技术进步,形成

---

① 《习近平总书记在全国科技创新大会、两院院士大会、中国科协第九次全国代表大会上的讲话》,《人民日报》2016 年 6 月 1 日第 2 版。

一个又一个的新技术群，从而形成一次改变人类生产和生活方式的技术革命。"① 人类的生产和生活方式，从机械化、电气化、自动化、信息化、智能化的发展，既体现了技术对社会发展的影响，也体现了制度对技术跃迁的推进。

技术革命是技术范式的转变。1962 年，托马斯·库恩发表《科学革命的结构》一书，提出了范式的概念。范式是科学共同体全体成员所共有的东西，包括共同的信念、共同的价值标准、共同的理论框架和研究方法、公认的科学成就和范例等。1982 年，意大利经济学家 G. 多西将范式引入技术创新研究中，提出了技术范式的概念，认为技术范式指根据一定的物质技术、根据从自然科学中得来的一定原理，解决一定技术问题的"模型"和"模式"；经济学家萨哈尔把技术范式看作技术路标，即技术发展通过范式的形成能够获得一个比较准确的选择发展方向，同时范式又像已有知识的蓄水池，使得技术知识能够得到不断积累和创新的机会。

（一）第一次技术革命与制度变迁

18 世纪 60 年代，发生了以纺织机的改革为起点、蒸汽机的发明和改进为标志的第一次技术革命。第一次技术革命主要是动力技术革命，开创了"蒸汽时代"。第一次技术革命实现了从手工作坊到机械化大生产的改变，机器大工业代替了工厂手工业，机器代替了人力，使人类进入了机器时代，提高了人类对自然资源的开发和利用程度，极大提高了生产力，巩固了资本主义制度，人类社会由农业经济时代进入工业经济时代。随着第一次技术革命的深入和商品经济的发展，先进的技术逐渐成为人们追逐利润的重要途径。英国首先确立了专利制度，保护技术知识的产权，之

---

① 何传启主编：《第六次科技革命的战略机遇》，科学出版社 2011 年版，第 18 页。

后各国纷纷确立了专利制度。这在法律上明确和保护了新技术知识的专有性质，激发了人们进行技术创造的积极性和主动性，推动了技术创新活动，促进了经济和社会的发展，使资本主义制度在各主要国家相继确立。除了确立专利制度以外，工厂制度也得到了确立。机器工厂逐渐代替了手工工场，解放了人们一直被束缚的手，提高了生产效率，扩大了生产规模。

（二）第二次技术革命与制度变迁

19世纪70年代，发生了以电力的广泛应用为标志的第二次技术革命。第二次技术革命主要是能源技术革命，化石能源大规模使用，开创了"电气时代"。第二次技术革命实现了从机械化生产到电气化生产的转变，内燃机和电动机代替了蒸汽机，生产社会化和规模化程度、生产专业化水平不断提高，促进了社会生产力的快速发展，引起了产业结构的巨大变化，加强了世界各国的联系，世界市场最终形成。第二次技术革命使全球形成一个紧密联系的整体，股份公司、跨国公司不断壮大，推动了股份制度和企业内部研发制度的形成与发展。股份制能够大规模吸收资本，增加抵抗市场风险的能力，有实力进行重大技术创新和推广使用。为减少企业引进新技术的市场交易费用，使技术的更新速度不断满足市场的需求，在市场竞争中增强核心竞争力，一些大型企业纷纷在企业内部设立研发部门，加大对市场信息的捕捉和研发的投入，这是一种重要的企业制度创新，大大增强了企业的技术创新能力和市场竞争力。

（三）第三次技术革命与制度变迁

20世纪40年代，发生了以电子技术和自动化、信息技术和网络化为标志的第三次技术革命。第三次技术革命主要是信息技术革命，开创了"信息时代"。第三次技术革命注重对信息的采集、存储、传输和加工，引起了生产力各要素的变革，促进了劳动方式和生活方式的变革,实现了人类社会从机械化、电气化到自动化的转变,大大提高了劳动生产率和生产社会化程度,使世界各地联系更加紧密,促进了国际贸易的发展,极大提高了社会生产力的水平。伴随着第三次技术革命的发展,科学技术转化为生产力的速度不断加快,技术创新的浪潮持续涌现,出现了有利于技术进步的制度安排,比如政府采购制度、风险投资制度等。政府采购制度是提高公共资金使用效益的重要方式,有利于引导技术创新研发、生产和销售。风险投资制度有利于推动高新技术向生产力转化,促进高新技术产业的发展,以高投入获得高收益。

（四）新技术革命与制度变迁

当前世界经济在深度调整中曲折复苏,新一轮技术革命和产业变革蓄势待发。2016 年,美国公布了《2016—2045 年新兴科技趋势——领先预测综合报告》,预测了机器人与自主系统、增材制造、大数据分析、人体机能增强系统、移动和云计算、医疗进步、网络空间、能源、智慧城市、物联网、食物与水技术、量子计算、社交媒体使能、先进数码产品、混合实境（即虚拟现实与增强现实）、气候变化技术、先进材料、新型武器、太空、合成生物等核心科技趋势。新技术革命的主要特点为绿色化和智能化。首先,绿色化。在工业化进程中,发达国家忽视自然规律,利用技术疯狂掠夺资源能源,大肆破坏生态环境,引起生态恶化,导致了全球生态危机。人们呼唤新的技术出现,能够给人们带来便捷、舒适、健康的生产和生活环境,因此低污染、低能耗、低排放、高效率的绿色技术获得了快速发展。以新能源产业技术为例。"广义的新能源产业包含可再生能源和节能产业,即通过开发新技术、新能源,发展可再生能源代替煤炭和石油,摆脱对传统化石能源的依赖。节能产业包含节能机制的创新和建立。节能产业是新能源产业革命的一个重要组成部分。"① 新能源产业技术包括可再生能源技术和节能技术，其中可再生能源技术主要包括太阳能技术、地热能技术、风能技术、海洋能技术、生物质能技术、潮汐发电技术、核能技术等。在新技术革命中，化石能源比重下降，可再生能源比重快速上升，碳排放不断下降，资源利用效率明显提高，人们适度和理性消费。伴随着新技术革命的发展，社会公众绿色意识不断增强，政府、企业、社会大力支持绿色技术发展，形成了发展的合力，绿色消费政策不断完善。政府逐渐取消了"以GDP论英雄"的考核方式，把生态指标列入了考核范围，绿色考核制度获得发展。其次，智能化。大数据、云计算、移动互联网等新一代信息技术同机器人技术加快融合步伐，人工智能迅猛发展。技术进步助推产业变革，智能技术的进步推动机器人与智能装备产业发展壮大。随着新技术革命的进展，人类进入"绿色智能时代"。

总之，技术是人类变革社会的重要力量，是文明转型的强大支撑，技术的进步伴随着制度的变迁。技术提高了生产力水平，满足了人们的各种需求，丰富了人们的物质文化和精神生活；技术加强了世界各地的联系，使世界成为一个紧密的整体和统一的国际大市场；技术促成资本主义社会的产生、发展以及资产阶级与无产阶级之间的矛盾激化，促使社会主义从弱到强、从理论到实践不断向前。技术的发展遵循着从萌芽期、成长期、成熟期到衰落期的规律。从历史实践看，在技术处于上升期（萌芽期、成长期、成熟期）时，会推动制度的完善；在技术处于衰落期时，制度促进传统技术的淘汰和新技术的萌芽、发展。技术革命是产业

---

① 林伯强：《第四次技术革命的中国优势》，http：//business.sohu.com/20090518/n264029737.shtml，2014 年 2 月 8 日。

革命的前提和先导，也是产业革命的技术内容，为产业革命提供技术支撑；产业革命是技术革命的结果，促进新技术的产生和发展。

第四节　技术进步与制度变迁的双向互动

长久以来，有一个我们不得不面对和深思的问题：在技术进步与制度变迁的互动上，为什么西方国家引领着技术革命，每一次技术革命都带来了生产力快速发展，加快了资本主义扩张的步伐，而在近代中国却没有形成技术与制度的良性互动呢？很明显，近代中国腐朽的封建制度阻碍了技术的进步。那么，面对世界激烈竞争和科技发展状况，当今中国怎样抓住新技术革命的机遇奋勇向前，究竟有哪些因素制约着技术进步与制度变迁互动，怎样促进两者互动呢？本节将从影响技术进步与制度变迁的因素、技术进步是制度变迁的动力源、制度变迁是技术进步的助推器三部分进行分析。

一　影响技术进步与制度变迁的因素

从价值层面、思维层面、文化层面、政策层面、法律层面、市场层面和社会层面进行分析，影响技术进步与制度变迁的因素主要是价值观念、思维方式、文化建设、政策体系、法律法规体系、市场竞争机制和社会支持程度。

（一）价值观念

在《中国大百科全书》中指出，"价值观念是指在某种世界观的基础上，对各种事物、行为以及可能做出的选择等进行评价的标准和据此采取的某种行为的态度及倾向"[①]。当前，人类正面临

---

① 中国大百科全书总编委会编：《中国大百科全书》（第4卷），中国大百科全书出版社2004年版，第2572页。

着从生态恶化向生态良好的转型，从传统创新到绿色创新的演进，生态价值观和绿色创新观指导人类遵循自然规律，注重绿色发展，走出生态危机，走向生态文明。

工业革命以来，人们一直粗暴地干涉自然，把生态环境看成可以无处不在、无限供给、无偿使用的物品，随意浪费，不知珍惜，忽视了自然界的承受能力，导致人与自然的尖锐对立。人类的疯狂行为结出了恶果，引起生态危机。面对资源枯竭、环境污染、生态破坏的严峻形势，疯狂掠夺自然的传统价值观已经不能再指导人类的实践，追求人与自然和谐共生的生态价值观指导着人们的生产和生活。人们从科技、道德、审美三者统一的全面视角认识自然，避免片面强化人类对自然界的攫取和占有。生态价值观超越人类中心主义，重建人与自然的价值平衡，推动人口、资源、环境的可持续发展。生态价值观统筹处理人与自然的关系，消除人类活动对生态系统的威胁，抵制奢侈消费、面子消费、一次性消费的现象，促进生产和消费行为的生态化转型。

传统的以利润最大化为导向的技术创新观，过于强调运用技术推动经济增长，忽视生态平衡，导致生态危机。走出生态危机、加快转型升级呼唤绿色技术创新，绿色技术创新需要绿色创新观的引导。第一，倡导绿色创新观，应摒弃故步自封、不思进取、害怕创新的错误观念。故步自封、不思进取、害怕创新的价值观念，削弱了技术主体和制度主体对于技术创新的乐趣与动力。在近代中国，当西方主要资本主义国家纷纷完成技术革命时，中国还把技术视为"奇技淫巧"，这严重影响了新技术在近代中国的传播和推广。虞和平认为，"当西方国家用先进武器侵略中国时，古老的中国依然自恃清高，把技术称之为'奇技淫巧'"①。第二，倡导绿

---

① 虞和平：《中国现代化历程》（第1卷），江苏人民出版社2001年版，第6页。

色创新观，应坚持开拓进取、勇于创新的价值观念。开拓进取、勇于创新的价值观念能够激发人们的创新热情，产生一系列创新成果。比如，由于人们积极追求高效、快捷、绿色的生活，物联网获得了快速发展。物联网的发展，大大节省了获取信息的成本，降低了碳排放，实现了智能化识别、定位、跟踪、监控和管理，使人类在信息与通信世界里获得一个新的沟通维度，使人们在任何时间和地点都能够实现人与人、人与物、物与物的对话和连接。

（二）思维方式

思维方式是指主体按照一定的方法和模式把握客体的理性认知方式，它包括思维目标、思维策略、思维途径等方面。在特定的社会，文明的转型伴随着思维方式的演变。在原始社会，人们被动地服从自然，对"自然崇拜"；原始文明的思维方式是动作思维和表象思维，欧文·拉兹洛认为，"早期，人类是受综合思想方式指导的，这种思想方式部分地建立在信仰和想象的基础之上"①。在农业社会，人们主动适应自然，但在很大程度上仍然依赖于自然；农业文明的思维方式是人与自然关系的整体和谐性，实际上是人类面对各种无法解释的自然、社会现象而表现出来的无能为力。在工业社会，人们妄想"征服自然"，疯狂地掠夺自然，攫取一切物质财富，追求单纯的经济增长，出现了严重的生态危机；工业文明的思维方式是反生态思维，人们把人与自然分割开来，孤立地看待经济发展，坚持"高投入、高消耗、高污染、低效益、低回报"的传统发展模式，忽视了经济发展、生态保护和人体健康的联系。在生态文明社会，人们渴望走出生态危机的困境，把生态和谐放到了突出位置，以绿色环保经济取代传统工业经济，坚持经济、社会、生态的统一；生态文明的思维方式是生态化思

---

① ［美］欧文·拉兹洛：《系统哲学引论》，商务印书馆1998年版，第18页。

维,实质是辩证思维,"思维方式的生态化,意味着人们的思维将逐步由封闭片面的'人本思维'转向'天人合一'的开放整体思维"①。人们把人与自然看作一个有机整体,尊重自然生态系统的总体平衡规律,由经济理性转向生态理性,注重生态优先和生态公平,注重人与自然的和谐共存。

线性思维、静止片面、一味求稳的思维方式,影响了技术主体和制度主体对技术创新的预期和把握。清朝末期,洋务派开展了以"师夷长技以制夷"为口号的洋务运动。以李鸿章、曾国藩、左宗棠为代表的洋务派坚持"中学为体,西方为用"的指导思想,主张学习西方列强的工业技术,以增强国力,维护清朝统治。然而,他们仅仅停留在了技术层面,只是强调技术的重要性,忽视了西方更为根本的器物制度和市场制度,回避了社会经济体制改革。他们坚持中国的政教,拒绝学习西方先进的经济制度、教育制度等。而生态化的思维方式坚持人与自然和谐发展,实现人与自然共存共荣,强调人与自然、人与人、当代人与后代人的平等,追求经济、社会、生态的协调发展,倡导发展的多路径、生产的再循环、生活的多姿态、文化的多元化。因此,只有突破工业文明的思维惯性,摒弃静态单向的思维方式,运用生态化的思维方式,即一种有机整体性思维方式看待问题和进行决策,充分重视技术与制度的互动,才能推动技术发展和制度变迁。

(三) 文化建设

文化是在人类社会产生和发展中,对世界的认识、实践、再认识、再实践过程中的印迹,是经济社会发展的重要支撑,是综合国力竞争的重要因素,是凝聚力和创造力的重要源泉,是人们的精神家园,它体现了人和社会的精神状态以及自由发展的程度。

---

① 刘湘溶等:《我国生态文明发展战略研究》,人民出版社 2013 年版,第 113 页。

马克斯·韦伯在《新教伦理与资本主义精神》中说："任何一项伟大事业的背后都存在着一种支撑这一事业，并维系这一事业成败的无形的文化精神。"① 随着经济的飞速发展，带来的却是人文精神的失落，人们面临着资本、劳动力、自然资源、科学技术等重要生产要素道德伦理的缺失。当前，"以资源掠夺为目的的战争走向以经济竞争为目的的较量，从工业经济竞争走向以高新技术为主的知识经济竞争，世界从物质竞争开始转向文化竞争，从财富掠夺转向灵魂掠夺"②。经济社会的可持续发展迫切需要文化力量的支撑和引导。在人类认识、改造外在物质世界和内在精神家园的过程中，文化为经济社会发展提供强大的精神动力和智力支持。文化推动着政治、经济、社会等各领域的发展，对于国家的可持续发展具有重要作用。

文化建设是现代化建设的重要组成部分。国家富强、民族振兴、人们生活幸福安康，既需要强大的经济力量，也需要文化产业的发展和文化建设的加强。当今世界，低能耗、低污染、高产出的文化产业成为经济发展新的增长点。文化产业的发展有助于推动从"中国制造"向"中国创造"转变，有助于优化经济结构、产业结构、需求结构和就业结构。文化建设的核心是文化产品及与其相关的文化范畴，文化产品的品牌形象塑造靠的主要是"口碑"而非"奖杯"，打造文化品牌应重视人民群众的文化需求，重视对人民群众文化需求的积极引领。在实践中，应坚持文化自觉，坚守文化良知，构建公共文化服务体系，让全体人民共享文化发展成果，满足广大人民群众多样化、多层次、多方面的

---

① ［德］马克斯·韦伯：《新教伦理与资本主义精神》，生活·读书·新知三联书店1987 年版，第 15—16 页。

② 于平、傅才武主编：《中国文化创新报告（2011）NO.2》，社会科学文献出版社2011 年版，第 220 页。

精神文化需求。

（四）政策体系

"政策是指国家、政党为实现一定历史时期的路线和任务而规定的行动准则。它是一切行动的出发点，表现于行动的过程和归宿。"[①] 政府是制度变迁的主体，政策的制定和实施直接决定着技术进步与制度变迁互动的状况。改革开放近40年，我国取得了举世瞩目的成就，增强了国家的综合实力，提高了人们的生活水平，这一切得益于解放思想、实事求是、大胆创新、勇于突破的制度支持，离不开政策的制定和贯彻。政策从制定到实施有着一个完整的流程，发挥政策的权威指导作用，应明确政策的目标、完善政策的细则、推进政策的实施，还要加强对政策实施的监督和考核。政府构建科学合理的政策体系，能够为技术进步提供强有力的政策支撑，保证制度平稳运行和有效供给。比如，德国的鲁尔工业区被称为德国工业的"发动机"，19世纪中叶的煤炭开采和化工冶炼促进了工业革命进程，却给鲁尔区造成严重污染。从20世纪60年代起，德国政府痛下决心对鲁尔区进行改造，出台了综合整治的总体规划，通过调整产业结构，对老矿区进行清理整顿，关闭大批炼钢厂、焦炭厂、化工等污染企业，大力扶持新兴产业，严格立法倒逼生态治理等措施推动了鲁尔区的产业转型升级，使其转变为以电子计算机产业技术为龙头、多种行业协调发展的新型经济区。现在的鲁尔区绿树成荫，生态优美，这得益于德国政府认真分析鲁尔区资源枯竭、环境恶化的情况，制定科学合理的政策体系，推动鲁尔区成功转型。

（五）法律法规体系

科学技术的发展需要强大的法律支持，以激发更多的创新热

---

① 夏征农、陈至立主编：《辞海（第六版彩图本）》（第4册），上海辞书出版社2009年版，第2926页。

情，鼓励更多的人从事技术的研发和产品的改进。健全的法律法规体系能够为技术进步和制度变迁提供完善的法制保障，为发展模式从主要依靠资源驱动、资本驱动向创新驱动转变保驾护航，具有积极的促进作用。《中华人民共和国科学技术进步法》第26条规定："国家推动科学技术研究开发与产品、服务标准制定相结合，科学技术研究开发与产品设计、制造相结合；引导科学技术研究开发机构、高等院校、企业共同推进国家重大技术创新产品、服务标准的研究、制定和依法采用。"知识产权法则体系主要包括科技成果与专利权、文化产品与著作权、知名品牌与商标权。尊重和保护知识产权有助于激发创新主体的创新热情和动力，提高全社会对知识产权的重视。知识产权已成为可持续发展的加速器和驰骋国内外市场的利剑。此外，还颁布了《中华人民共和国促进科技成果转化法》《中华人民共和国科学技术进步法》《中华人民共和国科学技术普及法》《中华人民共和国中小企业促进法》等法律，为科学技术的发展营造了良好的法律制度环境。

（六）市场竞争机制

"任何一种既存制度都是一种可能引起潜在冲突的制度，这是因为在旧制度下处于有利地位的集团和个人会试图扩展自己的权力和利益，而处于不利地位的集团和个人则试图改变这一既存的局面。"① 美国新制度经济学家诺斯指出，制度变迁的诱使因素在于经济主体期望获得最大的潜在利润，即希望通过制度创新来获取在已有制度安排中所无法取得的潜在利润。良好的市场环境、动态的市场需求、完善的市场规则是技术进步和制度变迁的重要支撑。市场是由市场参与者形成的一种复杂的商品交换关系，市

---

① 何俊志：《结构、历史与行为——历史制度主义对政治科学的重构》，复旦大学出版社 2004 年版，第 225 页。

场能够优化资源配置、调整产业结构、促进信息流通，市场需求可以诱导和激发创新。市场交换是一种权利的转移、资源的再分配和信息的传递。面对激烈的市场竞争，为了实现利润最大化，创新主体紧紧抓住市场需求，加快技术研发、扩散和创新，重新组合各种市场要素，吸取更多的创新资源，有效激发创新主体的活力、竞争力和创新力。林德布洛姆认为，"开放的市场制度激励了千万个首创举动，为发明创造、革新进步、资源开发、应对挑战留下了广阔地盘"①。完善的市场竞争机制还需要打破地方保护主义和行政垄断，建立开放规范的市场体系，确保各类市场主体共享各类交易信息、平等使用生产要素、公平参与市场竞争，增强其参与市场竞争的动力和活力。

产权问题是所有制的核心和主要内容，具有客观性、排他性、可交易性、法律性和收益性等特点。"产权通常的要素包括所有权、占有权、支配权、处置权和收益权。现代产权还包括一系列的无形资产权，如知识产权、商标、信誉、专利等。"② 产权制度是关于产权界定、运营、保护等一系列体制安排和法律规定的总称，它有利于促进资源的优化配置，优化产业结构，促进现代企业发展，建立现代企业制度，增强企业经营者、科研人员、普通职工进行创造性劳动的积极性。应深化改革，实现产权主体多元化，强化权利与责任相互制衡；加大法律保护力度，努力使《中华人民共和国宪法》成为严格保护产权的基本法，完善与产权相关的法律制度，如《中华人民共和国民法》《中华人民共和国企业法》《中华人民共和国证券法》对产权交易加以规范，加强执法和监督的力度，做到严格执法、公正执法、文明执法。除法律性的

---

① ［美］查尔斯·林德布洛姆：《政治与市场：世界的政治—经济制度》，王逸舟译，上海三联书店1996年版，第109页。

② 岳福斌：《现代产权制度研究》，中央编译出版社2007年版，第2页。

产权交易规范外，还要制定产权交易过程中的信息披露制度、评估制度、清算制度、统计制度等。

（七）社会支持程度

社会支持是指可以利用的各种社会资源，分为有形的社会支持和无形的社会支持。有形的社会支持主要包括物质、金钱等，无形的社会支持主要包括意识、观念、情感等。社会支持是技术进步和制度变迁的重要推动力，社会科技奖励是社会支持的重要组成部分。下面以社会科技奖励为例。社会科技奖励反映了科技发展的民主特征，体现了个人、社会组织等对科技发展的关心和大力支持，激发了广大科技工作者的积极性和创造性。只有完善的科技奖励体系，才能使更多的科技工作者获得持久而高效的激励。目前，世界各国的科技奖励体系分为四个层次，即保健层（提高工资、福利待遇和职业声望）、基本承认层（著作权和专利权等知识产权的授予）、提高层（提升专业职称、提高行政职务、授予称谓或头衔）、特别奖励层（如诺贝尔奖、国家最高科学技术奖等）。[①] 从马斯洛的需要层次理论出发，保健层满足了生理和安全的需要，基本承认层满足了归属和承认的需要，提高层满足了尊重和权力的需要，特别奖励层满足了自我实现的需要。由香港爱国金融实业家何善衡等共同捐资创建的何梁何利基金科学与技术奖，是目前国内著名的民间科技奖励基金。它主要包括科学与技术的"成就奖""进步奖"和"创新奖"。除此之外，还有中国电工技术协会电工新产品技术开发奖、中国通信学会科学技术奖、中国民营科技促进会技术创新奖、中国黄金协会科学技术奖、中建总公司科学技

---

① 曲安京主编：《中国近现代科技奖励制度》，山东教育出版社 2005 年版，第 2—5 页。

术奖、孙越崎能源科学技术奖、茅以升科学技术奖、周培源力学奖、华罗庚数学奖等奖励。

二 技术进步是制度变迁的动力源

生产力的发展和技术进步具有内生动力，即生产力构成要素之间的内在矛盾。生产力的三个实体要素包括劳动者、劳动资料和劳动对象，科学技术是生产力中的智能性要素，它与生产力的发展日益构成倍数或指数关系，促进生产力成倍或跨越式发展。它渗透于生产力的三个实体要素之中，成为现代生产力发展的先导和基础。劳动者和劳动资料（主要指劳动工具）的相互作用，促进了劳动工具的改进和创新，提高了劳动效率和生产力水平。当一种劳动资料特别是生产工具被改进或发明时，就出现了先进生产力。石器被青铜器取代，青铜器被铁器取代，手工工具被机器取代，这一系列技术进步代表了先进生产力取代落后生产力的历史进程。从第一次技术革命蒸汽机的发明、第二次技术革命内燃机的发明到第三次技术革命电子计算机的发明，伴随着技术的持续创新和进步，技术研发制度、产权制度、风险投资制度、法律保障制度等先后建立，促使人类社会制度不断变革和完善。

技术进步能够大大提高人们认识和改造世界的能力，引起生产力革命，生产劳动日益智能化、自动化，推动生产力发展。技术进步引起社会关系的变化，创造社会变革的思想条件、技术支撑和物质前提。技术进步影响着人的实践活动方式，包括生产活动方式、生活方式和经营管理方式；影响着人的精神世界、思维方式和价值观念，引起社会制度发生深刻变化。技术进步扩大了制度变迁的获利空间，增加了制度变迁的潜在利润，降低了制度变迁的成本，刺激和扩大了制度变迁的需求。"尽管新制度未曾经人类设计，也非人类所期待，技术本身必然催生新的制度。"① 互联网的快速进步，信息技术的飞速发展，信息传播速度越来越快，鼠标轻轻一点，信息遍布全球，这在一定程度上已经引起了政府决策和社会参与制度的调整。技术已经渗透到生产和生活的方方面面，在一定程度上影响着法律思想、司法进程和人们的法律观念。技术的新进展在法律上引起争论，比如在克隆技术、转基因技术等问题上存在着立法和司法上的激烈争论。技术的进步又促进了法律制度的完善。

技术是推动经济发展、社会制度变迁的重要力量，是先进生产力的生长点、突破口和决定因素。技术成果源源不断地涌现，日益刺激着制度的产生和完善。以大数据技术为例，大数据的战略性已经引起了各国的重视、应用和推广，政府的决策将越来越基于对数据的分析和挖掘，而不是基于经验和直觉。从国外看，2012 年 3 月，美国发布《大数据研究和发展倡议》，希望把巨量数据集合起来获取更多知识和信息。2012 年 7 月，日本推出《新 ICT 战略研究计划》，重点关注"大数据应用"，目的是提升国家竞争力。2012 年 7 月，联合国发布了《大数据政务白皮书》，对各国政府运用大数据服务人民生产和生活的经验进行了总结。2013 年初，英国商业、创新和技能部宣布，将 1.89 亿英镑投入大数据的研究和推广之中。从国内看，2009 年以来，政府主导的"智慧城市"建设充分借助大数据、云计算、物联网等新一代信息技术，在智能楼宇、路网监控、数字生活等方面高效利用资源，降低成本，减少污染，提高了人们生活的质量，令城市生活更加智能。2012 年 3 月，我国科技部发布的《"十二五"国家科技计划信息技术领

---

① ［美］简·E. 芳汀：《构建虚拟政府：信息技术与制度创新》，邵国松译，中国人民大学出版社 2010 年版，第 8 页。

域 2013 年度备选项目征集指南》中的"先进计算"板块，已明确提出"面向大数据的先进存储结构及关键技术"。大数据技术可运用到各行各业，已引起世界各国的高度重视，政府纷纷出台各类政策鼓励和引导大数据技术的发展，促进产业结构优化升级。大数据技术的运用，能够降低政府的管理成本，提高管理和服务效率，促使公共管理和服务更加便捷、更加透明、充满人性，推动着社会制度的完善。另外，新能源技术得到大力推广和实施。2015 年 10 月，《国务院办公厅关于加快电动汽车充电基础设施建设的指导意见》发布，明确提出积极探索充电基础设施与智能电网、分布式可再生能源、智能交通融合发展的技术方案，加强检测认证、安全防护、与电网双向互动、电池梯次利用、无人值守自助式服务、桩群协同控制等关键技术研发。新型充换电技术的研发和应用，能够大力推进充电基础设施建设，有利于打造大众创业、万众创新和增加公共产品、公共服务的"双引擎"。

三　制度变迁是技术进步的助推器

制度是指在一定历史条件下形成的政治、经济、文化等方面的体系，如：经济制度、剥削制度。① 制度具有根本性、长期性和战略预见性的特点。制度是对技术的保障和规范，技术进步离不开制度的保障，离不开系统的理念引导机制、健全的运行机制、严格的规范约束机制、良好的沟通协调机制和快速的应急反馈机制。制度营造了保障技术进步收益的制度环境，提高了技术进步贡献率，减少了技术进步的外部性和不确定性，降低了生产成本，激发了技术创新主体的创新欲望和合理预期，促进技术进步。良好的制度影响着技术进步的规模、速度和程度以及技术形成、扩散

----

① 参见夏征农、陈至立主编《辞海（第六版彩图本）》（第 4 册），上海辞书出版社 2009 年版，第 2949 页。

和应用。

制度变迁是指用一种效益更高的制度（目标模式）替代另一种制度（起点模式）的过程。吴忠民认为，缺乏必要的制度，只是停留在随机性的政策导向上，会使社会面临着不确定性的前景，会使人们难以预期长远目标，面临着随意性、多变性、成本过大、风险较多等不利状况。[①] 制度变迁推动技术进步是一个多层次、立体式、系统化的过程，需要理念的引导、政策的激励、市场的优化、文化的提升、社会的参与以及法律的保障。

第一，制度变迁推动技术进步需要理念的引导。理念是理论与实践统一而形成的观念体系，是对现有理论和实践总结的凝练和升华，是在一定的时代背景和现实条件下形成的共同认识，具有能动性、历史性、社会性和创新性的特征，起着引导、动员、规范和激励的作用。理念会随着经济社会的发展而动态变动。绿色技术创新理念是对传统技术创新理念的扬弃，是对其积极因素的发扬光大。

第二，制度变迁推动技术进步需要政策的激励。在传统政绩观引导和资本逐利最大化的刺激之下，个别地方出现了权力与资本的勾结。本应作为裁判的政府，却成为市场经济中的运动员。政府应从经济社会发展的实际出发，结合市场需求和人民美好期待，营造良好的政策环境，搭建各类绿色技术创新的平台，制定和实施财税政策、消费政策、产业政策、教育政策、人才政策、采购政策、考核政策等各项政策，发挥政策的正面激励作用，推动绿色技术的研发和扩散。

第三，制度变迁推动技术进步需要市场的优化。市场遵循经济规律，通过价格杠杆、供求关系、竞争机制等调节经济活动，优

---

① 吴忠民：《社会公正理论十二讲》，山东人民出版社 2012 年版，第 186 页。

化资源配置。现代市场体系包括商品市场（消费品市场和生产资料市场）和生产要素市场（金融市场、产权市场、土地市场、技术市场、劳动力市场）。现代市场体系可以营造公平竞争的环境，打破行业垄断，突破地区封锁，实现经济主体的优胜劣汰，促进商品和要素之间的自由流动，加强生产与需要之间的及时协调，有效激发经济主体的活力和创新力。企业以市场为导向，以实现利润最大化为目标，自主经营，自负盈亏。企业是最重要的微观经济活动的主体，企业的经济运行是整个市场经济运行的微观基础。

第四，制度变迁推动技术进步需要文化的提升。大英博物馆馆长尼尔·迈克乔治说："我想提醒人们注意，文化扮演的角色越来越重要。"[①] 1994 年，联合国教科文组织提出"将文化置于发展的中心位置"。绿色文化是一种人与自然和谐共存的文化，是人类对于"天人合一"、生态马克思主义、后现代主义等优秀的人类思想宝库的整合，是人类精神家园的回归，体现了人类对于自身及社会发展的深刻精神反思与价值重建。生态文明建设要靠绿色文化的引领和支撑。绿色文化通过生态伦理和自然道德的双重约束影响人的观念和行为，深深影响着人们的生产、生活和思维方式，为绿色技术创新提供强大的精神动力。绿色文化实践丰富多彩，应深入研究绿色价值观、绿色道德观、绿色发展观、绿色消费观、绿色政绩观等问题，从基层挖掘绿色文化的积淀与最朴素、最自然的绿色文化形态和绿色形象，培育和铺垫绿色文化的基础，不断追求绿色发展，追求人与自然和谐，为人民群众提供更多的绿色产品。"既要金山银山，也要绿水青山"，绝不以

---

① 转引自《文化产业引领英国经济走向复苏》，新华网，news. xinhuanet. com/fortune/2010－03/26/content_ 13250725. htm。

牺牲生态环境和人们健康换取经济增长。深刻领悟自然与人类、自然法则与人文生态的关系，才能更好践行可持续发展的生态之路。

第五，制度变迁推动技术进步需要社会的参与。社会参与既是社会公众权利的行使，也有利于社会监督和舆论监督开展。它主要包括知情权和决策参与权两个方面。美国 1969 年颁布的《国家环境政策法》最早确立了社会参与的原则，规定了社会参与环境影响评价制度的权利和程序。社交媒体是社会力量广泛参与的工具，是人们彼此之间分享意见、经验和观点的平台，主要包括微博、微信、博客等。社会公众利用互联网技术和工具，通过不断的信息交互，能够有效地对某个主题达成共识，并快速在网上传播，其影响的速度、广度、深度巨大。如"云南躲猫猫事件""南京天价烟房产局长事件""陕西省安监局局长杨达才的多块名表事件""湖北石首事件"等被网民快速传播，在网上引起轩然大波。这些事件的相继发生和巨大影响，引起了各级政府的高度重视，促使各项监督和检查制度更加完善，推动社会参与制度更加深入。社会力量的广泛参与能够增强人们的主动意识和主体意识，加强对互联网技术、新媒体技术等新兴技术的应用，快速传播绿色技术创新理念，普及绿色技术创新知识，可以动员更多的社会资源，举办更多的社会公益活动和绿色技术创新服务活动，不断提高社会公众的公共意识、科学意识、技术创新意识和生态环保意识，营造浓厚的推动绿色技术创新的社会氛围。

第六，制度变迁推动技术进步需要法律的保障。进入 21 世纪以来，技术进步的频率加快，新技术不断涌现，法律制度面临着更大的挑战。面对技术进步带来的挑战，法律制度应及时进行回应，通过制定新的法律或修改和完善原有法律，以适应和促进技术进步。《中华人民共和国技术进步法》《中华人民共和国循环经济法》《中华人民共和国知识产权法》等法律是促进技术进步的重要保障。它们能加速绿色技术研发和绿色技术成果的转化，规范技术、市场和道德风险，平衡个人利益和社会利益，保证人们对科学精神的探索和对技术创新的追求，体现法律的权威性和严肃性，保障绿色技术创新顺利进行。

本章小结

制度、制度的行为者、利益三者之间构成了一个整体。为实现利益最大化，制度的行为者会营造良好的制度环境，制定系统而严密的制度体系。新制度经济学认为，"制度作为一系列规则，一般由非正式规则、正式规则和实施机制三部分构成。非正式规则主要包括价值理念、伦理规范、道德标准、风俗习惯、意识形态等内容。正式规则是指人们有意识创造的一系列政策法规。实施机制是指对制度发挥功能作用过程的调节机制"①。基于以上观点，本书认为，制度是指为促进经济社会生态的可持续发展，正确处理人与人、人与社会、人与自然之间的关系，具有激励、约束和保障作用的各种社会规范的总和。它包括正式制度（政策、法律、条例、规章等）和非正式制度（价值观念、社会习俗、文化传统、道德伦理、意识形态等）。在马克思主义的视野中，制度具有两种性，根本性制度是指社会形态，人类社会依次经历了原始社会、奴隶社会、封建社会、资本主义社会和社会主义社会。具体性制度包括保障社会正常运行的各种制度和体制。如政治体制、经济体制等。本书所使用的制度概念，既涉及正式制度，又涉及非正式制度；既涉及根本性制度，又涉及具体性制度。

---

① 岳福斌：《现代产权制度研究》，中央编译出版社 2007 年版，第 81 页。

技术是人类变革社会的重要力量，是文明转型的强大支撑，技术的进步伴随着制度的变迁。技术提高了生产力水平，满足了人们的各种需求，丰富了人们的物质文化和精神生活；技术加强了世界各地的联系，使世界成为一个紧密的整体和统一的国际大市场；技术促成资本主义社会的产生、发展以及资产阶级与无产阶级之间的矛盾激化，促使社会主义从弱到强、从理论到实践不断向前。实践证明，在社会制度处于开放、包容时期，技术会取得快速进步；在社会制度处于专制、封闭时期，技术的进步会受到遏制。技术的发展遵循着从萌芽期、成长期、成熟期到衰落期的规律。从历史实践看，在技术处于上升期（萌芽期、成长期、成熟期）时，会推动制度的完善；在技术处于衰落期时，制度促进传统技术的淘汰和新技术的萌芽、发展。技术革命是产业革命的前提和先导，也是产业革命的技术内容，为产业革命提供技术支撑；产业革命是技术革命的结果，促进新技术的产生和发展。

技术进步与制度变迁是一个相互渗透、互为因果、双向互动的过程，共同构成一个联系紧密、不可分割的动态结构和有机整体。第一，技术进步为制度变迁提供支撑，是制度变迁的动力源。技术进步扩大了制度变迁的获利空间，增加了制度变迁的潜在利润，降低了制度变迁的成本，刺激和扩大了制度变迁的需求，引起规模报酬递增和组织形式的复杂化，促使社会关系和社会结构的改变。第二，制度变迁为技术进步提供坚实保障，是技术进步的助推器。制度变迁推动技术进步是一个多层次、立体式、系统化的过程，需要理念的引导、政策的激励、市场的优化、文化的提升、社会的参与以及法律的保障。促进制度的可持续发展，应保持制度的连续性，使新制度是旧制度的延续，而不是推倒重来；应保持制度的创新性，发展要有新思路，改革要有新突破；应保持制度的开放性，为未来的技术进步预留一定的发展空间；应保持制度的节奏性，分阶段、分时期进行，以适应不同阶段的发展水平。总之，技术进步和制度变迁的双向互动，能够促进经济发展和社会进步，有利于推动绿色技术创新和生态文明转型。

第二章　生态文明转型需要
绿色技术支撑

生态危机推动着人类文明进行深刻变革，全球正在经历一场由传统工业文明向现代生态文明的转型。"'转型'预示着人类文明发展与演化历程中，文明的内在构造问题。文明的转换深刻之本即是文明的构造与文明的轴心的变迁，即新的文明轴心不断替代原有的文明支撑点，构造出新的文明系统。"① 生态文明是源于工业文明又高于工业文明的崭新文明形态，生态文明转型符合历史发展的趋势和社会进步的主旋律，是人类走出生态危机、实现绿色发展的必由之路。绿色技术为生态文明转型提供了坚实的技术支撑。

第一节　生态危机的根源

美国著名生态学家康芒纳在其著作《封闭的循环：自然、人和技术》中提出生态学的四条法则：每一种事物都与别的事物相关，一切事物都必然要有去向，自然界所懂的是最好的，没有免费的午餐。地球生态系统是一个紧密联系的整体，人类从地球生

---

① 赵建军：《追问技术悲观主义》，东北大学出版社 2001 年版，第 19 页。

态系统中取走的任何一样东西，都会再放回原处。因此，人类对大自然的疯狂掠夺，带来的将是大自然对人类的无情报复。

一　生态危机的表现

1987 年，"世界环境与发展委员会"在其著名的研究报告——"布伦特兰报告"《我们共同的未来》一书中，首次提出了"从一个地球到一个世界"的观点。报告沉重地指出：从太空中看，地球是一个小而脆弱的圆球，是一幅由云彩、海洋、绿色和土壤组成的图案，人类的活动正从根本上改变着地球系统。[①] 报告在警示我们：人类的各种活动正在使人类自身面临着生态危机。

生态危机是指由于人类的盲目开发和过度利用，导致生态环境持续恶化和生态系统失衡，严重威胁人类生存和发展的现象。自工业革命以来，人们一直采取"吃老本"的线性发展模式，毫无顾忌地榨取着大自然的资源，肆无忌惮地污染着人类赖以生存的环境，导致生态系统严重退化。美国生物学家蕾切尔·卡逊（R. Carson）曾深刻地说："在人对环境的所有袭击中最令人震惊的是空气、土地、河流以及大海受到了危险的，甚至致命物质的污染。"[②] 生态危机主要表现为以下几方面。

（一）全球气候变暖

气候是自然生态系统的重要组成部分，是人类赖以生存和发展的基础。人类通过化石能源的燃烧、大规模的工业化生产，以及废弃物的处理，排放出了大量的二氧化碳等温室气体，致使全球二氧化碳浓度持续增长。1880—2012 年，全球地表年平均温度升高了 0.85℃；1983—2012 年，可能是过去 1400 年中最暖的 30 年。全球气候变化以全球平均气温波动式变化、呈升温趋势为特征，

---

① 参见世界环境与发展委员会《我们共同的未来》，王之佳、柯金良译，夏堃堡校，吉林人民出版社 1997 年版，第 1 页。

② ［美］蕾切尔·卡逊：《寂静的春天》，吉林人民出版社 1997 年版，第 4 页。

全球气候变暖的总体趋势并没有因为个别地区某个时段出现的冷事件而发生改变。全球气候变暖威胁着人类的生存和发展。

全球气候变暖已成为重要的生态安全问题，涉及政治、经济、军事、环境等方面，需要引起足够的重视。全球气候变暖具有诸多影响。第一，全球气候变暖导致某些极端气候事件趋多趋强。自20世纪50年代以来，全球许多地区热浪发生频率更高、时间更长、范围更广，强降水事件和局部洪涝频率增大。2012年底，飓风"桑迪"登陆美国，造成113人死亡；2013年7月，英国出现高温热浪，导致760人死亡；2013年11月，超强台风"海燕"登陆菲律宾，造成8000多人死亡。第二，全球气候变暖对水资源的影响。气候变暖改变了部分地区的干旱持续期和许多河流的洪水发生频率，使得冰川面积不断缩小，高纬度和高山区域永久冻土大范围改变和退化。第三，全球气候变暖对陆地生态系统的影响。受气候变暖的影响，陆地植物和动物物种的分布范围、季节行为发生改变。森林、草地、湿地、荒漠等主要陆地生态系统正在经历大规模的变化。第四，全球气候变暖对人类健康的影响。人类健康对于天气规律的改变和其他方面的气候变化比较敏感。气候变暖导致农业气候资源、生产力以及作物种植制度的改变。气温、降雨和海平面的变化已经改变了一些疾病媒介物的分布，增大了热浪伤亡，减少了脆弱群体的粮食生产，粮食生产的不稳定性增加。在南北极都出现了大范围的臭氧层空洞。强烈的紫外线辐射，会损害人和动物的免疫系统，诱发皮肤癌和白内障，严重危害身体健康。

（二）环境污染严重

随着人类经济活动和生产的迅速发展，人们运用科学技术疯狂征服自然和改造自然，最终破坏了自然界的生态平衡。人们片面追求经济增长，一味强调经济指标，疯狂攫取经济利益，对自然冷酷残忍、大肆掠夺，致使环境严重污染，生态遭到破坏。大气污染物主要分为天然污染物和人为污染物两类，如悬浮在大气中的液体、固体状颗粒物、含氟气体等有害物质。工业化的快速推进，消耗了大量的资源和能源，产生的废水、废气、废渣对水、大气、土壤等造成严重污染，带来不可估量的损失。环境污染物会对机体产生严重危害，影响人类的生存和发展。酸雨又称为"死亡之神"，它出现频繁，危害大，涉及面广，可使河流、湖泊等水体以及土壤酸化，使水生生物停止繁殖和生长，使鱼类灭绝，使土壤和湖泊底泥中的铝、铅和汞等有毒金属溶解出来毒害水生生物，使暴露在空气中的金属、饲料、水泥、涂料等受到强烈的腐蚀作用。

当前我国环境污染严重，形势十分严峻，有着"垃圾基本靠坑、污水基本靠冲、雾霾基本靠风"的描述。发达国家一两百年分阶段逐步出现的环境问题，在我国 30 多年的快速发展中集中凸显，呈现出结构型、压缩型、复合型的特点。2013 年初，我国部分地区长时间反复出现雾霾天气，许多城市空气质量急剧下降，部分时段达到严重污染级别，受影响的国土面积达 230 万—270 万平方公里，受影响的人口约为 6 亿人。2013 年，全国二氧化硫、氮氧化物排放总量分别为 2044 万吨、2227 万吨，远超出环境承载力。全国地表水国控监测断面中，劣 V 类水质比例占 10.3%，基本丧失水体功能；62 个重点湖（库）中，有 25 个水质劣于Ⅲ类标准。地下水污染呈现由条带状向面上扩散、由浅层向深层渗透、由城市向周边蔓延的趋势。我国土壤环境质量总体下降，受污染耕地威胁农产品安全。化学品、重金属污染事件呈高发态势。城市和工业污染向农村转移趋势加剧，一些城乡接合部成为城市生活垃圾及工业废渣的堆放地和污染源。

（三）生态系统退化

生态系统是一个由各种互相关联，并且对周围环境相互影响的物种所组成的系统。由于生态系统退化，生态系统的服务功能削弱，土地荒漠化、水土流失、草原退化、湿地萎缩、森林生态系统结构趋于简单化、石漠化和土地盐渍化危害加剧等生态问题更为严重，生物多样性锐减，生态安全面临巨大压力。第一，土地荒漠化。荒漠化被称为地球的"癌症"，其危害之巨已成为人类的心腹之患。荒漠化，埋葬了曾经的文明，正威胁着人们的健康和生计。《联合国防治荒漠化公约》认为荒漠化的成因是各种自然、生物、政治、社会、文化和经济因素的复杂相互作用，滥垦、滥伐、滥牧、滥采等人类不恰当的活动是导致土地荒漠化的主要原因。第二，草地退化，土地沙化速度加快，水土流失严重，水生态环境仍在恶化；生态安全受到威胁。同时，世界热带雨林的面积锐减，照此发展，2030年世界将无热带雨林。第三，生物多样性锐减，有害外来物种入侵，生物资源破坏形势严峻。生物多样性是人类赖以生存的条件，是经济社会可持续发展的基础，是生态安全和粮食安全的保障，涵盖生态系统、物种和基因三个层次。现在全世界有25000种植物和1000种脊椎动物处于灭绝的边缘，这是自恐龙消失以来最快的物种灭绝时代。物种灭绝的速度加快，生态系统趋于简单化，将会使生态系统失衡，而地球上现存的物种一旦灭绝，就没有再生的可能。

二　生态危机的特征

在工业文明高唱凯歌、疯狂掠夺时，其自身暴露出越来越严重的缺陷。人类对大自然的强大干预超过自然界的自调节能力，生态平衡被破坏，自然界已经不堪忍受人类的蹂躏。人类面临着生态危机，生态危机具有人为性、潜伏性和全球性等主要特征。

（一）生态危机具有人为性

工业文明的野蛮掠夺方式，践踏了美丽自然，严重破坏了生态平衡。人类对大自然的贪欲和无情，最终自食其果。恩格斯说："我们不要过分陶醉于我们人类对自然界的胜利。对于每一次这样的胜利，自然界都对我们进行报复。"① 从 IPCC 五次评估报告的结论，可以看出人类活动与全球气候变暖以及生态危机紧密联系在一起了。IPCC 第一次评估报告（1990）提出，人类活动引起的排放正在显著增加大气中温室气体的浓度，推动了 1992 年《联合国气候变化框架公约》（以下简称《公约》）的签署和 1994 年《公约》的生效。IPCC 第二次评估报告（1995）提出，气候变化是可辨识的，为系统阐述《公约》的最终目标提供了坚实依据，推动了 1997 年《京都议定书》的通过。IPCC 第三次评估报告（2001）指出，过去 50 年的大部分变暖现象可能（66% 以上概率）主要由人类活动引起。IPCC 第四次评估报告（2007）指出，过去 50 年的气候变化很可能（90% 以上概率）由人类活动引起，推动了"巴厘路线图"的诞生。IPCC 第五次评估报告（2014）指出，过去 50 年的气候变化极可能（95% 以上概率）归因于人类活动。

（二）生态危机具有潜伏性

美国海洋生物学家，现代环境保护运动先驱蕾切尔·卡逊在《寂静的春天》（1962）一书中论述了生态危机的潜伏性。蕾切尔·卡逊指出："化学药品被撒向农田、森林和菜园后，会长期停留在土壤里，有时化学药品会随着地下水流悄悄转移，等到再次出现时，它们会在空气和阳光的作用下结合成为可以杀伤植物和家畜的新物质，这些新物质进入生物组织内部，进入生长的谷物、

---

① 《马克思恩格斯选集》（第 4 卷），中共中央马克思恩格斯列宁斯大林著作编译局编译，人民出版社 1995 年版，第 383 页。

小麦里，进入人的体内，在很大程度上这一邪恶的环链不断传递且难以逆转。"① 生态危机具有很强的潜伏性，从短期来看，人们不容易察觉环境的变化，认为平时的污染行为不会造成什么影响，也有人不负责任地认为环境问题让后人解决，这是缺乏生态危机意识的表现；但是从长期来看，生态问题积聚到一定程度就会大规模爆发，致使人们慌忙应对而自尝苦果。等到大自然爆发生态危机的时刻，人们之前付出巨大努力建设的物质文明，与自然环境的衰败相比，显得那么微不足道。没有了良好生态，何谈美好生活？

（三）生态危机具有全球性

生态危机不是某一时间、某一地点的事情，而是全球面临的困境。首先，全球气候变暖，极端天气频发，资源能源短缺，生物多样性减少，臭氧层破坏，海平面上升，酸雨等生态恶化现象，严重威胁到全人类的生存和发展。其次，资本主义国家转移污染源并加剧了生态危机。"西方资本主义工业大国采取'生态殖民主义''生态帝国主义'的环境策略，转移国内生态危机，通过资本全球化进行资源掠夺和环境剥削。资本主义国家坚持过度消费、提前消费，很容易引起资源的过度消耗和超出自然的承载能力。"② 在《全球问题与中国》一书中，尹希成等指出，"以往的生态危机是局部的，我们的祖先可以用迁移的办法摆脱；现代生态危机是全球性的，我们已无处可逃。"③ 随着对生态危机认识的逐步加深，国际社会采取有效的应对行动，通过合作和对话共同应对挑战。

---

① 参见［美］蕾切尔·卡逊《寂静的春天》，吕瑞兰、李长生译，上海译文出版社2008年版，第6页。

② 赵建军：《如何实现美丽中国梦——生态文明开启新时代》，知识产权出版社2013年版，第169—170页。

③ 尹希成：《全球问题与中国》，湖北教育出版社1997年版，第11页。

应对生态危机已经成为一场"国际运动"。

三　生态危机的根源

工业革命的"巨大成就"使人们陷入了对生产能力近乎痴迷的追求，人们尽情利用自然界提供的资源，最大限度地满足不断增长的物质和精神需要。阿诺德·汤因比评论道："由于精力和能量都集中到将原料转化为光热、动力及制成品上，个人或社会团体觉得自然资源的发掘与开发本身便是一种有价值的行为，而这一过程所引起的任何后果对人类的价值反倒无所谓了。"[①] 人类的不理智行为引起了生态危机。生态危机的根源是指在人类的实践活动中，忽视自然规律和社会规律，没有正确处理好人与人、人与自然、人与社会的关系，而引起的生态环境恶化和生态系统失衡。主要分为以下几方面。

（一）价值异化引发生态危机

人类中心主义认为人类至上，人是自然的主宰，其思想的内在本质是人类利己主义，其基本精神是人为自然立法。它主张一切以人类的利益和价值为中心，以人为根本尺度来考虑问题、实施行为和评价世界，强调对自然界的征服和索取，这加剧了人与自然的紧张关系，引发人与自然的深层次矛盾。价值观念影响人们的行为。在人类中心主义等传统价值观的影响下，出现了资源无限、资源无价、资源无主的思想。于是，人们妄图控制自然，肆无忌惮地掠夺自然，造成资源浪费、生态破坏和环境恶化。"当人充当起为自然立法的角色时，实际上就是人实现了对自然的否定：人要追求无限度的物质幸福，就必须全面否定自然；人要实现无限度的物质幸福，就必须绝对地控制自然。全面否定自然是为了

[①] 解振华、冯之浚主编：《生态文明与生态自觉》，浙江教育出版社 2013 年版，第 182—183 页。

绝对控制自然。"① 蕾切尔·卡逊在《寂静的春天》一书中指出："在生物学和哲学处于低级幼稚的阶段，控制自然就是要大自然为人们的方便有利而存在，这是一个妄自尊大的想象产物。"② 罗尔斯顿对人类中心主义给予了深刻批评。罗尔斯顿指出："在人类中心主义者看来，人类对岩石、河流或生态系统毫无义务，对鸟或熊也没有任何义务，完全否定大自然的价值，这是一种极不负责任的看法。"③ 海德格尔指出："人类让世界听命于自己的摆布，姿态横蛮急躁。"④ 罗尔斯顿认为人类忽视了自然界的存在价值，海德格尔看到了人作为主体以来所带来的思想危害，人成为衡量世界的尺度。

面对生态恶化的严峻形势，首先应肯定自然资源是有价值的。在《哲学走向荒野》一书中，著名生态哲学家罗尔斯顿充分肯定了自然界的价值。他指出："价值是在真实的事物（往往是自然事物）上体现出来的，这就证实了这样一种观点：有时在进行价值判断时，我们部分地是在进行一种认知，在自己进行鉴赏的头脑中录入外部世界的一些性质，如大峡谷的美学性质。"⑤ 其次应树立生态价值观。价值观是关于价值的根本观点，生态价值观是人们在认识和改造世界的过程中，逐渐形成的关于处理人与自然之间关系的观点。"应抛弃以人类利益作为终极价值尺度的观点，建立以人类与自然界的和谐为最高价值尺度的非人类中心主义的观

---

① 唐代兴：《生态理性哲学导论》，北京大学出版社 2005 年版，第 78 页。
② 参见［美］蕾切尔·卡逊《寂静的春天》，吕瑞兰、李长生译，吉林人民出版社1997 年版，第 263 页。
③ ［美］霍尔姆斯·罗尔斯顿：《环境伦理学》，中国社会科学出版社 2000 年版，第 2页。
④ ［德］海德格尔：《人，诗意地安居》，上海远东出版社 1995 年版，第 147 页。
⑤ ［美］霍尔姆斯·罗尔斯顿：《哲学走向荒野》，刘耳、叶平译，吉林人民出版社2001 年版，第 122 页。

点，实现人类利益和自然界利益的统一。"① 生态价值观认为人与自然是平等的，人要遵循自然规律，尊重自然、顺应自然、保护自然，与自然和谐相处。

（二）技术异化引发生态危机

人类创造了以技术作为生存手段的存在方式，但却在技术世界的存在方式中失去了自我。于是，人沉醉在"物化"的世界中，享受着"物化"给人类带来的感觉愉悦，从而不思人为何物。德国哲学家卡尔·雅斯贝斯（K. Jaspers）看到技术给人类带来的种种好处，它使人能够享受到一切可以享受到的东西，能够接近每一样自然的事物。同时，雅斯贝斯也意识到技术世界的存在方式对自然界的破坏作用，认为它使得人与自然变得愈加分离，导致人的生活变得更加"不自然"了。他曾忧虑地指出："看来，如此被贬抑、被拉到物的水平的人，已经失去了人性的实质。"② 德国汉斯·萨克塞在《生态哲学》中指出："技术道路不是通过控制自然来摆脱自然，而是破坏自然和毁坏人本身。技术引起的不停杀戮会导致毁灭性的破坏。"③ 技术异化可以引发生态危机。

1. 关于技术异化的理论

第一，马克思的技术异化观。马克思从人、自然、社会三个层面，辩证揭示了资本主义社会的技术异化现象。马克思认为："劳动为富人生产了奇迹般的东西，却为工人生产了赤贫。劳动创造了宫殿，却给工人创造了贫民窟。"④ 技术异化的主体是现实的人，技术异化的实质是人的本质的异化，人的实践是消除技术异化的

---

① 林兵：《环境社会学理论与方法》，中国社会科学出版社 2012 年版，第 90 页。
② ［德］卡尔·雅斯贝斯：《时代的精神状况》，上海译文出版社 1997 年版，第 44 页。
③ ［德］汉斯·萨克塞：《生态哲学》，东方出版社 1991 年版，第 121 页。
④ 《马克思恩格斯全集》（第 42 卷），中共中央马克思恩格斯列宁斯大林著作编译局编译，人民出版社 1979 年版，第 93 页。

最终力量。劳动者创造了机器（技术），而机器（技术）又成为异己的力量，反过来奴役劳动者，这构成了技术的异化。从更深层意义上看，这是资本主义生产关系所导致的人与人之间关系的异化。

第二，对技术异化问题在人本层面的研究。以胡塞尔和海德格尔为代表的哲学家们，基于人本主义的立场，认为现代科技是人类文明堕落的根源。胡塞尔认为技术异化的实质是人性危机，哲学离开了现实生活，人类不再受理性的束缚，造成了人们精神的空虚。海德格尔认为现代技术的本质是"座驾"。人类对于物质利益的无休止追求，肆意破坏环境，不尊重自然，被异化了的现代技术所支配，并将自己置于"座驾"之上。

第三，对技术异化问题在社会层面的研究。以霍克海默、马尔库塞、哈贝马斯为代表的哲学家们，分析了技术对社会层面的影响。霍克海默在《工具理性批判》（1967）一书中指出，现代科学技术使人的自主性、自我判断力和想象力减弱。马尔库塞在《单向度的人》（1964）一书中指出，伴随着技术的进步，人的本性受到压抑和束缚，使人成为只有物质而无精神的"单向度的人"。哈贝马斯认为，科学技术取得了"合法的"地位，已成为"第一位"的生产力，它直接影响着人们的物质生活和精神生活，冲击着人们的思维方式和价值观念等，这成为理解一切社会问题的关键。

第四，对技术异化问题在精神层面的研究。以卢卡奇为代表的西方马克思主义学派，从精神层面对技术异化问题研究较为深入。卢卡奇在《历史与阶级意识》一书中提出"物化"概念，"物化"实际上是马克思"异化"的同义词。他认为在资本主义条件下，工人的劳动物化为某种商品，资本家从肉体和精神上对工人进行双重压榨。技术的发展，使工人丧失了自主性。

2. 对技术异化引发生态危机的思考

科学技术是把双刃剑，它既是人类社会发展的动力，又是人类经济社会发展的破坏力。科技的飞速发展，为人类创造了前所未有的物质文明；然而人们在享受着科技发展带来的便利时，却忽视了科技的负面效应。埃吕尔认为，在每项技术的运用中，一开始就蕴藏着不可预料的副作用，这些副作用带来了比没有这项技术情况更为严重的灾难。巴里·康芒那认为，现代科学技术是"一个经济上的胜利，但它也是一个生态学上的失败"[1]。赵建军认为，大机器改变了人们的生产方式、生活方式和交往方式。人们对技术的崇拜超过了一切，"技术统治思维"开始走向其反面，使得技术像一匹脱缰的野马难以驾驭和控制，整个社会包括人自身都在"技术指令"下行事。[2] 技术的不恰当使用造成了一系列资源、环境和人口问题；技术提供的便利手段，使人们彼此的交往越来越少，比如人们用大量的时间进行网上聊天，而面对面的交流机会逐渐减少；技术的进步也引发了伦理问题，如克隆人等。

（三）制度异化引发生态危机

美国学者约翰·贝拉米·福斯特（J. B. Foster）在《生态危机与资本主义》一书中就认为，"生态危机与资本主义是一种相伴而生的关系，因为资本主义体制把追求利润增长作为首要的目的，因此就要牺牲环境及他人的利益，采取投资短期行为而一味地追求经济增长，其后果就是环境的快速衰退"[3]。对于发展中国家而言，也存在着发展与环境的矛盾。"大多数发展中国家都面临着两

---

[1] ［美］巴里·康芒那：《封闭的循环——自然、人和技术》，侯文慧译，吉林人民出版社1997年版，第120页。
[2] 参见赵建军《追问技术悲观主义》，东北大学出版社2001年版，第148—149页。
[3] ［美］约翰·贝拉米·福斯特：《生态危机与资本主义》，上海译文出版社2006年版，第1—5页。

个困境：既要面对农业社会的工业化问题，而且是高能耗、低效率的工业化生产方式；同时又要承受着不平等的贸易规则，大量消耗着原生态资源，进而破坏了本土化环境资源的存量。"① 环境问题具有制度性的特点，制度异化可以引起生态危机。

第一，西方生态学马克思主义者把生态危机的根源归结为资本主义制度。他们认为资本主义制度具有反生态本性，资本家的最终目的是追逐利润、扩大生产和积累财富，资本的无限扩张和资源的有限存在构成了一对无法调节的矛盾，生产的扩张超越了自然能够承受的极限，必然引起生态危机。

第二，从制度本身寻找生态危机的根源。"制度是社会关系的调节器，它与社会和谐之间具有内在的必然联系。制度安排状况会直接影响社会的稳定和发展。"② "生态危机的根源在于制度危机，生态文明水平低下的根源在于包括市场机制失灵、政府机制失灵和社会机制失灵在内的制度失灵。"③ 制度是对人们行为的规定和约束，而在现实生活中，制度往往异化为形式主义。主要为：在制定制度时疲于应付、脱离实际，在执行制度时消极懈怠、专横跋扈，在督查制度时走马观花、欺上瞒下。这种缺少公平、法治、民主、和谐的制度，不注重人与自然的关系，只看当前，忽视长远，很容易导致生态危机的发生。

（四）消费异化引发生态危机

工业文明坚持高消费、过度消费，远远超出人的基本需要，成为"异化消费"。西方马克思主义者最早提出"消费异化"的概念。他们认为，在资本主义社会，资本家操作消费，用消费来克

① 林兵：《环境社会学理论与方法》，中国社会科学出版社 2012 年版，第 16 页。
② 罗豪才、宋功德：《和谐社会的公法建构》，《中国法学》2004 年第 6 期，第 8 页。
③ 沈满洪、程华、陆根尧等：《生态文明建设与区域经济协调发展战略研究》，科学出版社 2012 年版，第 4 页。

服生产过剩和应对经济危机。资本主义危机已从生产领域转移到消费领域，在利润的驱使下，资本家不断扩大再生产，通过消费贷款、广告、书籍等多种形式，大力宣扬消费主义价值观，制造虚假的消费需要，刺激人们的消费欲望，控制人们的消费选择。人和商品的关系被颠倒了，人是为了消费商品而存在，人成为商品的奴隶。大规模、单一性的批量生产规定着消费尺度。现代社会"大规模的批量生产迫使整个世界奉行同一种生活模式"①。消费异化使人们为消费而消费，并把消费看成人生的享受，严重破坏了生态环境，增加了对资源供给的压力。为了满足人的无止境的物质需要的欲望，人们不断掠夺、滥用、挥霍和浪费资源，导致资源的过度使用和能源的过度开采，引起环境的污染、破坏，促使人与自然关系的恶化，人类对自然的掠夺已经大大超越地球的生态承载能力，从而出现生态危机。

第二节　生态文明的转型

杰里米·里夫金在《第三次工业革命——新经济模式如何改变世界》开篇指出，工业文明正处在十字路口，化石能源正日趋枯竭，靠化石燃料驱动的技术已陈旧落后，以化石燃料为基础的整个产业结构运转乏力。② 人类应改变攫取和依赖不可再生资源的疯狂行为，寻求一种更加集约、更加持续、更加和谐的文明，即生态文明。那么什么是生态文明呢？中央社会主义学院党组书记、国家环保部原副部长潘岳认为，生态文明是指人类遵循人、自然、

---

① [乌拉圭]爱德华多·加莱亚诺：《消费帝国：一个诱杀傻瓜的陷阱》，《绿叶》2009年第3期，第106页。

② 参见[美]杰里米·里夫金《第三次工业革命——新经济模式如何改变世界》，张体伟、孙豫宁译，中信出版社2012年版，第1页。

社会和谐发展这一客观规律而取得的物质与精神成果的总和，是指以人与自然、人与人、人与社会和谐共生、良性循环、全面发展、持续繁荣为基本宗旨的文化伦理形态。生态文明遵循生态学规律，强调人的自觉与自律，主张合理利用自然资源，促进可持续发展。人类文明只有实现从工业文明到生态文明的转型，把对生态危机的反思提升到文明批判的高度，才能找到真正解决生态危机的出路，实现文明与自然的和谐共存。人类应以高度的责任感给子孙后代留下天蓝、地绿、水净的美好家园。

一　生态文明是人类文明转型的必然产物

人类社会在经历了漫长的蒙昧阶段后，进入了人类文明时期。人类文明迄今为止经历了三种形态：原始文明、农业文明和工业文明。在原始文明时代，人类基本靠"本能"，通过采摘果实、捕鱼打猎维持生活，自然力异常强大，人类崇拜自然、畏惧自然，听天由命；在农业文明时代，人类基本靠"体能"，通过使用农耕工具进行简单再生产，人类依赖自然，靠天吃饭；在工业文明时代，人类基本靠"技能"，通过科技的迅猛发展提高了改造自然的能力，人类疯狂掠夺自然，坚信人定胜天。

马克思曾指出："美索不达米亚、希腊、小亚细亚以及其他各地的居民，为了得到耕地，毁灭了森林，但是他们做梦也想不到，这些地方今天竟因此而成为不毛之地，因为他们使这些地方失去了森林，也就失去了水分的集聚中心和贮藏库。"① 工业革命以来，酸雨蔓延、森林锐减、草地退化、湿地减少、土壤沙化、水土流失、大气污染、臭氧层破坏、生物多样性减少等生态问题频发，已严重影响了人类的生存和发展，人与自然的矛盾日益尖锐和不

---

① 《马克思恩格斯选集》（第4卷），中共中央马克思恩格斯列宁斯大林著作编译局编译，人民出版社1995年版，第383页。

可调和。工业文明难以为继，人类不断寻求一种新的发展模式和生存方式，必然自觉地走向生态文明。

生态文明把生态平等作为其突出的价值观，包括人与自然的平等、代内平等和代际平等，代表着人类社会未来的发展方向。与工业文明相比，它坚持人与自然和谐发展、经济社会统筹发展、资源能源循环发展，自觉地把人与自然、社会的关系推到了前所未有的高度，具有和谐性、整体性、持续性等特征。第一，和谐性：人与自然和谐发展。"崇拜自然、征服自然和协调自然，是人类在处理与自然的关系上经历的三个阶段。这一过程标志着人类认识的深化、人类文化的增加、人类素质的提高和人生境界的升华。"[①] 工业文明以功利主义为价值基础，强调征服自然和攫取资源，坚持从原料到产品再到废弃物的线性生产方式，以及奢华浪费的生活方式，导致环境污染严重、生态系统退化。生态文明强调"生态价值"的全面回归，倡导生态文化，树立尊重自然、顺应自然、保护自然的生态文明理念，使生态道德成为普遍道德，坚持在发展中保护、在保护中发展。第二，整体性：经济社会统筹发展。以化石能源为动力的工业文明具有极强的掠夺性和破坏性。20世纪中叶，西方工业化国家爆发了一系列严重污染事件，人们开始反思工业化弊端。1962年，蕾切尔·卡逊出版了《寂静的春天》；1972年，罗马俱乐部发表《增长的极限》；1972年，在"人类环境会议"上发表《人类环境宣言》；1992年，在"世界环境与发展大会"上通过了《21世纪议程》等重要文件。这些充分说明人们越来越重视环境问题。生态文明强调"自然、经济、社会"统筹发展的绿色建构，包括生态经济、生态福利等物质文明

---

① 解振华、冯之浚主编：《生态文明与生态自觉》，浙江教育出版社2013年版，第11页。

的内容，生态公正、生态意识等精神文明的内容，以及生态民主等政治文明的内容。建设生态文明，并不是要限制发展，而是要实现动态上的质与量的全面发展。第三，持续性：资源能源循环发展。工业文明以高能耗、高污染、低产出、强破坏、不可持续为主要特征，人对自然的破坏愈演愈烈，人与自然的矛盾日益尖锐。生态文明以低消耗、低污染、低排放、高效率、循环再生为主要特征，它能够将地球资源的有限性和人类文明进步的无限性统一起来，实现人类社会的可持续发展。

生态文明建设是一个不断完善的过程，是一个协同推进的过程，是一个人与自然和谐发展的过程。生态文明与经济发展并不矛盾，而是相互促进的关系。生态文明的经济形态包括绿色经济、低碳经济、循环经济、休闲经济、体验经济等，生态文明为经济发展营造了良好的环境、提供了持续的动力。生态文明建设的框架主要分为三个系统：经济系统、社会系统和生态系统。经济系统包括生态农业、生态工业、生态服务业；社会系统包括绿色科技、生态人居、大众参与；生态系统包括生态修复、生态补偿、循环利用。生态文明建设应进行全面、整体、系统的顶层设计，需要综合发挥观念引导、技术支撑、制度保障、文化推进、社会参与、人才支持、政策推动、需求拉动的作用，努力构建政府、企业、大众传媒、社会力量、高校及科研院所、非政府组织等之间的良性互动机制。

二 生态文明转型的制约因素

改革开放三十多年来，我国经济发展迅速，综合国力不断增强。然而，当前我国正处于经济社会转型的新时期，面临"三期叠加"矛盾，这对于中国的绿色发展而言既是一次机遇，也会面临诸多挑战。人们必须直面粗放发展带来的难题：资源浪费与匮乏、环境污染与破坏、人和自然关系紧张与对抗、人类受到自然乃至自己对自己的报复与困扰等矛盾凸显叠加乃至放大扩散。高投入、高消耗、偏重数量扩张的发展方式已经难以为继。脱离了绿色发展理念的指导，必然引发利益矛盾加剧、资源枯竭和环境恶化等深层次问题。

（一）落后观念制约

观念是行动的先导，落后的观念诱导着错误的行为，大自然的生态危机首先是"人类意识的污染"。传统发展观以物为中心，其衡量的标准是以物质生产的多少判断发展的快慢，使人沉溺于物欲。受传统发展观的影响，人们的生态意识淡薄，把经济发展和生态保护对立起来，走进了单纯追求 GDP 的误区。人们在消费模式和生活方式上相互攀比，奢靡浪费之风逐渐盛行。"中国传统的天人合一的自然观早已被工业文明击得粉碎，再加上多年来环境教育的落后，人与自然和谐的观念还难以深入人心，目前有相当多的人在大自然面前冷漠无情，感受不到自然母亲的伟大，感受不到自然对人类的恩惠，感受不到自然生态系统对人类的重要性。"[①] 传统发展观对于发展的错误观念、发展阶段的错误认识以及对于生态环境的错误估计，造成了人们一味追求经济增长，忽视生态指标。

（二）能源资源制约

我国尚处于工业化中期阶段，庞大的人口数量，不断增长的经济规模，导致能源资源消费量和环境压力持续增长。我国面临着能源、资源和环境约束的巨大挑战，"富煤、少气、缺油"的资源条件决定了以煤为主的能源结构短期内难以改变。煤炭是我国的主要能源，2013 年我国煤炭占能源消费比重约为 70%。尽管近几年煤炭占我国能源消费比重有所下降，但 2016 年仍高达 64% 左

---

① 任凤珍、张红保、焦跃辉：《环境教育与环境权论》，地质出版社 2010 年版，第 25 页。

右。矿产资源短缺的危机出现，我国矿产资源的人均占有量不到世界人均水平的一半，后备探明储量不足，矿产资源短缺的形势将日趋严峻。土地资源的数量和质量呈下降趋势，表现为可耕地面积减少、水土流失、草场退化、土地荒漠化等。水资源危机显露，表现为河流断流、地下水位下降、水污染严重。随着能源生产和消费量的逐步提高，我国生态环境恶化的趋势可能进一步加剧，能源资源枯竭的程度会不断加深。

（三）传统技术制约

"技术瓶颈"已成为我国生态文明转型的重要制约因素。传统技术注重技术应用的经济指标，忽视了环境指标以及资源能源消耗指标；传统技术具有单向性，它按照"资源→生产→产品→消费→废物→排放"的单一流向运行，没有逆向的恢复过程。传统技术以高消耗、高排放、高污染为主要特征，比如窑炉燃烧技术、合成塑料技术、高残留农药生产技术等传统技术，既消耗了大量资源，又污染了环境，严重破坏了自然界的生态平衡，导致诸多环境灾害事件的发生。

（四）体制机制制约

尽管各级政府已经明显感受到经济发展所面临的资源和环境的限制与约束，制定了节能减排、减耗增质等任务，不过，相关制度建设仍不完善，落实起来更加困难。在经济发展失衡、技术异化、价值观扭曲和社会交往全球化背景下，构建地区级、国家级和国际级的制度体系，以协调人与自然、人与社会、国家与国家间的行为无疑变得更加重要，但同时也更为复杂和严峻，需要政府有长远精准的战略目标、达观平实的科学态度和民主平等的公共程序以及健全的绿色制度体系。

三　绿色发展助推生态文明转型

习近平总书记强调，绿水青山就是金山银山，保护生态环境就是保护生产力，改善生态环境就是发展生产力。党的十三五规划建议明确提出创新、协调、绿色、开放、共享的五大发展理念。其中，绿色发展是对发展本质、规律和趋势的理性把握，注重解决人与自然的和谐问题。绿色发展是指在遵循经济规律、社会规律、生态规律的基础上，在生态环境容量和资源承载力的约束条件下，实现经济、社会、人口和资源环境可持续发展的一种新型发展模式，是具有中国特色的当代可持续发展新形态。走绿色发展之路，是加快转变经济发展方式的重要途径，是把握时代脉搏、主动适应变化的战略选择，是应对国际竞争、提高绿色竞争力、实现绿色现代化的迫切需要。绿色发展是时代的要求和人们的需求，是通往人与自然和谐境界的必由之路，是贯彻落实科学发展观，全面建成小康社会的应有之义。推动绿色发展，实现绿色崛起，建设"绿色中国"，是伟大中国梦的重要组成部分。

绿色发展是自然之美与人类之美的相生相通、相存相融，是人类生命与自然律动的完美合拍和协调共振。绿色发展是人的全面发展的本质要求，是立足当前和着眼长远的战略选择，是实现代内公平与代际公平统一的内在要求，是"天人合一"传统文化的哲学实践，是推进生态现代化的必由之路。

第一，绿色发展是人的全面发展的本质要求。绿色发展坚持以人为本、和谐共生的发展模式，它揭示了发展既同行为主体和价值主体的人类密切相连，还同社会演化的方式和目标息息相关。"真正的发展是以人为本的发展，是追求美好生活的发展。而美好生活的普遍因素有三，即最大限度的生存、尊重和自由。"① 真正公平的发展是一个满足物质需要的约束逐步减少和人们幸福感日

① ［美］德尼·古莱：《发展伦理学》，高銛、温平、李继红译，社会科学文献出版社2003年版，第43页。

益提升的过程。换言之，即使人们拥有了一定的物质财富，提高了生活条件，却由于资源的浪费和环境的恶化损害了身心健康，由于社会关系庸俗化和货币化淡化了友情、亲情和爱情，那么就会有很多人没有价值感和满足感，体会不到幸福。过多关注物质财富增长和崇尚感官消费而不重视自然环境及人类内心世界，不仅不能解决人的全面发展中的问题，反而会成为问题产生的根源。如何节约资源、保护环境，建立良好的生态氛围，缓和人与环境、人与人之间的紧张关系，消除暴戾之气，保持平和、宁静、积极、幸福的社会风气，让人们有满足感和幸福感，体会到存在的价值和意义，绿色发展指明了方向。

第二，绿色发展是立足当前和着眼长远的战略选择。推动绿色发展，中国必须跳出发达国家"先污染后治理""边污染边治理"的怪圈，走出一条具有中国特色的发展之路。不应把保护环境当作经济发展的累赘和包袱，也不应忽略与蔑视环境的地位和价值。无数实践证明，环境不是经济社会发展的副产品或附属物，而是经济社会发展中应当提前综合考虑与全面衡量的重要因素，是其永续发展的物质条件和客观基础，保护环境是促使经济社会健康、有序、稳定、科学发展的正能量。《2002 中国人类发展报告：绿色发展，必选之路》的发表，使"绿色发展"一词在全世界传播。2012 年，在党的十八大报告中，"绿色发展"被写进报告中，体现了中国共产党人对世界形势和国内发展的综合判断和战略决策。2015 年，在党的十八届五中全会上，"绿色发展"作为五大发展理念被提出，成为"十三五"规划的基本价值理念，是指导经济社会发展的新战略。

第三，绿色发展是实现代内公平与代际公平统一的内在要求。绿色发展与马克思主义"尊重自然规律和保护生态环境的思想"具有一致性。绿色发展为人们超越自我，达到理想的精神自由提供了最佳的现实途径，是直接作用于人的行为、具有历史必然性的实践品格。绿色发展不是要求人们简单地返回原始自然的混沌境界，不是把人变成冷冰冰的机器或只会索取的动物，不是否定工业文明与城市文明的丰硕成果；而是要坚持绿色思维，采用绿色科技，保护美好家园，主动与大自然的功能、结构、节奏、秩序同构、呼应。绿色发展有其伦理诉求，它同中国人传统的精神世界内在性统一，绿色伦理是中国传统文化复兴与东方整体性智慧的体现，"以严谨的科学依据和客观的自然规律为前提的'预防原则'是绿色发展的环境伦理红线，假如人类对环境的损害是严重且不可逆转的，即使科学技术并不完备或发达，不能解决环境问题，也应该坚持正确而长远的利益导向，克服短视行为，维护人类的持续生存"①。绿色发展的首要伦理意义是以节约资源、改善自然环境的生态和促进人类生存与发展的整体原则，从而促使人、自然、社会三者的和谐共生，实现代内公平与代际公平统一。

第四，绿色发展是"天人合一"传统文化的哲学实践。"不忘历史才能开辟未来，善于继承才能善于创新。只有坚持从历史走向未来，从延续民族文化血脉中开拓前进，我们才能做好今天的事业。"②纵观历史长河，我们不难发现，绿色发展虽然是现代社会提出的发展理念，然而在我国灿烂辉煌的传统文化中，已经蕴含了深厚的绿色发展的生态伦理思想。传统文化是一座伟岸的宝库，为实现中华民族伟大复兴提供了取之不尽用之不竭、博大精深影响深远的思想源泉和智力支持。传统生态思想根植于农业社会的发展过程，无论历朝历代，持续而集中地反映出人与自然和睦相处、共同发展的思想观点，这一特征鲜明地体现出思想家们

---

① ［日］岩佐茂：《环境的思想与伦理》，中央编译出版社 2011 年版，第 158 页。
② 习近平在纪念孔子诞辰 2565 周年国际学术研讨会暨国际儒学联合会第五届会员大会上的讲话，2015 年 9 月 24 日。

对于生态哲学和人文伦理的目标，即实现人类在自然中稳定长久地生存发展，达到人与自然和睦相处、共同发展的状态，同时这也是传统农耕文明的内在要求和必然价值。生活在蒙昧的远古时代，由于自然科学知识很少，生产力原始低下，加之自然环境变化恶劣，很多自然现象人类不能理解，更无法解释，于是便以敬重、敬畏、遵从、服从的态度来面对自然界，当人类社会生产力不能正确认识、科学对待自然之伟力，为了生存下去，人类便顺应自然、适应自然，力求与其"天人合一"。在这个客观环境下，"天人合一"理念顺理成章地成为传统生态哲学的基本原则和根本精神，一以贯之、影响深远，所以中华民族有"道法自然""天人合一"的生态哲学的深厚积淀，有珍惜资源、爱护环境的生态传统的继承延续。"天人合一"是我国传统文化始终秉持的哲学思维，认为人与自然是辩证统一、不可分割的整体，世间一切事物相生相存、共生共赢，深刻揭示了人与自然和谐相处的理想愿望和最高境界。这种思想与十八届五中全会提出的绿色发展理念是相互融会贯通的，人与自然和谐共存、相互促进的观点为绿色发展提供了积极的借鉴，促进了人类生产方式、生活方式和思维方式的彻底转变，为建设资源节约型和环境友好型社会创造了条件。马克思认为，"人本身是自然界的产物，是在自己所处的环境中并且和这个环境一起发展起来的"①。因而，人的产生和发展需要自然界，要紧紧依靠自然界，离不开自然界，同时自然界的发展和变化也需要人通过劳动来合理利用，从而相互促进、共同发展。漫长的农耕社会淬炼而成的传统文化鲜明地体现出"天人合一"观点，这与马克思的生态哲学观不仅在思想上是相通的，在实践

---

① 《马克思恩格斯选集》（第3卷），中共中央马克思恩格斯列宁斯大林著作编译局编译，人民出版社1995年版，第375页。

上也是契合的。迫在眉睫的绿色发展必然要求我们，汲取传统文化精华，对"天人合一"哲学思想进行广泛而深入的研究和应用，从而为绿色发展提供智力支撑和思想基础。

第五，绿色发展是推进生态现代化的必由之路。在传统的工业发展模式下，以人类自我为中心，漠视自然，大肆掠夺资源，消耗历史上形成的资源赋存，一味追求低成本、快速度、短周期、高利润；以牺牲环境为代价，单纯追求经济效益和技术标准，造成了高消耗、高排放、高污染，用疯狂"掠夺"促进了短期"繁荣"。这种思想和行为造成了人与自然之间只存在索取与给予的关系，导致生态退化、资源短缺、环境污染等严重后果，人类的可持续发展遭到了严峻挑战。人类不得不进行深度反思，积极推进生态现代化。生态现代化是人类社会发展的必然趋势，是一种崭新的发展方式，坚持生态共振性、亲和性发展模式，体现了以生态优势来促进现代化进程，通过良好、有序、健康、持续的生态来保障经济发展和社会进步，生态建设已是现代化的必然选择。绿色发展坚持以人为本、公平正义、和谐共生的价值取向，遵循自然规律和社会规律，是对传统工业化发展模式的辩证否定，是注重复合生态整体效益的发展模式，是推进生态现代化的必然选择，具有结构合理、系统规范、整体和谐、动态平衡的特点。

第六，绿色发展是合规律性与合目的性的统一。绿色发展是一个涉及多维度、多层次和多领域的发展理念，从本质上要求融入经济建设、政治建设、文化建设、社会建设的各方面和全过程。绿色发展就是既要发展，又要绿色，是对资源高效利用、对环境全面保护的发展，是统筹兼顾、全面协调的发展。绿色发展既符合人类社会发展规律，又符合人类社会发展的最终目的，是合规律性与合目的性的统一。"合规律"是指绿色发展反映客观事物的本质、规律和客观条件的可能，具有现实可行性。绿色发展遵循自然规律、社会规律和生态规律，强调人的自律与自觉，将资源的有限性与发展的无限性结合起来，以尽可能少的资源、环境代价，实现经济社会生态的可持续发展。党中央、国务院《关于加快推进生态文明建设的意见》提出："把生态文明建设放在突出的战略位置，融入经济建设、政治建设、文化建设、社会建设各方面和全过程，协同推进新型工业化、信息化、城镇化、农业现代化和绿色化。"这标志着我们党对共产党执政规律、社会主义现代化建设规律和人类社会发展规律的认识达到了新的水平。"合目的"是指绿色发展符合人们的需要、利益和意愿。我国坚持走中国特色新型工业化、信息化、城镇化、农业现代化道路，对资源和绿色能源有巨大需求，对天蓝、地绿、水净的美好家园有更多期待。绿色技术的扩散和广泛使用，在使人类获得经济效益和社会效益的同时，也能够最大限度地获得生态效益，从而提升人类发展的空间和维度。绿色发展是在遵循客观规律基础上的全面、协调、可持续的发展，归根结底是人的全面发展。

四 绿色发展需要绿色技术支撑

绿色技术是对传统技术的反思和提高。我国正处于工业化、城市化、现代化的发展阶段，发展水平低，技术设备相对陈旧落后，能耗强。自 2012 年以来，我国部分地区连续出现雾霾天气，PM2.5 的严重超标，一次次警示人们要防止过度使用传统技术，大力研发和推广新能源技术。目前，我国的太阳能、风能、生物质能、地热能等可再生能源，占能源消费的比重约为 12%，比重偏低。在实践中，要充分利用可再生能源资源，提高可再生能源在能源消费中的比重；优先利用天然气、页岩气、生物沼气等生物燃料，大力建设和推广分布式热电联产项目；提高电网智能化水平和能源利用效率，最大限度减少煤炭的燃烧。

绿色技术是发展循环经济的关键，是生态文明转型的技术支撑。通过运用绿色技术，实现资源、产品、废物的双向流动和循环使用，从而产生资源"减量化"效应，达到资源利用的最大值。绿色技术降低了原材料和能源的消耗，减少了排放，减轻资源环境的压力，节约了资源，提高了效率。绿色技术创新能够有效解决生态文明转型中的技术瓶颈问题。如煤炭的安全洁净开采技术、间歇性能源并网和分布式技术、煤气化多联产技术、分级炼制技术、核燃料后处理和核废料处置、垃圾处理技术、二氧化碳捕捉和封存技术、智能电动车技术、3D 打印技术等。

第三节　绿色技术的兴起

绿色既是生命的本色，也是希望和活力的象征。"绿色具有节约、回用和循环的三大特征。第一，节约，包括省料和节能两层意思；第二，回用，即对资源的再利用；第三，循环，即生态系统中某些物质形态和能量形式的重复出现和周期性变化。"[①] 然而，中国生态脆弱，缺林少绿，环境保护压力巨大，大力发展绿色技术，推动生态文明转型，成为人民群众对建设美丽中国的迫切需求。

一　绿色技术的理论基础

（一）马克思主义生态技术观

生态技术观是指关于生态技术的根本观点。生态技术是指遵循生态规律，以生态价值观为指导，以节约资源、减少污染、维护生态平衡为目的，促进人与自然和谐发展的技术。虽然马克思恩格斯没有明确使用"生态技术"这一词语，但在其著作中阐述了

---

① 万伦来、黄志斌：《"全国绿色技术创新与社会经济发展研讨会"综述》，《推动绿色技术创新，促进经济可持续发展》，《自然辩证法研究》2003 年第 2 期。

"科学技术使废物资源化"的思想。第一，废弃物是放错了的资源。"所谓的废料，几乎在每一个产业中都起着重要作用。"①这体现了马克思的废物资源化思想。生态技术的使用，能够提高资源利用率，保护生态环境。第二，实现废弃物的循环使用。强调"把生产过程和消费过程中废料投回到再生产过程的循环中去，无需预先支出资本，就能创造新的资本材"②。第三，应用生态技术是减少工业和生活废弃物的有效手段。废物包括生产排泄物和消费排泄物，是造成环境污染的原因或污染源之一；依靠科学技术对废物进行"再加工"和"再利用"，则是减少环境污染的可能途径之一。这里面蕴含着深刻的生态技术思想，其中"减少环境污染的可能途径"就是指末端治理技术。运用科学技术对废弃物再利用，有助于高效利用原材料，减少资源的消耗，减轻对环境的污染。

（二）工业生态学理论

1989 年 8 月，美国通用汽车研究实验室的罗伯特·弗罗斯彻（Robert Frosch）和尼古拉斯·格罗皮乌斯（Nicholas E. Gallopoulos），在《科学美国人》杂志上发表了《制造业的战略》一文，提出了工业生态学的概念。他们认为工业生态系统应像自然生态系统那样循环运行，使一种工业的废物成为另一种的资源，从而大幅度减少原材料的需求、降低对环境的污染。工业生态学研究如何把开放系统变成循环的封闭系统，使废物转化为新的资源。工业生态学是生态工业的基础学科，它主要研究工业系统和自然环境之间的相互作用及联系，追求的是人类社会与自然生态系统

---

① 《马克思恩格斯全集》（第 46 卷），中共中央马克思恩格斯列宁斯大林著作编译局编译，人民出版社 2003 年版，第 116 页。

② 《马克思恩格斯全集》（第 44 卷），中共中央马克思恩格斯列宁斯大林著作编译局编译，人民出版社 2001 年版，第 699 页。

的和谐发展，实现经济效益、社会效益和生态效益的统一，促进人与自然、人与社会的可持续发展。工业生态学具有以下特征：第一，多学科综合。工业生态学是一门新兴的综合性交叉学科，是生态、环境、能源、信息技术、系统工程等多学科交叉融合形成的学科。第二，注重整体性。工业生态学从系统的角度，分析工业系统组成部分，研究工业系统与自然生态系统的相互关系。在生产实践中，工业生态学运用整体和全局的思维模式，采用一体化的生产方式，代替过去简单化的生产方式。第三，过程生态化。通过研发和推广绿色技术，建立快速准确收集与处理关于环境信息的动态监测和预警体系，尽可能减少最终处置量，提高废弃物处理的技术水平，推动物质、能量、信息与环境之间的绿色交换，实现工业生产过程的生态化。

（三）循环经济理论

"宇宙飞船经济理论"是循环经济的思想萌芽。20世纪60年代，美国经济学家 K. 波尔丁提出"宇宙飞船经济理论"。波尔丁认为：宇宙飞船孤立无援，通过不断消耗自身有限的资源而存在，直至资源耗尽而毁灭。实现宇宙飞船内部资源的循环利用是延长其寿命的唯一办法。同理，地球机构及系统犹如一艘宇宙飞船，应对其资源循环利用。波尔丁的"宇宙飞船经济理论"提出了在生产和消费过程中，由于人们运用不合理的实践方式，导致资源大量消耗，环境日益破坏。"在这个相对封闭的系统里，人口的过度增长和需求最终将使地球的有限资源消耗殆尽，经济发展排放的废弃物将使这个宇宙飞船遭受污染；资源耗尽和环境污染将导致人类社会的崩溃。"[①] 因此，波尔丁强调用循环型经济取代过去的单程式经济。

---

① 刘湘溶等：《我国生态文明发展战略研究》，人民出版社2013年版，第54页。

循环经济是指在可持续发展理念的指导下，在生产、流通和消费等过程中进行的减量化、再利用、资源化等一系列活动的总称。"循环经济本质上是一种生态经济，是注重经济发展质量的新方式，是从源头和全过程预防污染的新模式。发展循环经济的基本要求是坚持技术可行、经济合理和有利于节约资源、保护环境。"①循环经济提出了 3R 原则，即"减量化（Reduce）、再利用（Reuse）、资源化（Recycle）"原则。减量化原则坚持从生产源头出发节约资源和减少污染；再利用原则强调提高产品和服务的利用效率；资源化原则力求尽可能多地再生利用资源，减少末端处理的负荷，形成资源的闭合循环。

发展循环经济是人类可持续发展的重要途径，是建设生态文明的必然要求，应注重发展"点"（企业内部）、"线"（产业内部）、"面"（各产业之间）上的循环经济。循环经济摒弃追求单纯经济增长的发展观，倡导人与自然和谐共存的可持续发展观，强调"资源—产品—再生资源"的闭环反馈式循环过程，具有非线性、自循环、重技术的特征。首先，非线性特征。循环经济把经济活动组织成一个"资源—产品—再生资源"的反馈式流程；其次，自循环特征。自循环是指静脉经济与动脉经济的耦合与互动。循环经济以"废物"在系统中的"内循环"来达到"双减量"的效果，实现经济与环境的共同发展；再次，重技术特征。循环经济着眼于"变废为宝"，以高新技术进步促进循环发展。没有先进技术的研发和推广，循环经济所追求的经济效益、社会效益和生态效益统一的目标难以实现。

二　绿色技术的实践意义

发展绿色技术是应对国际竞争、提高绿色竞争力、实现绿色现

---

① 马翠玲：《践行循环经济，走绿色发展之路》，中国环境科学出版社 2012 年版，第 75 页。

代化的必然选择，具有重要的实践意义。发展绿色技术有利于抓住战略机遇期，加强资源节约，促进转型升级，保障能源安全。

第一，有利于抓住重要战略机遇期。国际上对绿色技术越来越重视。在美国，前总统奥巴马上台后，出台了一个振兴新能源和低碳经济的技术攻关战略计划。新能源战略围绕如何寻求新能源技术的领先地位，获得全球新兴产业的支配力而进行，从而保持美国在全球新一轮经济发展过程中的领导地位。我国正坚持走中国特色新型工业化、信息化、城镇化、农业现代化道路，对资源和绿色能源有巨大需求，对天蓝、地绿、水净的美好家园有更多期待。绿色技术的扩散和广泛使用，在使人类获得经济效益和社会效益的同时，也能够最大限度获得生态效益，从而提升人类发展的空间和维度。只有紧紧抓住全球新技术革命的机遇，加快绿色技术研发和推广，才能实现新的跨越。

第二，有利于加强资源节约。绿色技术是加强资源节约的有效手段。面对资源浪费和粗放利用的现象，应突破资源节约技术瓶颈，积极开发资源节约和循环利用技术，提高资源利用效率，降低资源消耗强度，加快绿色技术成果转化，支持节能低碳产业和可再生能源发展，建立促进资源持续利用的产业技术创新体系，推动资源利用方式根本转变。

第三，有利于促进转型升级。传统高耗能污染企业在转型中不愿冒风险，也缺乏减少排污的主动性和自觉性。资源约束趋紧、环境破坏严重、生态系统退化正威胁着人类的生存和发展，要通过强有力的制度和坚定的执行力，大力发展绿色技术，推动绿色技术创新，培养高科技含量、高附加值、拥有自主知识产权的创新型企业，加快产业多元、产业延伸、产业升级的步伐，为经济社会发展和产业转型升级注入无限生机与活力。

第四，有利于保障能源安全。能源安全是国家经济安全的重要基础和核心内容。当前，世界能源需求持续增长，供给和需求分离趋势不断加剧。世界一次能源消费持续增长，消费结构趋于多元，世界化石能源资源丰富，但分布严重不均。随着我国工业化、城镇化、市场化、国际化进程加快和消费结构升级，能源发展出现了一些深层次的矛盾：能源资源约束与能源消费过快增长的矛盾，环境承载能力与能源开发利用中温室气体排放增加的矛盾，无序开发与资源优化配置的矛盾，等等。这些矛盾使我国构建稳定、经济、清洁、安全的能源供应体系面临重大挑战。加大绿色技术研发和推广力度，加快绿色技术创新，实施低碳能源战略，有助于推动绿色发展，保障能源安全。

三　绿色技术的发展前沿

绿色技术在各领域都获得了快速发展和巨大进步，其发展前沿主要有 3D 打印、大数据、物联网、机器人与智能制造技术、生态化农业技术、生物工程技术、循环经济技术、新材料新能源技术、节能减排技术、污染处理技术、生态修复技术等。下面着重谈一下 3D 打印、大数据、物联网、机器人与智能制造技术。

（一）3D 打印

3D（Three Dimensions）打印是一种通过材料逐层添加制造三维物体的变革性、数字化增材制造技术。它按照计算机的指示，找到最佳解决方案，把原材料按层堆积，形成了三维立体物体。3D 打印的发展实质上是制造业向智能化不断演进的历程。美国人胡迪·利普森先生和梅尔芭·库曼女士在《3D 打印：从想象到现实》一书中指出：3D 打印的正式命名为"增材制造"。3D 打印改变了人们的思维方式，引领了全新的生产、生活和商业模式。3D 打印提高了效率，缩短了时间，降低了产品成本，从牙刷、铅笔、皮鞋、轮胎、汽车到房屋等都可以打印。

在农业、工业、服务业等行业，在医学、教育、就业等领域，

3D 打印带来了全方位的革命。第一，催生了原材料革命。3D 打印活细胞，随着活细胞的生长，母体会发展成软骨或其他类型的活性组织。3D 打印人造心脏瓣膜，为心脏病患者带来福音。医生可以 3D 打印出各种人造器官。第二，带来烹饪革命。人们能够自身量化饮食，在精确的食品烹饪机上制作美食，打印汉堡包、肉饼、番茄酱等，给人类的健康带来益处。第三，颠覆了传统的教育方式，引起了课堂教育的新革命。通过触觉教学，提供了全新的教学方法，学生可以在机器旁边做边学，激发了探索欲望，提高了想象水平，增强了动手能力，学生主动探究学习、认真系统思考，感觉到学习是令人愉快的事情，这比空洞的说教更有意义和操作性。第四，让制造业与美丽并存。运用 3D 打印技术制造的产品根据环境进行优化，制造的过程更加清洁和环保，并且打印的材料还可以再生利用，真正实现了绿色打印。未来人们可以通过下载 CAD 文件，在 3D 打印机上打印自己需要的物品。但是在 3D 打印时代，消费者如何保护自身安全，知识产权如何得到保护，坚持怎样的标准制定和完善关于 3D 打印的法律，都是人们应该考虑的问题。

（二）大数据

随着互联网、物联网、云计算等信息技术的发展，信息的原生状态——数据的产生不受时间、地点的限制，呈现出快速爆炸式增长，大数据（Big Data）时代到来了。2012 年，英国牛津大学网络学院互联网研究所治理与监管专业教授维克托·迈尔－舍恩伯格和《经济学人》数据编辑肯尼思·库克耶出版了《大数据时代：生活、工作与思维的大变革》一书。书中指出，大数据正在影响和改变我们的生活、工作和思维，建立在相关关系分析法基础上的预测是大数据的核心。"在大数据时代，我们可以分析更多的数据,不再依赖于随机采样,不再热衷于追求精确度和寻找因果关系。"① 大数据将再一次拓展人类科学的范围,推动人类知识的增长,引领新的经济繁荣。

在传统数据分析处理中,数据采集源相对单一,数据量相对较小,对于数据处理的时效性要求不是很高,而在大数据环境下,数据特征是海量化、多样性、快增长,数据来源广泛、类型丰富。大数据的总体架构包括数据存储、处理和分析三层,进行海量数据的高效处理,具有大量化、多样化、快速化、潜藏的价值等特征。首先,大量化。比如每 60 秒产生 98000 条 Twitter、698445 条谷歌搜索结果、1.68 亿封电子邮件等。其次,多样化。大量的数据流量包括结构化数据、视频、音频、文本等多种数据类型。再次,快速化。社会媒体、物联网等构成了自动化数据收集网络,社会、企业和个人依托网络构成了横向和纵向的关联。在此网络下,数据实时更新快,比如在 2012 年伦敦奥运会上刘翔跌倒的事件,使新浪微博用户每分钟发出 80000 条相关信息。最后,潜藏的价值。价值是大数据解决的最终目标,比如零售业可以利用大数据提高 60% 的运营利润。

大数据已深入影响经济、社会、生态各个领域,许多国家正把发展大数据技术上升到国家战略层面。在大数据环境下,产品制造出现新模式——云制造,这将实现对产品研发、生产、销售、使用等全生命周期的相关资源的整合。另外,可以利用大数据的手段来监控、评估、分析并改善当前国内愈演愈烈的 PM2.5 污染问题,以及覆盖范围广、持续时间长、影响程度深的雾霾问题。

(三)物联网

物联网就是物物相连的网络。物联网中的"物"指的是物体

---

① [英]维克托·迈尔–舍恩伯格、肯尼思·库克耶:《大数据时代:生活、工作与思维的大变革》,盛杨燕、周涛译,浙江人民出版社 2013 年版,第 17—18 页。

智能化，"联"指的是物体智能后信息的传输，"网"指的是建立网络后的应用服务。物联网是一种建立在互联网上的泛在网络。物联网技术的重要基础和核心是互联网，但两者发展的驱动力不同。互联网发展的驱动力是个人，互联网激发了以个人为中心的创造力，而物联网概念下的服务平台的驱动力来自政府和企业。物联网的实现需要改变企业的生产管理模式、物流管理模式等。邬贺铨院士认为，物联网实现了人与人、人与物、物与物之间任意的通信，使联网的每一个物件均可寻址，联网的每一个物件均可通信，联网的每一个物件均可控制。继计算机、互联网之后，物联网（Internet of Things）是世界信息产业的第三次浪潮。

物联网高度集成和综合运用了新一代信息网络技术，具有全面感知、可靠传输和智能处理三大特征。"全面感知是指物联网随时随地获取物体的信息；可靠传输是指物联网实时而准确地把物体的信息传递给用户；智能处理是指利用各种人工智能、专家系统、云计算等技术，对物联网海量数据和信息进行分析和处理，对物体实施智能化监测和控制。"[1] 物联网按约定的协议，通过射频识别（RFID）、红外感应器、全球定位系统、激光扫描器、传感器等信息传感设备，把任何物品与互联网相连接，并进行信息交换和通信。通过运用物联网技术，人们突破了人与人之间的通信模式，通过传感器设备对物体进行感知和测量，引入对物理世界的感知和控制，将物体的状态转换为有形数字值，并通过信息技术传输至数据处理中心进行分析和处理，准确、高效、便捷，为推动产业转型升级、提高社会管理水平、提升社会服务效率提供了坚实的技术支撑。

---

① 中国电信智慧农业研究组编著：《智慧农业——信息通信技术引领绿色发展》，电子工业出版社 2013 年版。第 28 页。

物联网在智能电网、智慧城市、能耗监测、环保监测、物流与零售、工业信息化、安防应用、车联网等行业应用前景巨大。下面以智能电网和智慧城市为例。第一，物联网是智能电网（Smart Grid）发展的推手，智能电网是物联网最具代表性的行业应用。智能电网是当今世界电力系统发展变革的最新动向，它融合了信息技术、通信技术、数据融合与挖掘技术、分布式电源技术、环境感知技术等多学科领域，形成了市场、运营机构、服务机构、发电厂、输电部门、配电所及用户（包括企业与家庭用户）之间的双向互动。① 智能电网能够实现实时和非实时信息的高度集成、共享与利用，为运行管理展示全面、完整和精细的电网运营状态图。第二，物联网促进智慧城市的建设，智慧城市把物联网、云计算等新一代信息技术和各种网络平台集成，促进城市转型。智慧城市的本质在于信息化与城镇化的高度融合，将先进技术全面融入城市精细化管理之中。智慧城市具有全面透彻的感知、宽带泛在的互联、智能融合的应用及以人为本的可持续创新四个特征。基于物联网等信息技术，智慧城市在一个统一的云平台上整合优化各类信息资源，提供智慧应用服务，为政府管理、企业创新、产业转型、生态保护提供无处不在的公共服务。

（四）机器人与智能制造技术

制造业是国民经济的主体，是立国之本、兴国之器、强国之基。智能制造是机械化、自动化和信息化应用到成熟阶段的必然产物。2015年5月，国务院印发《中国制造2025》，提出发展高档数控机床和机器人，突破机器人本体、减速器、伺服电机、控制器、传感器与驱动器等关键零部件及系统集成设计制造等技术瓶颈。2016年5月，中共中央、国务院印发《国家创新驱动发展

---

① 参见王平主编《物联网概论》，北京大学出版社2014年版，第233页。

战略纲要》，提出发展智能绿色制造技术，推动制造业向价值链高端攀升，推动制造业向自动化、智能化、服务化转变。2017 年 3 月 5 日，十二届全国人大五次会议在京开幕，李克强总理在政府工作报告中提出"全面实施战略性新兴产业发展规划，加快新材料、人工智能、集成电路、生物制药、第五代移动通信等技术研发和转化"，这是人工智能首次进入政府工作报告。

发展智能制造技术，能够促进新一代信息技术与制造业的深度融合，通过实现制造过程的数字化、网络化和智能化，提升制造业发展水平，建设智慧工厂。2014 年 6 月，习近平总书记在中国科学院和工程院院士大会上的讲话中指出："机器人革命"有望成为"第三次工业革命"的一个切入点和重要增长点，将影响全球制造业格局。下面以发展机器人共性关键技术为例，2016 年 4 月，工业和信息化部、国家发改委、财政部发布了《机器人产业发展规划（2016—2020 年）》。发展机器人共性关键技术，主要包括：第一，工业机器人关键技术：重点突破高性能工业机器人工业设计、运动控制、精确参数辨识补偿、协同作业与调度、示教/编程等关键技术。第二，服务机器人关键技术：重点突破人机协同与安全、产品创意与性能优化设计、模块化/标准化体系结构设计、信息技术融合、影像定位与导航、生肌电感知与融合等关键技术。第三，新一代机器人技术：重点开展人工智能、机器人深度学习等基础前沿技术研究，突破机器人通用控制软件平台、人机共存、安全控制、高集成一体化关节、灵巧手等核心技术。

发展智能制造技术，是抢占未来经济和科技发展制高点的战略选择，是推动制造业供给侧结构性改革的重要支撑。人类社会面临"智能化时代"重大变迁，机器人与智能制造技术为人类社会进步提供巨大潜能。通过出台《"十三五"国家战略性新兴产业发展规划》《机器人产业发展规划（2016—2020 年）》等重要文件，我国机器人与智能装备产业发展已经具备清晰蓝图。下一步，应逐步加强对机器人与智能制造技术的研发和推广，探索培育智能制造新模式，打造智能制造人才队伍，积极开展国际合作，努力引领智能装备产业标准，抓住产业发展主导权。

本章小结

工业革命以来，人们一直采取"吃老本"的线性发展模式，疯狂掠夺自然，大肆攫取财富，尽情铺张浪费，毫无顾忌地榨取着大自然的资源，肆无忌惮地污染着人类赖以生存的环境，导致人与自然的尖锐冲突。生态危机的出现，使人们开始深刻反思工业革命，意识到"吃老本"的线性发展模式已经走到尽头，需要采取"吃利息"的循环发展模式，积极建设生态文明。

生态文明是人类文明转型的必然产物，具有和谐性、整体性和持续性的特点。生态文明突破了过去"就环境论环境"、环境与发展"两张皮"、环境与发展相对立等传统观点和思想，从人类文明进步的新高度来清醒把握和全面统筹解决资源环境等一系列问题，在更高层次上实现人与自然、资源与环境、人与社会的和谐。建设生态文明既是一场生产和生活方式的革命，也是一场价值观念、思维方式和消费观念的革命。建设生态文明，应遵循生态学规律，强调人的自律与自觉，将资源的有限性与发展的无限性结合起来，以尽可能少的资源、环境代价，实现经济、社会、生态的可持续发展。

生态文明建设是一个不断完善的过程，是一个协同推进的过程，是一个人与自然和谐发展的过程。生态文明与经济发展并不矛盾，而是相互促进的关系。生态文明的经济形态包括绿色经济、低碳经济、循环经济、休闲经济、体验经济等，生态文明为经济发展营造了良好的环境、提供了持续的动力。生态文明建设的框架主要分为三个系统：经济系统、社会系统和生态系统。经济系统包括生态农业、生态工业、生态服务业，社会系统包括绿色科技、生态人居、大众参与，生态系统包括生态修复、生态补偿、循环利用。生态文明建设应进行全面、整体、系统的顶层设计，需要综合发挥观念引导、技术支撑、制度保障、文化推进、社会参与、人才支持、政策推动、需求拉动的作用，努力构建政府、企业、大众传媒、社会力量、高校及科研院所、非政府组织等之间的良性互动机制。

　　生态文明转型需要绿色技术支撑。通过运用绿色技术，实现资源、产品、废物的双向流动和循环使用，从而产生资源"减量化"效应，达到资源利用的最大值。绿色技术降低了原材料和能源的消耗，减少了排放，减轻了资源环境的压力，节约了资源，提高了效率。然而，绿色技术不是静态的，而是动态发展的，实现着技术与社会的互动。伴随着经济社会发展和新情况的出现，在绿色技术的发展过程中，会遇到技术瓶颈问题，这就需要绿色技术创新。

第三章　发展绿色技术的创新诉求

　　绿色技术创新是绿色技术从产生创意、技术研发到推向市场的整个创新过程，是综合考虑生态需求、环境承载、资源利用、成本控制的技术创新。为系统论述绿色技术创新，本章共分为从传统技术创新走向绿色技术创新、绿色技术创新的理论支撑、绿色技术创新的动力、绿色技术创新的制度四部分内容，将绿色技术创新与传统技术创新进行比较，明确了绿色技术创新的原则、动力、现实意义，探讨了绿色技术创新与可持续发展、生态文明、低碳发展、两型社会的关系，分析了绿色技术创新制度的内涵、组成及作用。

第一节　从传统技术创新走向绿色技术创新

　　传统技术创新受机械的简单性思维影响，一味地疯狂索取，追求经济增长，不顾生态平衡规律，忽视环境的承载能力和资源的有限性。在取得经济收益增长的同时，也付出了惨痛代价。绿色技术创新从战略全局的角度，系统性地处理好人、自然、社会三者之间的紧密关系，注重资源再生、环境保护和循环发展。从传统技术创新走向绿色技术创新，符合经济社会发展的趋势，能够为生态文明建设提供绿色技术保障。

一　技术创新的内涵及作用

(一) 技术创新的内涵

关于技术创新的内涵，学者们提出了不同的观点。夏征农认为，技术创新是从新设想的产生、研究、开发、商业化到扩散等实现市场价值的实践活动。[①] 黄顺基认为，广义的技术创新是指从发明创造、市场实现到技术扩散的整个过程。而狭义的技术创新缺少技术扩散的环节。[②] 刘大椿认为，技术创新是向市场推出新产品和新服务的活动或过程。它以技术成果的商业化为目的，整合配置技术资源和产业资源，积极进行研究和开发活动。[③] 笔者认为，技术创新是创新主体根据市场需求和现有资源进行的创造性活动，它具有创造性、系统性、集群性和风险性等特点。技术创新推动经济社会飞速发展，实现了从技术到经济的质的飞跃，技术创新使收益成倍数或指数增长。

(二) 技术创新的作用

技术创新可以发现或创造新的可替代资源，生产或创造新的可替代产品，诱发和刺激新的需求。技术创新通过产业间的技术关联，引起技术扩散。任何产业都不是孤立的，技术创新推动工业、农业、服务业等产业的结构变革。技术创新对经济发展的促进作用表现在很多方面，但尤以推动产业结构变革最为直接和突出。随着各国对科技创新投入不断增长，科学发展的速度不断加快，以科学技术为基础的产业及与其相关联的产业能够获得较高的技术进步率，推动生产力跨越式发展。遵循自然规律和社会规律、符合生态需求的技术创新能够协调资源能源的开发和综合利用，实现功利与道德的统一，达到质量、速度和效益的统一，促进人

---

① 参见夏征农主编《大辞海·哲学卷》，上海辞书出版社 2003 年版，第 716 页。
② 参见黄顺基主编《自然辩证法概论》，高等教育出版社 2004 年版，第 237 页。
③ 参见刘大椿主编《自然辩证法概论》，中国人民大学出版社 2008 年版，第 349 页。

与自然的和谐相处。

（三）技术创新的过程

技术创新过程主要包括创意阶段、实验开发阶段、市场化阶段和产业化阶段。第一，创意阶段。创新主体根据需要，充分发挥主观能动性，敢于突破常规，大胆想象。好的创意是创新成功的坚实基础。第二，实验开发阶段。根据技术、商业、组织等方面的可能条件，综合已有的科学知识与技术经验，提出实现创意的设计原型。在实验室中将设计原型转变为实验原型，以验证设计原型的有效性，完成从技术开发到试生产的全部技术问题，解决生产中可能出现的技术和工艺问题，以满足生产需要。第三，市场化阶段。在一定意义上讲，市场的接受程度决定了技术创新成果的实现程度。市场化阶段实现了技术创新所追求的经济效益。第四，产业化阶段。产业化是指在产业形成和发展的过程中，以市场为导向，以产业核心技术为特征，以相关产业为依托而形成产业群的过程。其最重要的特点是：用高新科技实现规模化经营。

二 传统发展观与传统技术创新

（一）传统发展观

传统发展观坚持人类中心主义价值观，"重经济、轻生态"的观念根深蒂固，一味地追求经济增长，大量地消耗资源能源，以资源高投入和环境高污染为代价，成为一种自然界的专制主义。它把经济发展等同于社会发展，将经济从社会系统中孤立出来，只注重经济发展和经济效益，忽视了社会效益和生态效益，轻视了发展的质量和效益，割裂了经济、社会和生态之间的内在紧密联系。传统发展观认为，发展是无限的，财富增长是无限的，技术可以解决一切问题。科学技术被用于掠夺大自然的工具，资源、能源被无节制地大量消耗，环境被严重污染，人类面临着生存危机。受传统发展观影响，人们不考虑环境的承载能力和资源的再生能力，片面追求经济效益，盲目追求现实的、眼前的、直接的经济价值，造成了代际不公平和代内不公平。哈贝马斯认为，人类在进入现代化的社会中时，不能把发展生产力作为奋斗的目标，要从根本上摧毁把获取最大的效率和产量作为奋斗目标的工业社会意识，要反对过度消费和异化消费，控制生产力发展速度，缩小生产规模，不能过度生产。过度生产将导致技术规模越来越大，污染越来越严重，加剧了人的异化。

（二）传统技术创新

1. 熊彼特的"创新理论"

1912 年，美籍奥地利经济学家熊彼特（Joseph Alois Schumpeter，1883—1950）出版了《经济发展理论——对利润、资本、信贷、利息和经济周期的考察》一书。熊彼特从经济学角度把创新看作建立一种新的生产函数。创新与发明是两个不同的概念。创新是一种不断运转的机制，是将发明应用到经济活动中去；发明则是新技术的发现。熊彼特强调企业家及"企业家精神"在经济活动中的主导地位是熊彼特创新理论的特色。正是企业家的创新行为使潜在的赢利机会变为现实的利润，把科学家的发明创造成果引入经济活动中。他还提出了创新的五种表现形式：生产新的产品；引入新的生产方法和新的工艺过程；开辟新的市场；开拓和利用新的原材料或半制成品的供给来源；采用新的组织方法。熊彼特指出，在资本主义制度下，资本与高度发达的金融信用制度是企业家实现创新的必要条件。然而，熊彼特把创新局限在生产过程中的新变化，突出了新技术的商业应用，这种创新就具有一定的局限性。

2. "创新"理论的发展——新熊彼特学派

新熊彼特学派是指在科学技术问题研究上遵循熊彼特思路的学派，代表人物包括约尔逊、罗森伯格等。新熊彼特学派持有与熊彼特一样的假定：资本主义经济是一个由技术和制度创新所导致的内在演化过程。技术创新在其实现过程中有突变性创新和演进性创新两种类型。传统的技术创新首次把生产要素的"新组合"引入生产体系，企业为了追求利润最大化，只重视产品的生产和销售，不惜牺牲外部公共利益。创新成果的商业价值是评价创新成功的唯一标准，这一标准只重视经济效益，忽视了对资源的保护性开发和废弃物的回收利用，忽视了社会效益和生态效益，造成了资源浪费、环境破坏和生态恶化。因此，为促进人与自然、社会的和谐发展，需要坚持绿色发展观，追求技术创新的生态化，实现绿色技术创新。

三　绿色发展观与绿色技术创新

绿色发展观为当代技术创新指明了出路。绿色发展观倡导人与自然和谐相处，注重经济、社会、生态统筹发展，推动生态文明建设，实现可持续发展。绿色技术创新摒弃了资源消耗多、生产成本高、安全系数低、环境污染重的技术和产品，引入了生态学思想，将生态效益纳入技术创新的目标体系，积极面对保护与发展的矛盾，注重人与自然、社会的关系，关注如何从人类中心主义的藩篱中走出，紧紧围绕经济发展、社会稳定、生态平衡等多维目标，实现经济、社会、生态的和谐统一。

（一）传统文化中关于绿色技术创新的思想萌芽

在文化的历史长河中，产生了许多精辟和发人深思的绿色思维和生态伦理观念。比如，儒家学说的"德者泽及万物""仁民而爱物"，倡导建立人与自然和谐发展的生态道德情怀；"君子食无求饱，居无求安"的生活理念与现代社会提倡的绿色发展观高度契合。道家学说的"道法自然"，倡导遵循客观规律，维持生态平衡。这些观点闪烁着生态智慧的光芒，是进行绿色技术创新的思想萌芽和文化根基。在传统文化的生态伦理思想影响下，涌现出了很多蕴含绿色技术创新萌芽的著名工程。比如，具有代表性的都江堰水利工程。都江堰是著名的水利工程，被誉为"世界水利文化的鼻祖"，从古至今一直福泽"天府之国"。李冰父子根据客观情况，遵循规律，在设计、建设和应用上，充分考虑当地独特的地理环境和资源条件，顺势而为，使人、地、水三者紧密结合。

（二）绿色技术创新的内涵

笔者认为，绿色技术创新包括两方面的含义：第一，绿色技术创新指"绿色＋技术创新"。"技术创新"是中心语；"绿色"是定语，用来限制"技术创新"，指无污染、低能耗、可循环、清洁化。这里的绿色技术创新是指一种不同于传统技术创新的良性发展模式。第二，绿色技术创新指"绿色技术＋创新"。"绿色技术"是主语；"创新"是谓语，用来强调绿色技术主体的行为。这里的绿色技术创新是指为促进人与自然和谐的绿色技术快速发展，而开展的各种有价值的创造性活动。

绿色技术创新是对技术创新的拓展和提升，是生态文明视域下技术创新的崭新形态，是推动绿色发展的重要动力和迫切需求。在传统工业化发展模式下，人们片面追求大生产及经济的快速发展，一直重视技术应用的经济指标，忽视了环境指标和资源消耗指标，以高消耗、高污染为代价换取高经济效益，却很少考虑到社会效益和生态效益。人们对技术过度崇拜，把希望寄托于单纯为提高产量和效率的技术创新上，导致技术难以驾驭和控制。20世纪60年代，国外开始了对绿色技术创新的研究，人们逐渐意识到绿色技术创新是一种符合时代要求的新型的技术创新，从设计、研发到生产都是生态的，整个过程考虑的不仅仅是经济效益，而是从全局出发，兼顾经济、社会、生态各方面，力争以最少的资源消耗获得最大的收益。

（三）绿色技术创新的特征

绿色技术创新具有聚集性、流动性和多样性的特征。第一，绿色技术创新具有聚集性。绿色技术创新系统由企业、高校、科研院所、政府、社会组织等创新主体组成，这些主体之间相互作用和影响而形成新的聚集体，如官产学研联盟、国家创新主体等。第二，绿色技术创新具有流动性。在由企业、高校、科研院所、政府、社会组织等创新主体组成的创新网络中，存在着人力、资本、信息等资源的频繁流动。人力资源是第一资源，人力资源的年龄结构、知识结构、专业素质对绿色技术创新具有重要作用；资本资源决定着创新的规模和资源配置的范围，资本可以用来建设厂房、建造实验室、购买仪器设备等；信息资源提供期刊、文献、图书、数据库大量信息服务。第三，绿色技术创新具有多样性。绿色技术创新主体的类型多样，有政府、高校、科研院所、企业等。"绿色技术创新主体都安顿在由以该主体为中心的相互作用所限定的合适生态位（niche）上。每个企业都有它特有的技术、产品、服务特性；每个科研院所或大学都有其特有的学科特长和研究成果，有它特有的影响力；每个政府都有其特定的面向可持续发展技术创新的管理行为。由此决定了不仅主体的类型是多样的，而且同一类主体也具有多样性。"① 绿色技术创新的多样性有利于知识溢出和资源整合，有利于官产学研合作，推动绿色技术创新的协同发展。

（四）绿色技术创新的原则

绿色技术创新坚持贴近实际、动态开放和系统全面原则。第一，贴近实际原则。绿色技术创新要一切从实际出发，按照市场

---

① 丁堃：《基于复杂适应系统理论的绿色创新系统研究》，博士学位论文，大连理工大学，2005 年，第 39 页。

需求，处理好技术与市场的关系，尊重绿色技术创新的规律和市场经济的发展规律，切忌急功近利、好高骛远。第二，动态开放原则。绿色技术创新以实现产品生命周期成本总和最小化为目标，是一种不断与外界进行物质、能量和信息的交换的动态开放的技术体系。第三，系统全面原则。系统的功能有赖于系统内部各要件的有机配合。"绿色技术创新不仅意味着技术范式的变更，更是技术经济范式的变更，涉及企业的创新战略决策过程、R&D过程、生产制造过程、经营管理过程等各个环节与各个系统，而且绿色技术创新业不仅仅是企业单个的创新，也是多企业、多产业甚至国家整体的技术经济范式的变更。"① 绿色技术创新体现了生态文明的价值取向，追求经济、社会、生态的有机配合和全面发展，实现经济增长、社会公平、生态优美的目标。

（五）绿色技术创新与传统技术创新的比较

绿色技术创新与传统技术创新在理论基础、发展目标、创新主体、运行路径和评价尺度上有所区别。

第一，理论基础不同。传统技术创新以物理学、化学等为理论基础，重视自然规律，忽视生态规律及科学、技术与社会的互动；绿色技术创新以生态学、信息科学、社会学、现代管理学等为理论基础，注重循环发展和持续使用，发挥绿色技术的正面效应。正如康芒纳所言："这好像一个两条腿的凳子：在物理学和化学上发现是好的，但是由于第三条腿被丢掉而成为有缺陷的了，这丢掉的第三条腿就是环境中的生态学。"②

第二，发展目标不同。传统技术创新未将纳污功能纳入生产要

---

① 杨发明：《企业绿色技术创新过程与模式研究》，博士学位论文，浙江大学，1999年，第14页。

② 转引自曾欢《浅析生态技术》，《华中师范大学学报》（人文社会科学版）1998年第S2期，第183—185页。

素成本，其目标是促进经济的持续发展，实现边际内部费用最小化。绿色技术创新以生态、技术、经济生命周期分析为创新决策基础，将纳污功能纳入生产要素成本，其目标是促进经济、社会、生态的可持续发展，实现边际外部费用最小化。

第三，创新主体不同。传统技术创新的主体是企业，企业追求的是利润最大化，所以会尽可能多地从自身出发，很少考虑其经济行为和技术创新给社会带来的环境污染及社会影响；绿色技术创新的主体是以企业为核心，官产学研、中介组织、社会公众相结合的主体系统，在企业进行技术创新时，不再是单打独斗，而是与政府、科研机构、高校、中介组织、公众等形成创新合力，充分进行市场调研，结合政府的鼓励措施，研发、推广、应用污染小、收效快、易操作的技术及其产品。

第四，运行路径不同。传统技术创新的运行路径是单一性的，按照"资源—产品—废物"的方向运行，资源的使用是一次性的，缺乏逆向的恢复过程，造成了大量浪费，向外界环境排放了大量废物；绿色技术创新的运行路径是循环性的，按照"资源—产品—再生资源"的回路运行，资源的使用是循环性和生态性的，积极推行清洁生产，从产品设计、原材料选择、工艺流程到废物回收都全程监管，将废物减量化、资源化和无害化，节约了资源，降低了消耗，提高了效率，保护了环境。

第五，评价尺度不同。传统技术创新以经济效益作为评价尺度，追求投入少、收效快、产出多，不考虑资源消耗、环境污染和生态破坏；绿色技术创新以经济效益、社会效益、生态效益的综合考察为评价尺度，站在全局的视角，以发展经济和保护环境一体化为出发点，战略性地进行绿色技术研发和扩散，达到人、自然、社会的和谐统一。

（六）绿色技术创新的现实意义

推动绿色技术创新具有重要的现实意义。第一，绿色技术创新是实现经济转型升级的客观要求。我国面临着人口、资源、环境的巨大压力，传统技术创新在促进经济发展的同时，也导致了污染的加剧、环境的恶化和资源的枯竭。绿色技术创新摒弃了单纯地追求经济效益、一味地降低生产成本、不断地扩大市场占有率的片面思想，注重节约资源、保护环境，倡导经济发展的生态化技术创新。第二，绿色技术创新是加快建设生态文明的重大举措。生态文明是对工业文明的反思，是人与自然和谐相处的文明形态，是中国特色社会主义文明体系的重要组成部分，强调了"自然、经济、社会、生态"全面发展的绿色建构。绿色技术包括清洁生产技术、节能减排技术、环境技术、生态补偿技术等，通过绿色技术创新可以提高资源的利用效率、扩大资源的利用空间、降低和减少污染。第三，绿色技术创新是实现可持续发展的重要途径。绿色技术创新为人类的生存和发展提供了舒适的生活环境与优美的生态空间，使人的生产方式、生活方式、思维方式和消费方式绿色化。清洁生产机制和循环经济等生产技术的推广，大大降低了资源能源的消耗，使生产和生活更为安全和清洁。绿色技术创新实现了低污染、低能耗、低排放、高产出的目标，有利于经济、社会、生态的可持续发展。

第二节　绿色技术创新的理论支撑

可持续发展、生态文明、低碳发展、两型社会是绿色技术创新的理论支撑。可持续发展、生态文明、低碳发展和两型社会之间既有共同点，也有不同之处。绿色技术创新与各理论之间是辩证统一的关系。

一 绿色技术创新的理论支撑概述

（一）可持续发展

随着生态危机的出现，人们日益认识到无论经济多么发展，如果环境损害、生态退化，这将得不偿失，对经济社会发展带来难以弥补的损失。于是人们更加注重环境保护，追求一种健康、生态、可持续的生活方式。1980 年，《世界自然资源保护大纲》最早提出"可持续发展"一词。1983 年 11 月，联合国成立了世界环境与发展委员会。1987 年，《我们共同的未来》发表，正式提出了"可持续发展"的概念和模式。可持续发展是指"能够保证满足当前的需要，而不危及下一代满足其需求的能力"①。在《我们共同的未来》中，否定和反思了传统发展方式，理性设计了可持续发展的模式。报告指出，应追求高产低耗的工业发展方式，确保人口与资源的相对平衡。1994 年 3 月，我国政府编制发布了《中国 21 世纪议程——中国 21 世纪人口、资源、环境与发展白皮书》，首次把可持续发展列入我国经济和社会发展的长远规划，同时这也是世界首部国家级可持续发展战略。

发展包含着价值观念、政治、经济、文化、社会、生态等多个层面。不能把发展仅仅理解为经济发展，它还应包括社会文化、公众健康、生态环境、技术进步等各个方面。传统发展模式忽视了生态环境对经济的反作用，忽视了自然环境的承载能力及自我修复的周期性，忽视了人口因素、消费情况、资源状况对经济的限制，忽视了生态公平正义和全面协调进步。发展不是无限的增长，发展不能超越生态环境的承载能力。随着人们对发展认识的深入，可持续发展开始进入人们的视野。人们认为应由经济可持

---

① 世界环境与发展委员会编：《我们共同的未来》，王之佳、柯金良译，夏堃堡校，吉林人民出版社 1997 年版，第 10 页。

续发展转变为整体可持续发展，由单一可持续发展转变为综合可持续发展，既兼顾发展，又兼顾公平。可持续发展的核心是发展，基础是资源和环境，注重自然资源和环境容量的有限性。可持续发展包括相互关联的经济可持续发展、生态可持续发展和社会可持续发展三个层面。其中，生态可持续发展是基础，经济可持续发展是条件，社会可持续发展是目的。可持续发展强调在发展经济的同时，充分考虑环境、资源和生态的承受能力，重视局部利益和整体利益的统一、当前利益和长远利益的统一。可持续发展的理念正逐步深入人心，促使人们采取实际行动，实现经济、社会、生态的可持续发展，在理想和现实间保持张力，在人与自然间实现共生，在发展经济和保护环境间促进和谐。

（二）生态文明

人类先后经历了原始文明、农业文明和工业文明三个阶段。在原始文明时代，人类靠打猎、捉鱼和采摘植物的果实为生，其生存只能"听天由命"。在农业文明时代，人类强化了对自然环境的索取，促使自然环境的承载能力不断下降，农业文明逐渐"演替"为工业文明。工业文明的生产方式以原料高消耗、产品低产出、环境高污染为特征。在工业文明时代，人们更加疯狂地掠夺大自然，肆无忌惮地进行破坏，大量资源和能源被浪费，生态危机的出现在人们内心的深处引起了巨大的不安、恐慌和忧虑。人们期盼着一种全新的可持续的发展模式，自觉地走向坚持人与自然和谐、注重循环发展的生态文明。生态文明是应对生态危机，突破传统发展模式的束缚，实现思维方式的创新，促进人与自然和谐发展的必然选择。生态文明坚持生态整体主义的哲学观，"生态中心主义既反对工业文明时期的人类中心主义，也反对原始文明和农业文明初期的自然中心主义。生态文明把人的主观性用于人类与自然界的同一，工业文明把人的主观性用于向自然界的掠夺。

原始文明和农业文明由于生产力低下，只能依赖和顺从自然"①。生态文明建设理论的提出经历了一个长期思考和探索的过程，既与世界进程相呼应，又具有中国的特色和创新。生态文明建设关乎科学发展观的落实，关乎美丽中国的实现，是贯彻落实科学发展观、实现美丽中国的桥梁和纽带。

生态文明建设受到各种因素的影响，如观念、技术、制度、文化等，其中制度起着支撑和保障作用。下面重点分析生态文明制度。党的十八大报告指出："保护生态环境应依靠制度。要把资源消耗、环境损害、生态效益纳入经济社会发展评价体系，建立体现生态文明要求的目标体系、考核办法、奖惩机制。"2013年5月，习近平总书记在中央政治局集体学习时强调，绝不以牺牲环境为代价去换取一时的经济增长。只有实行最严格的制度、最严密的法治，才能为生态文明建设提供可靠保障。2015年9月，中共中央、国务院印发了《生态文明体制改革总体方案》。《生态文明体制改革总体方案》提出了八项制度，分别为：健全自然资源资产产权制度、建立国土空间开发保护制度、建立空间规划体系、完善资源总量管理和全面节约制度、健全资源有偿使用和生态补偿制度、建立健全环境治理体系、健全环境治理和生态保护市场体系、完善生态文明绩效评价考核和责任追究制度。2016年12月，习近平总书记对生态文明建设做出重要批示，强调生态文明建设是"五位一体"总体布局和"四个全面"战略布局的重要内容。要深化生态文明体制改革，尽快把生态文明制度的"四梁八柱"② 建立起来。

1. 生态文明制度的研究现状

"生态文明制度"已经成为社会各界讨论的热点话题。学者们

---

① 廖福林等：《生态文明学》，中国林业出版社2012年版，第40—41页。
② 《生态文明体制改革总体方案》提出的八项制度，就是生态文明体制建设的"四梁八柱"。

根据掌握的材料，结合各自的专业领域，从不同的角度研究生态文明制度建设问题，取得了很多优秀成果。

对于生态文明制度的研究，学术界出版了大量著作。比如，余谋昌的《生态文明论》，解振华、冯之浚主编的《生态文明与生态自觉》，赵建军的《如何实现美丽中国梦，生态文明开启新时代》《全球视野中的绿色发展与创新——中国未来可持续发展模式探寻》，胡鞍钢的《中国创新绿色发展》《中国道路与中国梦想》，沈满洪等人的《生态文明建设与区域经济协调发展战略研究》，钱俊生、余谋昌的《生态哲学》，程伟礼、马庆等的《中国一号问题：当代中国生态文明问题研究》，傅治平的《生态文明建设导论》，诸大建主编的《生态文明与绿色发展》，赵克的《科学技术的制度供给》，林毅夫的《制度、技术与中国农业发展》，严耕的《生态文明理论建构与文化资源》，卢风的《从现代文明到生态文明》，等等。

在关于生态文明制度的学术讨论中，发表的论文数量逐年增多。在"中国知网"中输入"生态文明制度"进行检索发现，发表的论文数量之多和增长速度之快足以反映出"生态文明制度"已经逐渐被人们接受和支持。在已发表的文章中，比较有代表性的观点为：卢风认为，为走出生态危机，走向生态文明，我们必须改变"大量生产—大量消费—大量废弃"的生产、生活方式，必须摒弃经济主义、消费主义和物质主义，必须改变制度建设的指导思想。生态文明的制度建设应该以生态学和生态价值观为指导，生态价值观既能对各种宗教和哲学保持特定意义上的中立性，又能构成各种真正重视精神超越的宗教和哲学的重叠共识。① 赵建

---

① 参见卢风《生态价值观与制度中立——兼论生态文明的制度建设》，《上海师范大学学报》（哲学社会科学版）2009 年第 2 期，第 4—5 页。

军认为，生态文明制度建设是生态文明的基石，为生态文明建设提供行动标准。① 郇庆治认为，生态文明制度是与社会主义生态文明总目标与战略决策一致的社会基本制度。② 顾钰民认为，生态文明制度建设主要包括政府监管性制度、以市场主体交易的形式来实施的制度和救济性制度。生态文明制度建设要促进资源节约高效利用，实现经济社会发展的成本最小化或收益最大化。③ 沈满洪认为，生态文明制度建设是制度结构的创新和制度体系的构建。生态文明制度包括别无选择的强制性制度、权衡利弊的选择性制度和道德教化的引导性制度。④ 张春华认为，中国进行生态文明制度建设，需要从生态文明行政制度、生态文明产权制度、生态文明监管制度和生态文明参与制度四方面努力。⑤ 各位专家学者对生态文明制度进行了丰富而深刻的讨论，提出了生态文明制度的架构和路径选择等，研究系统深入。

2. 生态文明制度的内涵和构成

生态文明制度是生态文明建设的根本保障，为生态文明建设指引发展方向、明确运行规则、提供行动标准。生态文明制度对生态文明建设具有监督、约束和保障作用，促进生态文明建设又好又快发展，推动经济、社会、生态的可持续发展。例如，《环境保护法》明确了"谁污染谁治理"的制度，依法追究造成严重污染和财产损失的直接责任人员的刑事责任。

---

① 参见赵建军《加快推进生态文明制度建设》，《光明日报》2012 年 12 月 25 日。

② 参见郇庆治《论我国生态文明建设中的制度创新》，《学习论坛》2013 年第 8 期，第 48 页。

③ 参见顾钰民《论生态文明制度建设》，《福建论坛》（人文社会科学版）2013 年第 6 期，第 165—167 页。

④ 参见沈满洪《生态文明制度的构建和优化选择》，《环境经济》2012 年第 12 期，第 18 页。

⑤ 参见张春华《中国生态文明制度建设的路径分析——基于马克思主义生态思想的制度维度》，《当代世界与社会主义》2013 年第 2 期，第 28 页。

关于生态文明制度的框架，各位专家学者从不同角度提出了观点。郇庆治认为，生态文明的制度框架可以从纵向和横向两方面分析。从纵向上看，生态文明制度框架是一个由根本制度、基本制度和具体制度组成的立体性多维框架。从横向上说，生态文明制度框架是一个由生态自然管理体制、生态经济体制、"两型社会"体制、个体生态文明的生活制度体系等组成的综合性多维制度框架。① 赵建军教授认为，生态文明制度在一定程度上代表了生态文明建设的水平。良好的生态环境、先进的制度体系分别是生态文明建设的软实力和硬实力。② 邱跃华、彭福扬认为，正式制度是生态文明建设顺利推进的法治保障，具有强制规范的作用；非正式制度是生态文明建设的价值取向和道德支撑，具有道德支撑的作用。③ 顾钰民认为，生态文明制度建设主要包括政府监管性制度、以市场主体交易的形式来实施的制度、救济性制度。④

综合以上专家观点，笔者认为可以从制度的构成和制度的种类来进行分析。从制度的构成来看，生态文明制度由正式制度和非正式制度构成。生态文明的正式制度具有强制性的特点，主要包括生态文明政策、保障生态文明的法律法规等；生态文明的非正式制度具有非强制性、自发性和持续性的特点，主要包括生态理念、生态文化、生态道德等。生态文明的正式制度和非正式制度相互促进，共同推动生态文明建设。从制度的种类来看，生态文

---

① 参见郇庆治《论我国生态文明建设中的制度创新》，《学习论坛》2013年第8期，第50—51页。

② 参见赵建军《制度体系建设：生态文明建设的"软实力"》，《中国党政干部论坛》2013年第12期，第38页。

③ 参见邱跃华、彭福扬《制度逻辑下生态文明建设的制度效能》2013年第5期，第121页。

④ 参见顾钰民《论生态文明制度建设》，《福建论坛》（人文社会科学版）2013年第6期，第165—167页。

明制度主要包括最严格的源头保护制度、损害赔偿制度、责任追究制度、生态修复制度、资源有偿使用制度等。

（三）低碳发展

低碳发展包括低碳经济模式的发展、低碳技术的创新等。低碳经济是在可持续发展理念指导下，以"三低一高"为基础，以经济社会发展与生态环境保护共赢为目标的经济发展模式。其中"三低"指低能耗、低污染和低排放，"一高"指高效率。发展低碳经济能够使人类花费最小的生态成本创造更大的经济效益和更多的福利，能够实现经济结构的调整和发展方式的转变，能够更好地实现人与自然的友好共生，能够在自然—人—社会的复合生态系统中共同发展，能够在国际竞争中争取国际话语权和抢占发展先机。

发展低碳经济的关键是低碳技术的研发、运用和推广，低碳经济的核心是低碳技术创新、制度创新和消费形态的根本性转变。低碳技术是发展低碳经济的重要支撑，包括减碳技术、无碳技术和去碳技术。减碳技术主要包括节能减排技术、油气资源和煤层气的勘探开发技术、煤的清洁利用技术等；无碳技术主要包括核能、风能、太阳能、地热能、潮汐能、生物质能等可再生能源技术；去碳技术主要包括碳捕捉与封存技术（Carbon Capture and Storage）和碳捕捉、利用与封存技术（Carbon Capture, Utilization and Storage）等。目前，我国低碳技术研发存在着投入少、水平低、强度小、人员弱的劣势，一些典型的资源型工业城市，在经济增长和社会发展的同时，面临的资源环境压力也日益增大。转变经济发展方式，大力发展低碳经济，对能源资源型工业城市经济社会的进一步发展显得必要且紧迫。

（四）两型社会

两型社会是资源节约型社会和环境友好型社会的简称。人类在不断向前发展的历史进程中，对自然进行无休止的索取，加剧了生态环境的恶化，出现了能源短缺、土地沙化、水土流失、臭氧层破坏、全球气候变暖、物种灭绝等严重威胁着人与自然和谐相处的生态问题，人与自然的冲突和矛盾不断加深。发展不能偏颇，不能只注重经济建设，"单条腿"走路会导致社会失衡。改革开放三十多年来，我国经济飞速发展，综合国力显著增强，人民生活水平不断提高。很长时间以来，我国的经济发展都建立在高能耗、高污染、高排放的基础之上，以资源的大量消耗拉动经济增长，高能耗企业在工业中占据主导地位，生态环境形势十分严峻。建设两型社会有助于实现更少的资源消耗，更低的环境污染，更大的经济、社会和生态效益，更高的科技含量，更好的生活品位和质量。建设两型社会应树立生态价值观，倡导低碳生活，研发低碳技术，发展低碳经济，实现经济发展与资源消耗的脱钩，提高资源利用效率，控制过度消费需求，推进生产模式和消费模式的转变。

二　各理论之间的关系辨析

可持续发展、生态文明、低碳发展和两型社会之间既有共同点，也有不同之处。它们的共同基础和目标都是人与自然的和谐发展，不同之处在于：可持续发展是发展理念和战略，生态文明是理想目标，低碳发展中的低碳经济和低碳技术是实施手段，两型社会是制度模式。

它们之间的具体区别如下：第一，可持续发展是经济、社会、生态全面发展的长远规划和战略。面对工业文明带来的生态危机，人类未来的可持续发展面临巨大挑战，生态文明成为人们的迫切追求。第二，生态文明以人与自然和谐的发展为宗旨，注重人与自然环境的共同发展。它是实践可持续发展的基础和必然途径，拓展了人对自然的道德情怀，为可持续发展提供动力支持；它是构建和谐社会的现实选择，为人们指明了建设"美丽中国"的目标，代表着人类未来演进的方向。第三，低碳经济和低碳技术提供新的经济运行模式和强大的技术支撑。低碳经济模式和低碳技术发展，是生产方式、生活方式和机制观念的推动力量，是推动可持续发展、加快生态文明进程的创新实践，是构建和谐社会、建设美丽中国的重要保障。第四，两型社会是人与自然和谐相处的社会，是生产发展、生活富裕、生态良好的社会，是可持续发展、生态文明、低碳发展的制度模式，是对人民群众热切生态诉求的积极回应。

三 绿色技术创新与各理论之间的关系

绿色技术创新与各理论之间辩证统一。第一，绿色技术创新与可持续发展的辩证统一。绿色技术创新将环境因素、生态效益、社会效益融入技术创新的各个环节，着力满足人民群众生态需求和强烈渴望，维护人民群众生态利益，力争走出喧嚣、浑浊和嘈杂的环境，营造清新、秀丽和优美的环境，展现经济、社会、生态持续健康的科学发展之美。第二，绿色技术创新与生态文明的辩证统一。建设生态文明顺应人们期待，合乎时代潮流，是人类文明演进的方向，是实现可持续发展的必然选择。实现绿色技术创新，是提高生态文明水平的具体路径。第三，绿色技术创新与低碳发展的辩证统一。低碳经济和低碳技术重在一个"低"字，绿色技术创新重在一个"绿"字。低碳经济和低碳技术是从碳消耗、碳排放等环节进行控制，既强调生产环节的低碳，也强调消费环节的低碳；绿色技术创新强调发展，在发展过程和结果中始终贯穿"绿"的思想，这个过程包括对碳消耗、碳排放的控制，绿色技术的研发和推广，从经济程序上来说主要控制在生产环节和流通环节。第四，绿色技术创新与两型社会。两型社会代表了人们对资源节约、生态良好的社会的渴望和追求，符合时代发展的趋势。推动绿色技术创新，建设生

态文明是发展中国特色社会主义和构建和谐社会的重要内涵。建设
生态文明，应遵循经济规律、社会规律和生态规律，在人与自然和
谐相处、协调发展的过程中，实现经济发展、社会进步和生态良好。

第三节　绿色技术创新的动力

由于绿色技术创新的外溢性、不确定性，导致绿色技术创新动
力不足。为推动绿色技术创新，需要分析其内生动力和外部动力，
并给予有效激励。绿色技术创新的各种动力要素内外结合、相互
联系、相互促进，为绿色技术创新提供持续动力。

一　绿色技术创新的内生动力

（一）绿色理念和价值导向

德国学者彼得·科斯洛夫斯基指出："如今，休闲、娱乐与文
化交织在一起，文化活动与娱乐活动已不能完全离开，同时，商
品消费与文化消费也融合在一起。对文化含量高、精美的产品的
需求不断增加。曾经限于富裕阶层文化——审美的消费行为，如今
已经普遍化，成为广泛的消费需求。"① 充分发挥绿色理念的引导
作用和绿色消费的推动作用，有助于推动绿色发展。绿色技术创
新是绿色发展的重要支撑。绿色技术创新中的"绿色"，强调的是
一种价值观、文明观。传统技术创新坚持急功近利思想，使人类
随意利用技术征服自然、改造自然。绿色技术创新重视生态环境
指标，推动经济发展与保护环境协调。消费者是进行绿色消费的
重要主体，广大消费者是否认可绿色消费是决定绿色消费能否在
我国切实贯彻的关键因素。因此，要加强对消费者的教育引导工

---

① ［德］彼得·科斯洛夫斯基：《后现代文化——技术发展的社会文化后果》，毛怡红
译，中央编译出版社1999年版，第21页。

作，强化绿色消费的内在动力，加强对绿色消费概念和绿色产品的宣传，增强普通百姓辨别绿色产品真伪的能力。引导消费者转变消费模式，建立健康、合理、科学的消费习惯；对不良消费习惯和行为，给予适度的引导和曝光，用舆论、公益活动等多种方式引导消费者参与绿色消费活动。

（二）利益驱动和技术研发

企业是绿色技术创新的核心主体。通过绿色技术创新获取经济利益，是企业进行绿色技术创新的基本出发点。随着经济社会发展和生态问题频发，人们的绿色意识不断增强，更加渴求绿色生存，积极购买绿色产品和绿色服务。在这种形式下，企业积极研发绿色技术，不断加强绿色管理，迅速占领绿色市场，真正成为研究开发投入的主体、技术创新活动的主体和创新成果应用的主体，加快科研成果向现实生产力转化，增强企业的核心竞争力，将给企业带来巨大的利润增长空间。为提高企业绿色技术创新能力，可以采取以下措施：第一，发挥大型企业的创新骨干作用。大型企业既是本行业内的创新骨干和龙头，又是中小企业的领头羊。大型企业有条件申请和承担国家重大科技攻关项目；有实力购买国外先进技术，并进行引进、消化吸收和再创新；能够带领中小企业和科研院所资源共享、优势互补，形成高效的创新集群。第二，激发科技型中小企业的创新活力。加快科技型中小企业发展，对于培育发展战略性新兴产业、促进全民创新创业、增强经济发展活力、增加社会就业、建设创新型国家具有重要的战略意义。坚持吸引聚集、分类培育、整合资源和社会融资的原则，运用"政府扶持＋市场驱动＋金融支撑"的发展模式，集聚各方资源和社会要素，加大对科技型中小企业的支持和培育。第三，加强企业技术改造，实施质量和品牌战略，推进大企业和中小企业协调发展。积极开展 ISO14000 及环境标志和产品质量认证，促使企业的生产、经营和销售活动更加符合生态安全标准。ISO14000体现了产品生命周期的观念，通过对产品的全过程控制，将产生废料和能源消耗降至最低，规范企业生产和管理。以知识产权为基础，加强企业的内在动力。企业的创新不仅体现在知识产权上，更体现在专利特别是发明专利上。采取办班辅导、聘请专家等方式，力争多申报专利。

（三）企业的内部制度

企业内部规范系统的制度，是企业前行的助推器，有利于调动企业员工的积极性和创造性。"企业的内部制度主要指企业内部存在的有利于创新的正式制度规章及非正式制度安排，包括企业的治理结构，激励机制，企业文化等。"[①] 企业的研发制度、管理制度、组织制度、培训制度等有利于企业运行有章可循、有据可依，提高工作效率。企业治理中的激励机制和约束机制是相辅相成、相互促进的，激励机制主要存在于事前和事中，约束机制大多存在于事中和事后，从而把奖励和惩罚结合起来，为企业发展提供动力。企业积极建立学习型组织，形成强大的凝聚力，使企业员工具有共同的价值观、发展信念和创新精神。"建立学习型组织，有利于企业内部沟通，使员工理解企业的发展战略与目标，从而使研发人员对自己的任务带有使命感，更投入地工作。由于学习型组织鼓励组织成员有多样化的观点和意见，研发人员也容易从中得到启示和构想，实际上不仅研发人员投入到企业的研发工作中，而且全体员工都具有了研究创新的意识。"[②] 建立学习型组织，可以形成不断超越自我的文化氛围，使企业通过不断学习提高应对和处置危机的能力，积极面对市场需求进行绿色技术研发，提

---

① 李志、张华、张庆林：《高新技术企业企业家创造性研究》，重庆大学出版社 2013 年版，第 9 页。

② 鲁若愚、银路：《企业技术管理》，高等教育出版社 2006 年版，第 100 页。

高企业绿色竞争力。

(四) 企业家的心智模式

彼得·圣吉博士在其所著的《第五项修炼——学习型组织的艺术与实务》一书中，详尽地阐述了学习型组织的五项修炼。他提出的五项修炼为：建立共同愿景、团队学习、改变心智模式、自我超越和系统思考。企业家的创新内在地要求有良好的心智模式，现代社会的特征更要求企业家有良好的心智模式作支撑。心智模式是指因个人经历、工作经验、知识素养、价值观念等因素作用而形成的较为固定的某种假设、理念、成见和思维方式、认识方式、行为习惯等。心智模式中影响创新的关键因素为：意志特征、价值尺度和创新思维。(1) 企业家的意志特征。企业家具有积极而坚强的意志，百折不挠，勇往直前，迸发出创新的激情和动力；独断、盲从和消极的意志品质，会削弱企业家进行创新的主动性和效率。企业家具有坚强的意志品质，会大大促进事业的成功。坚强的意志品质主要包括以下几点：第一，自觉性。企业家的盲目性和独断性是缺乏自觉性的表现。盲目性是容易受到外界影响，盲目地听信别人的意见，缺乏原则性。独断性则是不听劝告，固执己见，一意孤行。第二，果断性。果断性是以自觉性为前提，能够快速分析情况，判断真伪，敢作敢为。与果断性相反的是优柔寡断。优柔寡断的表现是顾虑重重，举棋不定，坐失良机。第三，坚韧性。不达目的誓不罢休是坚韧性的表现。坚韧性的对立面是执拗和顽固。若企业家执拗和顽固，则不能正确分析现状，执迷不悟，铤而走险，常常碰壁。(2) 企业家的价值尺度。第一，企业家应顺应绿色潮流，大力培育员工的绿色价值观、社会责任感和使命感，强化员工的紧迫感和危机感。"由绿色价值观激发而内生的企业发展动力是通过经济主体价值取向的变化而生成的，具有更多的自觉、理性、无私成分，所以是最具稳定性和持久性的动力。"① 企业在研发、生产、销售过程中，会遇到各种各样的问题。企业家及时将这些问题提出来，通过一定的途径及时反映，有利于和高校、科研院所等形成合力，促进问题的快速解决。第二，企业家应积极承担社会责任。1953 年，霍华德·R. 鲍恩出版了《商人的社会责任》一书，正式唤起了人们对企业家社会责任的认识。SA8000 标准是全球第一个"企业社会责任认证标准"，该标准提倡企业家积极承担社会责任。企业家把关爱贫弱、奉献社会作为企业的社会责任，积极优化产业发展环境、支持相关公益活动、提升科普公关层次，为社会发展贡献力量。(3)企业家的创新思维。在绿色技术创新实践中，企业家突破各种思维定式的束缚，实现思维方式的创新，在激烈竞争中以创新取胜。思维方式创新的途径可以有很多种，如从封闭思维到开放思维、从直线思维到多向思维、从还原论分析思维到生态整体性思维等。第一，从封闭思维到开放思维。封闭思维采取孤立、静止的观点看问题，僵化保守，难以接受新鲜事物，通常只需要严格按照程序进行操作就能够获得一个比较理想的结果，创新性很小。开放思维使企业家解放思想，冲破一些不必要的禁锢，丢掉一切包袱和幻想，破除一切迷信和权威，自由地驰骋于"广阔的天地"。在广泛吸收、学习和借鉴优秀思想的基础上，把握事物发展的客观规律，提出新观点，研发新产品。第二，从直线思维到多向思维。直线思维表现为思维指向、逻辑规则、评价标准的单一性。这种思维方式往往缺乏主动性、丰富性和多样性，在实际工作中拘泥于两极对立，习惯于绝对化。多向思维是指思维过程中，多个思考线索，多个思维结果，纵横交错的展开活动，进行联想转换，

---

① 李冰强、侯玉花：《循环经济视野下的企业环境责任研究》，中国社会出版社 2011 年版，第 67 页。

信息重组，多层次、多方位、多视角地探寻解决问题的办法，做到随机应变，随时应变，触类旁通。第三，从还原论分析思维到生态整体性思维。"还原论分析思维在工业化中的应用，创造了精细的、专业化的和严格的分工，创造了机械化、自动化和大生产的及其流水线。"① 生态性整体思维是用生态系统整体性的观点进行思考和行动。它具有系统性、综合性、非线性和创造性的特点。

二　绿色技术创新的外部动力

（一）需求拉动力

需求是人类动力的源泉。1943 年，美国心理学家马斯洛在《人类激励理论》中提出需求层次理论。他认为人类需求具有层次性，分为生理需要、安全需要、归属和爱的需要、尊重需要、认知的需要、审美的需要和自我实现的需要。人们对绿色产品的强烈需求，是绿色技术创新的拉力。（1）市场竞争性需求。社会大众对绿色产品和绿色服务的要求成为绿色的市场需求和动力。在市场经济条件下，市场既是绿色技术创新的"风向标"，也是企业生产产品的"试金石"。随着经济发展和社会进步，人们的生活水平不断提高，对优美环境的要求持续强烈，这就孕育了巨大的绿色消费需求。在绿色消费理念深入人心的情况下，人们更乐意购买资源节约型产品和循环型产品。面对非绿色产品市场不断缩小的现实，企业会紧紧围绕市场需求进行绿色研发和生产，准确把握消费者绿色需求的变动趋势，开发适销对路的绿色产品，以绿色需求的最大满足鼓励消费者进行绿色消费，从而获取更多的市场机会，占有更大的市场份额，形成积极的正面效应，在激烈的市场竞争中占据鳌头。（2）社会公益性需求。人类只有一个地球，

---

① 黄承梁、余谋昌：《生态文明：人类社会全面转型》，中共中央党校出版社 2010 年版，第 28 页。

人口剧增、全球变暖、资源枯竭、环境污染、生态恶化等威胁着人类的生存和发展，社会对公益技术有着强烈的期盼。"公益技术是指在资源环境、人口健康、防灾减灾、社会保障、社会服务、国家与社会公共安全等社会公益领域应用的一类技术。"① 公益性技术主要包括环境无害化技术、防灾减灾技术、清洁能源技术、生物医药技术等。加强社会公益技术研究，能够缓解人口、资源和环境的压力，不断满足人民日益增长的物质文化生活的需要，维护社会稳定，促进社会的可持续发展。

（二）政策推动力

政府出台政策激励和支持绿色技术创新，是绿色技术创新的重要推动力。"西方经济学理论的'经济人'假设大致分为两个发展阶段：一是古典经济学的'经济人'假设理论。其代表人物是亚当·斯密，他认为在市场经济条件下，每个人都努力为自己所能支配的资本找到最有利的用途。他所考虑的不是社会利益，而是自身利益。二是新古典经济学等经济学派对'经济人'的修正。他们认为，'经济人'是指在特定的制度环境约束下，以追求自身利益最大化为根本目的，并以此作为选择行为方式准则的主体。完全寄希望于微观经济主体主动承担绿色技术创新的责任是不现实的。"② 政府通过出台绿色财税政策、绿色采购政策、绿色人才政策等，推动绿色技术创新。（1）绿色财税政策。绿色技术创新需要财税的支持，可以充分发挥市场机制作用，有效运用财政、税收、金融、价格等经济杠杆，建立全方位、多元化的财税支持体系，激发企业的创新激情和动力，引导和鼓励企业提高对绿色技术创新的投入。可以从财政中专门拿出专项资金进行奖励，奖

---

① 姜大利、唐五湘、周飞跃：《公益性技术筛选标准研究现状与展望》，《科技管理研究》2007 年第 12 期，第 61 页。

② 刘铮、艾慧：《生态文明意识培养》，上海交通大学出版社 2012 年版，第 198 页。

励被认定为国家级、省级、市级的高新技术企业及其科技带头人，奖励对创建国家级、省级、市级工程技术研究或企业技术中心的企业及其带头人，奖励被授权的发明专利成果持有企业及其发明人。对企业所得税、增值税、营业税、进口关税等税种进行减免、抵扣，有效地提高了税收政策的针对性。实施既具普适性又具针对性的税收优惠政策，有利于支持企业引进新技术和新设备，降低绿色技术创新的投资风险，加速创新成果的转化和推广。比如，财政部先后颁布了《关于科技企业孵化器税收政策的通知》《关于国家大学科技园税收政策的通知》等文件，鼓励支持绿色技术创新。(2) 绿色采购政策。我国在《关于环境标志产品政府采购实施的意见》中明确指出国家机关、事业单位和团体组织，优先采购环境标志产品，并以清单的形式列出了十四大类近千种产品环境标志产品。"政府绿色采购是指在政府采购中，着意选择那些符合国家绿色认证标准的产品和服务。政府采购的绿色标准不仅要求末端产品符合环保技术标准，而且要按照产品生命周期分析理论，使产品从设计、开发、生产、包装、运输、使用、循环再利用到废弃的全过程均符合环保要求。"① 政府进行绿色采购，优先采购经过生态设计，并经过清洁生产审计，符合环境标志认证的低碳产品，有助于节约资源，保护环境；有助于鼓励企业研发绿色技术，生产绿色产品；有利于优化资源配置，推动产业机构优化升级。通过政府采购，对符合政府采购技术标准和目录的具有自主知识产权的产品，实施政府首购政策和定购制度，不断提高绿色产品在采购中的比例，对高新技术产品需求进行最大限度的刺激和创造，有效保护社会科技投入的需求和热情。为适应政府采购制度改革及对外开放的需要，财政部印发了《政府采购品目分

---

① 路晓非：《政府绿色采购研究》，博士学位论文，武汉理工大学，2008 年，第31 页。

类目录》，明确了政府采购品范围，规范了政府采购行为，加强了政府采购科学管理。（3）绿色人才政策。绿色人才队伍是驱动绿色技术创新的重要智力引擎。绿色人才的培养、绿色人才队伍的建设应坚持"百花齐放"的方式，反对"割草机"的方式。"用'割草机'式的人才培养方式，只能造出个草坪，看起来整齐，但每一棵小草都相对脆弱；用'百花齐放'的人才培养策略，才能造就森林，既有繁茂的灌丛，也有参天大树，花草争艳。"[①] 加快推进绿色技术创新，需要建设一支创新型、复合型、外向型、科技型的绿色人才队伍，这离不开绿色人才政策的激励和保障。第一，优化发展环境，以"环境"吸引人。建立一整套客观公正的评价人和用人的标准，做到人尽其才、唯才是用。确立公平竞争的机制，合理配置人才资源，不设置障碍，不推脱扯皮，形成能进能退、能上能下的灵活用人方式，充分挖掘人才的潜能、发挥人才的智慧，使人才在宽松自由的环境中尽情施展才华。第二，落实优惠政策，以"政策"留住人。定向培养、团队引进、项目合作、岗位聘用、人才租赁等，都是可资利用的人才资源开发策略。解决人才流失问题，靠"卡"的办法是行不通的，应进一步完善生活配套设施，提高教育、医疗条件，出台一些实在、管用、有效的政策，增强对高端技术和管理人才的吸引力，成为高端人才的"栖息地"。[②] 一是设立人才专项资金。设立专项基金，鼓励和支持人才的交流、引进、配置，以及对突出贡献的个体和团队的奖励。建立人才培育支持资金，支持专业院校、教育培训机构和企业加强文化人才的教育培训力度，补贴企业为主的人才培训活动。二是以保障留人，以事业留人。做好养老保险、医疗保险、

---

① 解振华、冯之浚：《生态文明与生态自觉》，浙江教育出版社2013年版，第24页。
② 参见武义青、张云《环首都绿色经济圈理念、前景与路径》，中国社会科学出版社2011年版，第245页。

失业保险、工伤保险、生育保险和住房公积金的保障工作。以感情留人、环境留人、待遇留人，但关键还是要用事业留人，即要给各类人才提供一个能够充分发挥其作用和施展才华的舞台，这才是留住人才的根本。

（三）法律保障力

法律是调整人的行为的一种强制性社会规范，能够为绿色技术创新保驾护航。绿色技术创新的法律以可持续发展为指导，把可持续发展的思想融入循环经济法、科技促进法、知识产权法中，通过发挥法律的指引、教育、激励和强制作用，推动绿色技术创新。绿色技术创新的法律能够保护科学技术、文化艺术成果，激励技术创新和发明创造，规范与保障智力成果投资者的合法利益，调整公共利益，实现公平和效率的统一，提高国家核心竞争力。对绿色技术及其产品知识产权的保护，将给创新主体进行绿色技术创新吃下定心丸。比如，《中华人民共和国专利法》的颁布和实施，保护了专利权人的合法权益，维护了公平正义，提高了人们进行绿色技术创新的激情和动力。但是绿色技术创新的过程是个复杂的系统工程，其各环节都需要相应的法律保护。可以考虑尽快制定符合绿色技术发展和创新规律的绿色技术创新法，对绿色技术创新全过程和各方面做出明确的法律规定，还可以制定针对绿色技术创新的风险投资法、技术转让法、市场公平竞争法等。

（四）社会协同力

社会协同离不开社会组织和大众传媒的支持。首先，绿色技术创新的社会组织支持。社会组织是现代社会管理和服务的重要主体，为社会成员提供政府和市场不能及时或全面提供的公共服务，能够有效弥补政府管理的不足和市场存在的缺陷。社会组织包括社会团体、基金会和民办非企业单位三大类，能够为绿色技术创新提供坚实的社会基础和不竭动力。其中，科技中介组织是促进科技知识产生和转移的催化剂，是联系知识创造的源头和客户公司的黏合剂，是绿色技术产品有效供给和绿色消费的有效渠道，是沟通企业与市场的纽带，是科技成果市场化的桥梁。"科技中介组织是以提供科学技术服务和信息服务为重点，以创业孵化与科技成果转化为核心的服务型机构。"① 应积极建立面向企业技术创新的咨询服务、教育培训、项目评估、成果转让、法律援助等中介组织，建设一支有技术专长、懂经济、会经营的经纪人队伍，实行经纪人资格审核制度，制定规范的中介行为准则，提高服务中介的服务水准。发挥科技中介组织的教育培训作用、沟通协调作用、纽带桥梁作用、引导融入作用，以促进绿色技术更好扩散、绿色技术创新更快拓展、绿色技术创新制度更加完善。其次，绿色技术创新的大众传媒支持。威尔伯·施拉姆认为，"媒体很少劝人怎么想，却能成功劝说人想什么"②。大众传媒是民生的发声器和信息沟通的桥梁，具有即时性、交互性、实时性强的特点。它们正确传达政府政策，客观反映民众心声，是政府进行绿色技术创新宣传和教育的助手。大众传媒辐射力、渗透力和影响力强，通过电视、广播、刊物、报纸、网络等积极宣传，引导人们树立绿色价值观，追求健康、文明、可持续的绿色生活。大众传媒具有信息传递、舆论监督、道德守望、文化生成与建构等作用形式。第一，信息传递。大众传媒是民生的发声器和信息沟通的桥梁，具有即时性、交互性、实时性强的特点。它们正确传达政府政策，客观反映民众心声，为政府制定和实施关于绿色技术创新的决策提供信息参考。第二，舆论监督。对不履行绿色责任、高污染高

---

① 程琦：《国外科技中介组织现行管理模式及启示》，《科技创业月刊》2009 年第 7 期，第 71 页。

② ［美］威尔伯·施拉姆、威廉·波特：《传播学概论》，陈亮、周立方、李启译，新华出版社 1984 年版，第 276 页。

能耗的企业进行跟踪报道，形成正确强大的舆论压力，促使企业使用绿色技术，引导企业进行绿色技术创新。第三，道德守望。坚守大众传媒在绿色文化传播过程中的道德要求，保证媒体的公益性、公信力以及权威性，时刻坚守道德高地。第四，文化生成与建构。大众传媒将其文化生成与构建的方式运用到对绿色技术创新及其文化的传播上，将会影响全社会的创新理念、道德规范、行为准则，产生巨大的正能量。

绿色技术创新的动力及其关系，如图1所示。

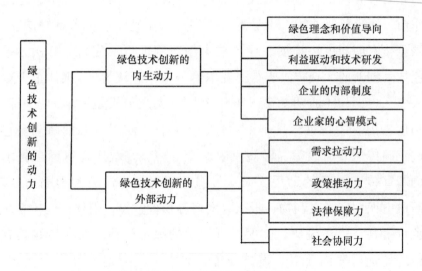

图1　绿色技术创新的动力及其关系

第四节　绿色技术创新的制度

一　绿色技术创新制度的内涵

绿色技术创新制度是指在全社会制定或形成的一切有利于鼓励、推动和保障绿色技术创新的各种引导性、规范性和约束性规定及准则的总和。它包括政策设计和实施、法律制定和保障、企业研发和生产、文化形成和塑造、社会公众和社会组织积极参与等。"绿色技术创新制度引导技术创新的方向，激发创新主体的动机，引发技术创新行为，提高技术创新的综合效率和效益，约束或防止技术创新可能产生的外部效应。"①

二 绿色技术创新制度的组成

本书从政治、经济、社会、文化、法律等层面进行分析，认为绿色技术创新制度包括政策激励制度、现代市场制度、社会参与制度、文化提升制度和法律保障制度。五者之间紧密相连、相互促进、相辅相成，共同推动着绿色技术创新。

第一，政策激励制度是"看得见的手"。政府通过宏观调控，运用合理的科技战略和计划，对企业和市场进行引导，强化社会管理和公共服务，优化配置公共资源，为企业和市场提供政策支持，维护好市场竞争秩序，促进绿色技术创新的良性发展。比如，政府通过绿色采购政策，鼓励企业开展绿色技术研发，激发企业研发和生产绿色产品的积极性、主动性和创造性，增强企业的绿色竞争力。

第二，现代市场制度是"看不见的手"。市场是绿色技术创新成败的试金石和主战场，市场需求诱导和激发绿色技术创新。市场作为一种配置资源的方式，通过供求机制、竞争机制、风险机制配置资源，实现资源的合理流动和分配，具有效率高、速度快的特点，但具有自发性、盲目性和滞后性的缺陷。只有在公平竞争的市场环境中，才能迸发出创新的活力。比如，美国通用电气公司在市场竞争中准确把握市场脉搏，推出了"绿色创想"战略，树立"绿色即盈利"的理念，加强绿色清洁技术研发，

---

① 张文博：《绿色技术创新制度及其结构设计》，硕士学位论文，大连理工大学，2005年，第12页。

大力生产并推广绿色产品，打造低碳商业链条，推动企业的绿色转型和发展，占领了巨大的市场份额，取得了超乎预想的商业利益。

第三，社会参与制度是"第三只手"。社会力量的参与主体主要包括社会组织、大众传媒、公众等。社会组织把民间分散的个人利益诉求聚合为共同利益诉求，积极影响公共政策的制定和实施。"社会组织已成为公共治理中一支独立而强大的力量，在公共事务的诸多领域发挥着不可替代的作用，且远远超越了以往拾遗补缺的角色定位。"① 大众传媒是绿色技术创新的"喉舌"，具有传播范围广、信息渠道多、反应速度快、交互程度强的特点，它们把国家的大政方针广泛传播到公众之中，有效引导舆论走向。公众在阅读和收听收看相关信息后，通过自媒体进行积极评论，实现良性循环。只有社会力量广泛参与，与政策设计、制度安排、市场运行、企业创新形成合力、和谐互动，才能为绿色技术创新提供源源不断的社会支持和巨大动力。

第四，文化提升制度是"手牵着手"。文化是民族的血脉，是人们的精神家园，是一种软实力，具有引领风尚、教育人民、服务社会、推动发展的作用。绿色文化事关如何正确认识经济系统与生态系统、人与自然之间的关系，是指导思想的问题。绿色文化为政府政策、市场竞争、社会参与提供思想基础、道德支撑、精神动力和舆论引导。文化提升制度可以融入政府激励制度、现代市场制度、社会参与制度的各方面和全过程。文化提升制度体现了绿色文化内核的时代性、绿色文化结构的系统性和绿色文化活力的持续性。绿色文化内核的时代性指绿色文化是对原始文明

---

① 姚迈新：《公共治理的理论基础：政府、市场与社会的三边互动》，《陕西行政学院学报》2010 年第 1 期，第 22 页。

时期的图腾文化、农业文明时期的农耕文化、工业文明时期的过度消费文化的超越和提升；绿色文化结构的系统性指绿色文化全方位系统地改造了传统工业文明对于人的文化异化，传统工业文明倡导过度消费，体现了人对物欲的无止境贪婪追求；绿色文化活力的持续性指在可持续发展理念指导下，绿色文化积极吸收一切有利于人与自然、社会和谐相处的理念，追求代内公平和代际公平。

第五，法律保障制度是"公平之手"。法律是自由的保障，它使"个别公民服从国家的法律也就是服从他自己的理性即人类理性的自然规律"[①]，从而使主体和客体之间达到一种和谐的状态，实现国家、法律与个人之间的统一。"法律制度直接决定侵权行为法定成本的高低，它涉及并规范关于侵权行为的制裁与惩罚方案、措施、办法等。如果相关制度对某侵权行为规定的惩罚偏低，该行为的法定成本自然就偏低，从而就会弱化有关侵权规定的惩罚性功能，侵犯知识产权的行为就会屡禁不止。"[②] 法律保障制度的建立和完善，维护了社会公平和正义，保护了知识产权，调动了创新主体的主动性和积极性，推动了绿色技术创新。

三　绿色技术创新制度的作用

我国著名的经济学家吴敬琏研究员认为，推动技术发展的主要力量不是技术本身的严谨，而是有利于技术创新的制度安排。绿色技术创新制度具有引导功能、激励功能和约束功能。第一，引导功能。通过制度安排，引导技术创新向着生态化、公益性发展，如国家基金制度、科学奖励制度等。第二，激励功能。绿色技术

---

① 《马克思恩格斯全集》（第1卷），中共中央马克思恩格斯列宁斯大林著作编译局编译，人民出版社1995年版，第228页。

② 吴汉东主编：《知识产权制度基础理论研究》，知识产权出版社2009年版，第208—209页。

创新制度激励创新主体"乐意做",激发了企业的创新动力。绿色产权制度、绿色信用制度、绿色采购制度、绿色 GDP 核算制度、绿色考核制度等鼓励创新主体放弃顾虑,积极参与和推动绿色技术创新。第三,约束功能。美国经济学家诺斯提出:"制度的存在是为了降低人们相互作用时的不确定性。"① 因此,制度安排能够增强对技术创新不确定性的预期,防止出现外部效应,降低技术创新风险,提高绿色技术创新的经济效益、社会效益和生态效益。

本章小结

绿色发展观引导绿色技术创新。绿色发展观倡导人与自然和谐相处,注重经济社会生态统筹发展,推动生态文明建设,实现可持续发展。绿色技术创新摒弃了资源消耗多、生产成本高、安全系数低、环境污染重的技术和产品,引入了生态学思想,将生态效益纳入技术创新的目标体系,积极面对保护与发展的矛盾,注重人与自然、社会的关系,关注如何从人类中心主义的藩篱中走出,紧紧围绕经济发展、社会稳定、生态平衡等多维目标,实现经济、社会、生态的和谐统一。

绿色技术创新是在绿色发展观指导下对技术创新的拓展和提升,是生态文明视域下技术创新的崭新形态,是推动绿色发展的重要动力和迫切需求。绿色技术创新包括两方面的含义:第一,绿色技术创新指"绿色 + 技术创新"。"技术创新"是中心语;"绿色"是定语,用来限制"技术创新",指无污染、低能耗、可循环、清洁化。这里的绿色技术创新是指一种不同于传统技术创

---

① [美]道格拉斯·C. 诺斯:《制度、制度变迁与经济绩效》,上海三联书店 1994 年版,第 34 页。

新的良性发展模式。第二，绿色技术创新指"绿色技术＋创新"。"绿色技术"是主语；"创新"是谓语，用来强调绿色技术主体的行为。这里的绿色技术创新是指为促进人与自然和谐的绿色技术快速发展，而开展的各种有价值的创新性的活动。

作为绿色技术创新的理论支撑，可持续发展、生态文明、低碳发展和两型社会之间既有共同点，也有不同之处。它们的共同基础和目标都是人与自然的和谐发展，不同之处在于：可持续发展是发展理念和战略，生态文明是理想目标，低碳发展中的低碳经济和低碳技术是实施手段，两型社会是制度模式。它们之间的具体区别如下：可持续发展是经济、社会、生态全面发展的长远规划和战略；生态文明以人与自然和谐的发展为宗旨，注重人与自然环境的共同发展；低碳经济和低碳技术提供新的经济运行模式和强大的技术支撑；两型社会是人与自然和谐相处的社会，是生产发展、生活富裕、生态良好的社会，是可持续发展、生态文明、低碳发展的制度模式，是对人民群众热切生态诉求的积极回应。

绿色技术创新的动力分为内生动力和外部动力。内生动力包括绿色理念和价值导向、利益驱动和技术研发、企业的内部制度和企业家的心智模式，外部动力包括需求拉动力（市场竞争性需求和社会公益性需求）、政策推动力、法律保障力和社会协同力。

绿色技术创新制度是指在全社会制定或形成的一切有利于鼓励、推动和保障绿色技术创新的各种引导性、规范性和约束性规定及准则的总和。它包括政策设计和实施、法律制定和保障、企业研发和生产、文化形成和塑造、社会公众和社会组织积极参与等。绿色技术创新制度包括政策激励制度、现代市场制度、社会参与制度、文化提升制度和法律保障制度。

第四章　国外绿色技术创新的制度

上一章对绿色技术创新进行了系统分析，其中第四节探讨了绿色技术创新制度的内涵、组成和作用。为更深入分析绿色技术创新制度，需要具有国际视野。本章分别以美国、英国、德国、日本、新加坡等国家为例，分析国外绿色技术创新的制度现状，总结其经验，探寻发展趋势。

第一节　国外绿色技术创新制度的现状

世界各国尤其是美国、英国、德国、日本、新加坡等国家，从政策、市场、社会、法律等方面进行了系统设计和制度安排，重视政策激励，完善市场制度，鼓励社会参与，加强法律保障，不断推动绿色技术创新的制度建设。本节主要分析美国、英国、德国、日本、新加坡等国家的有特色或比较完善的制度。

一　多项政策激励绿色技术创新

（一）绿色财税政策

1. 美国的绿色财税政策

美国政府制定的财税政策主要分为两种：财政直接补贴政策和税收支持政策，其中以税收支持政策为主。税收支持的方式为减免绿色技术 R&D 活动支出的税收。对于研发和推广绿色技术的企业，美国政府给予税收优惠政策。同时，为推动企业用绿色技术替代传统技术，美国政府对特殊商品征收消费税。"美国通过对损害臭氧的化学品征收消费税，促进替代氟利昂技术的开发；通过征收汽油税，促进了汽车的节能技术和电动汽车制造技术的开发。"① 美国政府通过对绿色技术进行税收补贴，对传统技术征收消费税的政策手段推动绿色技术创新。

2. 日本的绿色财税政策

日本对企业的绿色技术创新采取直接的研究开发补贴。对重大技术的研究开发设备、引进国外技术、增加实验研究费的特别税额、企业与海外进行技术交易等进行税收优惠。日本政府规定："从2001年2月起，对安装了能降低排放废气中有毒物质装置的汽车削减税金最高可达50%，并且污染成分降得越低，税金削减得越多。对不产生污染的工业装置，在安装设备的前三年免征50%的固定资产税。"② 日本通过绿色财政税收政策，降低了企业创新的成本和风险，激发了企业的创新激情和动力。

（二）绿色采购政策

1. 美国的绿色采购政策

第一，制定高效整合的联邦绿色采购计划，构建完善的绿色标准认证体系。"在实践中，通过由美国国家环保局发布并推广的环境优越性采购计划，能源之星计划，电子产品环境评估工具等计划的开展，建立起了完善的绿色标准认证体系。"③ 第二，激励中小企业技术创新。美国每年拿出政府采购合同总额的20%给进行

---

① 戴永务、余建辉等：《绿色技术创新政策的国际经验对福建的借鉴与启示》，《江西科技师范学院学报》2007年第2期，第11页。

② 谢玉姣：《促进绿色技术创新的财税政策研究》，硕士学位论文，西南财经大学，2009年，第31页。

③ 谭亮：《美国政府绿色采购制度及其对我国的启示》，硕士学位论文，湖南师范大学，2012年，第20页。

技术创新的中小企业。第三，综合运用多种绿色采购配套设施。比如，采用生命周期成本法，既要考虑采购成本，也要考虑使用者所需要付出的成本，通过综合计算进行选择。政府在进行绿色采购时，注重质量好、成本少、消耗小、可循环的绿色产品。1955—1963 年，美国硅谷半导体产业 35%—40% 的营业额来自政府采购。2005 年度，美国联邦机构在采购上支出 3140 亿美元，其中本国产品占到 89%。

2. 英国的绿色采购政策

英国政府强化绿色采购在促进社会综合发展中起到的关键作用，规范绿色采购流程，明确开支重点。2005 年，英国政府公布了"抓住未来"可持续发展战略综合报告。报告中提出政府可以通过负责任地支配 1250 亿英镑的公共开支，购买可持续产品和服务，生产出更为经济的可持续产品。为配合"抓住未来"国家可持续发展战略，英国政府相继制订了"采购未来""改革政府采购"和"可持续性采购行动计划"。2006 年，政府公布了"采购未来"报告。报告指出："可持续采购是指各组织通过使用一种环境损害最小化、对该组织以及社会、经济均有益处的方法来满足他们对商品、服务、工程以及公用事业的需求。"① 2007 年，政府公布了"改革政府采购"报告。该报告旨在使英国政府为公众提供一流的公共服务。政府通过网站和网上系统操作采购过程，企业通过政府供应网站了解采购信息和政府采购合同，供应商在网上进行竞标，公开、简化、快捷，实现了政府、企业、供应商、纳税人的多赢。2007 年，政府公布了"可持续性采购行动计划"报告。

① Department for Environment, Food and Rural Affairs. June 2006. Procuring the future: sustainable procurement National Action Plan: Recommendations from the Sustainable Procurement Task Force. http://www.actionsustainability.com/partners/sustainable _ procurement _ task _ force. aspx.

报告明确指出政府各部门要大力提高采购职业水平，不断提升采购实践水准。

3. 德国的绿色采购政策

德国联邦环境局（UBA）是德国政府绿色采购的有效推动者。1978 年，德国联邦环境局（UBA）颁布了"蓝色天使"标志，给消费品贴上生态标签，消费者根据生态标签进行选择购买，环境友好产品得到人们的喜爱。1979 年，德国推广环保标志制度，要求政府机构优先购买和使用标有环保标志的产品。1980 年，UBA 发布了《与环境相关的公共采购》手册，为政府绿色采购奠定了基础。1996 年，德国实施《经济循环法案》和《废物处理条例》，其中，《经济循环法案》将环境友好产品的采购单列一章。德国政府重视绿色采购的宣传，加强科学传播知识普及，以绿色采购助力企业绿色技术创新。

4. 日本的绿色采购政策

日本绿色采购政策比较完善，形成了政府主导、民间机构支持和企业积极配合的运营模式，取得了良好的效果。"日本早在 1994 年就订立了绿色采购的方针，1996 年成立绿色采购网络联盟 GPN，2000 年颁布了绿色采购法，2003 年日本政府制订绿色采购共同化协议，建立了日本国内的绿色采购信息咨询和交流体系。"① 日本的绿色采购网络联盟由政府部门、民间企业、社团组织共同组成，通过颁奖活动和举办研讨会等方式推介成功案例，在政府、企业和消费者之间搭建了关于环境商品信息的交流平台。日本政府在全社会广泛宣传绿色采购，优先采购绿色产品，激励企业不断开展绿色技术研发和绿色产品生产。

---

① 邹刚：《政府绿色采购案例浅析——日本政府绿色采购法及其实施过程的启示》，《环境与可持续发展》2012 年第 5 期，第 95 页。

（三）绿色信用政策

1. 美国的绿色信用政策

美国积极培育诚信文化，增强公民诚信意识。美国采取私营信用体系模式建设信用体系。"私营信用体系模式即市场化模式，是以征信公司开展商业运作所形成的社会信用体系。"① 政府为信用产品创造市场需求，并引导消费者参加信用评级或者利用评级结果。缺乏信用记录、信用记录历史较差的企业，其生产和销售会处处受阻，将很难生存下去。美国的企业普遍建立了信用管理制度，设立了专门的部门进行管理，形成了良好的遵守信用的氛围，较好地解决了市场机制自发作用和国家干预经济的关系问题。美国政府支持信用鉴证中介机构的发展，目前美国主要的信用报告机构有三个：Experian 信息服务公司、Trans Unions 公司、Equifax 公司。

2. 英国的绿色信用政策

英国已经建立了较为完善的信用体系，成为一个典型的征信国家。英国的信用管理体系健全；征信服务企业市场化运作，独立而公正；公民和企业有着良好的信用习惯，高度重视自己的信用度。在信用体系中，英格兰银行作为中央银行是英国信用制度的枢纽；各家征信公司提供信用管理、分析预测、软件支持和风险管理等内容；"信息专员办公室"是政府机构，负责市场监管，打击金融犯罪，维护信用制度。

3. 日本的绿色信用政策

在日本，民营征信机构和公共征信机构并存发展，两者相互补充。日本个人征信体系主要包括全国银行个人信用信息中心、株式会社日本信息中心（JIC）、株式会社信用信息中心（CIC）等。

---

① 曾小平：《美国社会信用体系研究》，博士学位论文，吉林大学，2011 年，第 65 页。

它们共同建立了信用信息网络系统，可以共享公共信息、变动信息和个人申告信息等，严防出现恶性个人信用缺失问题，比如多重借债、恶意逃避等严重问题。

（四）绿色教育政策

1. 美国的绿色教育政策

美国政府十分重视环保教育和创新教育。许多中小学的行政领导直接负责全校环保教育和创新教育，采取多种形式、多种途径培养公民的环境保护意识和习惯，宣传绿色技术创新的重要性，提高公民运用绿色技术及其产品的能力。同时，美国政府大力吸引国外优秀科技人员，以诱人的条件、优惠的待遇留住人才。

2. 英国的绿色学校

1994 年，欧洲环境教育基金会创建了绿色学校，其理念是用环境教育和可持续发展教育的理念、标准评定和参与学校工作。英国绿色学校是欧洲绿色学校的典范。英国绿色学校倡导"绿色生活""绿色文化"和"绿色文明"等绿色理念，坚持开放办学，主张与政府、社区、媒体、企业、家长形成教育合力，共同培养孩子。英国绿色学校开展以水、能源、减少废物、交通、学校地面、健康生活方式等为主题的实践活动，使孩子更接近大自然，潜移默化中树立环保意识和绿色理念，实现了学校教育与社区教育的结合，推动了环境教育和可持续发展教育，促进孩子积极、全面、健康发展。

3. 德国利用科学技术进行全民生态教育

为提高公民的生态意识，使公民了解和掌握环保法规、环保政策、环保技术，德国政府在全国建立了很多环境教育机构。比如，创立于1983 年的莱茵豪森教育培训中心（BEW），每年培训5 万多名德国学员。"德国的环保教育分为环保习惯养成教育和环保专业知识教育两个部分。家庭垃圾分类等习惯养成教育从幼儿就开始进行，环境专业知识教育则贯穿德国整个学历教育体系。"[①] 德国通过自然科学学科课程给学生讲授生态知识，通过人文社会学科课程使学生的生态价值观得到树立。全民生态教育的开展，促使人们更加尊重自然和顺应自然，增强了人们保护自然的主动性和积极性。

二 市场制度推动绿色技术创新

（一）资本市场制度

1. 美国的资本市场制度

美国资本市场系统庞大、层次多样、功能完善。全国性资本市场有"主板市场＋纽交所"和"纳斯达克市场＋美交所"，地方性资本市场主要包括太平洋、波士顿、费城交易所等，多层次的资本市场能够满足不同企业需求。在美国资本市场体系中，纳斯达克市场和风险投资对企业技术创新影响最大。纳斯达克市场为具有较高成长性的中小企业和高科技企业提供融资服务，对企业技术创新产生很强的推动作用。纳斯达克市场的出现增强了与证券交易所之间的竞争关系，这有利于提高资本效率，降低企业融资成本。资本市场与企业之间的良性互动，推动了企业的绿色技术创新，促进了企业的发展壮大。

2. 英国的资本市场制度

英国的资本市场体系主要包括全国性集中市场、全国性二板市场 AIM、全国性三板市场 OFEX 和区域性市场，其中 OFEX 市场是一个专门为中小企业、高科技企业和未上市企业提供融资和转让服务的市场。英国对资本市场实行自律性监管模式，强调"自我管理"和"自我约束"，除了国家必要的立法外，政府较少干预资

---

① ［德］托马斯·海贝勒、［德］迪特·格鲁诺、李惠斌主编：《中国与德国的环境治理：比较的视角》，杨惠颖等译，中央编译出版社 2012 年版，第 251 页。

本市场。只有在自律或自治不能发挥作用时，政府才进行干预和调控。

3. 德国的资本市场制度

1997 年 3 月，德国"新市场（Neuer Market）"的设立，为成长性的中小企业和风险资本提供融资平台，给风险资本的退出创造了有效渠道，在一定程度上推动了德国风险投资业和高新技术产业的发展。德国的证券交易所主要包括法兰克福、斯图加特、汉诺威、柏林、慕尼黑、不来梅、汉堡、杜塞尔多夫等，其中法兰克福是交易量最大的交易所。德国政府支持证券市场发展，积极发展法兰克福证券市场，鼓励企业进入证券市场募集资金，扩充银行在企业和证券市场之间的中介技能，为德国企业发展营造良好的金融环境和资金支持。

4. 日本的资本市场制度

日本建立了多层次资本市场体系。"日本是全球第二、亚洲第一的证券市场，是全球多层次资本市场体系建设比较成功的市场之一。第一层次是东京、大阪、名古屋、京都、广岛、福冈、新潟、札幌八家交易所的主板市场；第二层次是东交所的市场二部即中小板；第三层次为新兴的 MOTHERS 创业板市场；第四层次为 OTC 店头市场。"① 日本政府建立了各种性质的中小企业金融网络，综合运用投资、贷款、担保、保险、租赁等多项融资措施，满足中小企业的融资需要。在企业融资中，日本银行处于主导地位，股票、债券等直接融资处于从属位置。

5. 新加坡的资本市场制度

充裕的资本是形成大量风险资本的坚实基础。在李光耀政府执

---

① 中国证券业协会：《证券市场基础知识》，中国财政经济出版社 2003 年版，第 31—36 页。

政时期，新加坡就提出要建立了国际金融中心，这使新加坡吸引了大量的国际资本，尤其是美元离岸市场的成功运作为新加坡集聚了大量的投资资金。① 新加坡具有成熟的金融市场、多样化的金融机构、广泛的金融产品和服务。新加坡发展银行（DBS）、新加坡邮政储蓄银行（POSB）、中央公积金局（CPF）等是新加坡政府金融机构，商业银行、保险公司、金融公司是新加坡民间金融机构。发达的衍生金融产品市场、有效的汇率制度、活跃的外汇交易、多样化的银行和非银行金融机构，使新加坡的资本市场发展迅速。

（二）风险投资制度

1. 美国的风险投资制度

美国是风险投资业的创始人和领跑者。1946 年，美国研究与发展公司（ARD）在美国成立，这是世界上第一家风险投资公司。在美国市场中，风险投资的主要资金来源于养老基金和公司投资，其中以养老基金为主。风险投资资金总量充足，资金渠道来源广泛，具有稳定性和长期性，保证了风险投资的可持续性。风险投资以创业期的高科技企业作为主要投资对象，通过市场化的方法，将技术创新领先的企业引入资本市场，高风险获得高收益，比如微软、苹果、戴尔、英特尔等世界大型企业都是借助其成长和壮大的。美国推行的"小企业创新研究计划（SBIR）"有利于推动高新技术企业快速发展，对风险投资业的发展起到了关键性的促进作用。高科技企业只有生产符合市场需求和国家绿色标准的产品，才能受到资本市场和风险投资的青睐。

---

① 陈德銮：《风险资本与高新技术发展——新加坡的启示》，《东南亚纵横》2008 年第 8 期，第 22 页。

2. 英国的风险投资制度

英国风险投资业在欧洲发展最早。英国风险投资资本来源于银行、养老基金、保险公司、私人投资、政府部门、研究机构等。英国政府通过信贷提保计划（LGS）、企业扩大计划（BES）和未上市证券市场（USM）等吸引多渠道资金投入风险资本业。风险投资基金正加大对高新技术领域的投入，促进企业进行绿色技术研发和推广。

3. 德国的风险投资制度

1965 年，在德国诞生了第一家风险投资基金。1975 年，WFG 基金成立，这是德国风险投资业发展的里程碑。1982 年，第一家风险投资公司在慕尼黑成立。1983 年，德国政府把风险资本列入"建立技术开发型企业"计划。德国风险投资资金来源于银行、养老金、保险公司、政府等多元化渠道，确保了风险资金的充足。比如，德国复兴信贷银行为中小企业提供长期融资，为中小企业的技术创新活动提供风险资本。

4. 日本的风险投资制度

日本法律规定养老金不能用作风险投资，因此资金来源主要以金融机构和大公司出资为主。1963 年，日本政府制定《日本小企业投资法》。20 世纪 70 年代，为了加快高新技术成果转化，日本政府推行风险投资制度。风险投资制度的制定，以及风险投资机构的设立、运作模式、退出机制等由政府决定。1983 年，在大阪等地建立股票市场。日本政府通过"新技术开发事业团"机构，协调推进技术市场和金融市场。

三 社会力量参与绿色技术创新

（一）科技中介组织

1. 美国的科技中介组织

第一，美国金融中介数量多、作用大，形成了庞大的投融资系统。金融中介主要包括商业银行、信用联社、保险公司、投资公司等。每家公司都有经济顾问和法律顾问。第二，美国信息咨询业非常发达。各种信息咨询机构共同发展，相互协作，为科技发展提供信息咨询支撑。

2. 英国的科技中介机构

英国的科技中介机构发展迅速，已经形成一个全方位、多层次、结构合理的科技中介服务体系。英国政府在全国各地建立的"企业联合办公室"是政府层面的科技中介机构；英国皇家学会、大学科技成果转化中心、慈善科技中介组织等是公共层面的科技中介机构；各种规模的私人中介公司以营利为目的，是独立的科技中介机构。

3. 日本的科技中介机构

日本的科技中介机构非常发达，信息咨询业发展迅速。"企业诊断是日本信息咨询中介机构的重要部分，在这基础上成立了中小企业诊断协会，专门对企业诊断和人才进行考核和管理。"①

（二）大众传媒和NGO

1. 美国的NGO

美国的NGO发展比较成熟，成为一个多层次、相互依赖的网络结构，具体包括捐款人、基金会、社区组织、慈善机构和学术机构等。美国政府、媒体、捐款人、大众对NGO的监管很严格，NGO的财务要明确具体，从赠款的申请、使用到回报、验收都要面向社会公开。只有名声好、公益性强、参与度高的NGO，才会持续得到捐款和支持。美国政府通过税收减免、购买服务、减免场地费用、拨款、培训等措施促进NGO发展。

---

① 张鑫：《国家创新体系中现代社会中介组织作用机制研究》，硕士学位论文，东北师范大学，2006年，第23页。

2. 德国的 NGO

在德国，大众传媒和环保 NGO 成为民众参与生态治理的有效途径。德国政府充分发挥并确保大众传媒和环保 NGO 的独立性，以推动经济社会生态的协调发展。"大众传媒不仅在普及环保知识方面起到关键作用，而且在发挥媒体监督方面也起到不可低估的作用。在鲁尔河 PFT 污染事件中，德国《西德意志报（WAZ)》能够独立地跟踪报道事实真相，直到污染行为停止、相关责任人受到政治和法律制裁为止。同时，环保 NGO 具有代表当地居民的法定权力，参与政府和企业在当地有关环保的经济规划。德国环境与自然保护联合会（Bund）不接受任何政府、党派以及与环境有关的捐款，从而保持自己民间的独立性。"①

3. 英国的 NGO

英国建立了一套完整的行政支持体系，每年通过直接拨款的方式资助 NGO。英国各级政府与 NGO 之间签署"政府与志愿及社区组织合作框架协议"，建立合作伙伴关系，推动相互信任和真诚合作。政府在与 NGO 合作时，规范政府行为，保障 NGO 公平权，保持 NGO 的独立性，注重合作事项的落实，推动民间公益事业的发展。

4. 日本的 NGO

日本政府重视对 NGO 的支持和援助，以财政手段资助其活动。日本外务省设立"NGO 事业辅助金""国际志愿者存款""草根无偿资金合作"等项目，促进 NGO 发展。NGO 积极提供公共服务，参与和推动经济建设和社会发展，日本政府和 NGO 彼此建立了一种相互协作的伙伴关系。

---

① ［德］托马斯·海贝勒、［德］迪特·格鲁诺、李惠斌主编：《中国与德国的环境治理：比较的视角》，杨惠颖等译，中央编译出版社 2012 年版，第 2523 页。

（三）行业协会、学会等

1. 德国的行业协会、技术转移中心、技术创新联盟

（1）行业协会。行业协会的中介服务主要为信息、咨询和职业教育。它们对政府依赖小，依靠会费和自身造血发展，主要通过法制渠道影响政府决策。（2）技术转移中心。德国联邦政府在莱比锡市建立了"德国环境技术国际转让中心"。德国每个州都有技术转移中心，服务功能强大。技术转移中心为企业提供技术咨询、国内外专利信息查询，帮助企业申请专利、从欧盟申请科技创新补助经费等。（3）技术创新联盟。德国有多个创新联盟，促进了价值形成过程中的整体创新。德国工业研究协会工作联合会资助中小企业面向应用的研发，为促进中小企业创新、提高其创新能力和市场竞争力发挥重要作用。工业联合会已成为联邦政府重要的合作伙伴，在政府、经济界和科学界之间架起了一座桥梁。

2. 日本的行业协会、学会

日本存在大量的社会团体，如振兴会、学会等。这些社会团体影响政策的制定。社会团体是政府和民间的桥梁，国家的科技政策会通过社会团体得以实施，因此，日本企业基本上都会加入一定的社会组织，促进企业的科研、生产和销售。日本绝大多数学会都有自己创办的刊物，出版研究报告和各类书籍，掌握科技及产业发展最新动态，及时发布各种科技前沿信息和技术创新信息。

四　法律法规保障绿色技术创新

（一）制定诸多关于绿色技术创新的法律

1. 美国绿色技术创新的法律

美国具有严格的绿色技术创新法律体系，制定了"EPA 法律及管制执行细则"和"执法应对措施"，注重执法规范化和严肃性。美国国会颁布的联邦法律——从总体上和宏观上制定原则及计划；联邦总统行政命令——进一步细化和规范政府的绿色采购；联

邦采购条例——对政府实施绿色采购的各个环节进行了明确，各部分非常细致地规定了专项内容，使其更具有操作性。美国国会在1969 年通过了《国家环境政策法》，该法制定的国家环境政策，为行政部门行使环境管理权、企业履行环保义务提供了法律依据和最高准则。此后，美国制定和修订了《清洁空气法》《清洁水法》《技术转移法》《固体废物处置法》《全国合作研究法》《有毒物质控制法》《大学与小企业专利法》《小企业创新发展法》和《噪声控制法》等相关法律，促进了绿色技术创新。

2. 英国绿色技术创新的法律

为明确无形资产的所有权，英国颁布了一系列法律。1623 年，英国颁布了世界上第一部知识产权保护法——《垄断权条例》，它对专利保护的对象、发明者、权力适用地域范围、专利权期限都做出一定的限制。1710 年，英国颁布了《安娜女王法令》，这是世界上第一部著作权法，它从法律上确认了作者是第一个应当享有作品中的无形产权的人。1852 年，《英国专利法》的颁布，标志着现代专利制度的最终形成。

3. 德国绿色技术创新的法律

从 20 世纪 70 年代开始，德国将科学技术标准体系置于环境立法体系。1970 年，德国颁布了世界上最早的《个人信息保护法》；1990 年，颁布了《联邦信息保护法》；1991 年，颁布了《可再生能源发电并网法》；2000 年，颁布了《可再生能源促进法》；2002 年，颁布了《生态税改革法》《森林繁殖材料法》和《废弃木材处置条例》；2005 年，颁布了《电子电器法》和《电子电器法之费用条例》等。"目前德国已经制定了 8000 多部环保法律法规，比如《核能法》《转基因法》《化学品使用法》《污水排放法》《自然保护法》《循环经济法》《可再生能源法》《环保行政法》等。"① 这些法律法规为绿色生产、循环利用、生态保护保驾护航，对造成大量浪费、严重污染的行为进行严厉惩罚。比如，2008 年初，鲁尔河发生了 PFT 化学污染事件，根据相关法律，严厉惩罚了企业主，同时州环保部部长也引咎辞职。

4. 日本绿色技术创新的法律

日本通过制定或完善法律体系推动绿色化消费，形成了消费绿色化战略的多层面法律体系，引导和鼓励绿色技术创新。在基本法层面，先后制定和颁布了《环境基本法》（1993）、《促进建立循环型社会基本法》（2000）；在综合法层面，先后制定和修订了《固体废弃物处理和公共清洁法》（2000）、《资源有效利用促进法》（2000）；在专项法层面，先后制定和颁布了《容器包装分类收集和循环利用促进法》（1995）、《特定家用电器再生利用法》（1998）、《食品资源再生利用促进法》（2000）、《关于国家和其他实体的生态无害的物品和服务的获得促进法》（2000）、《建筑材料回收再利用法》（2000）、《报废汽车再生利用法》（2002）等。

（二）加强法律实施过程中的监督和鼓励

1. 英国通过"绿色通道"，对绿色技术实施加速审查

2009 年 5 月 12 日，英国知识产权局启动加速审查绿色技术，审查程序简单灵活，审查过程清晰快速。一般技术的审查需要 2—3 年的时间，而绿色技术最快可于 9 个月获得专利授权。"绿色通道"大大缩短了绿色技术专利申请时间，有效避免专利申请积压，推动绿色技术创新主体加速研发和申请高质量的专利，加速了绿色技术的商业化，为绿色技术创新主体带来"绿色品牌"效应，促进绿色技术的转移和扩散，充分调动全社会敢于创新、乐于创

---

① ［德］托马斯·海贝勒、［德］迪特·格鲁诺、李惠斌主编：《中国与德国的环境治理：比较的视角》，杨惠颖等译，中央编译出版社 2012 年版，第 252 页。

新的积极性和主动性。

2. 日本培育公民的知识产权意识，激励知识产权创造，大力培养知识产权人才，推动了知识产权制度的实施

日本在企业、高校和科研院所建立了知识产权部，参与研发、负责专利申请和管理与专利技术的应用和转化。企业设立奖励制度，重奖有发明专利的员工；高校和科研院所把知识产权作为评价教师和研究人员业绩的重要指标，鼓励科技成果商品化和市场化。日本政府重视知识产权的产业化，通过立法推动知识产权的运用和流通，要求大型企业将其不曾使用的"休眠"专利无偿转让给中小企业，实现大中小企业共同发展。

第二节　国外绿色技术创新制度的经验

国外绿色技术创新制度的经验为：政府高度重视，积极制定系统高效的科技政策；完善市场制度，促进技术创新与市场紧密结合；调动社会力量，提高公众和社会组织参与程度；强化法律保障，全力为绿色技术创新保驾护航。

一　政府高度重视，积极制定系统高效的科技政策

市场失灵理论是政府对绿色技术创新进行政策干预的理论基础。政府的政策干预能够弥补市场失灵带来的机制缺陷。政府重视并积极制定政策，为绿色技术创新制度提供政策支持。美国组成了以政府、大学、企业和科研机构为创新主体的绿色技术创新体系，出台了国家科学基金计划、企业和大学联合研究计划、中小企业科技创新计划、公共采购计划等。日本建立了科技开发资金制度和技术革新型公募资金制度，确保科研资金的充足，建立了终生学习、终生教育制度，颁布了一系列有益于绿色技术创新的税收政策。欧盟出台了《创新型联盟》行动计划、科技框架计

划、欧洲创新行动计划，把市场经济、政府调节和社会保障充分结合起来，制定了相应的政策和经济制度。政府制定系统的科技政策，为绿色技术创新营造了良好的政策环境。

二　完善市场制度，促进技术创新与市场紧密结合

市场是政府和企业的试金石，市场通过提出新问题、提供新机会、创造新利润实现对绿色技术创新的拉动作用。市场制度是创新活动的制度基础。完善的市场制度有利于生产要素的合理定价和自由流动，有利于资源的优化配置和提高运行效益，有利于发挥企业的市场主体作用。在市场制度的推动下，以追求利润、积累财富为目的的企业才会成为绿色技术创新的主体。摸清市场行情、了解消费需求、积极适应市场是企业竞争取胜的法宝。只有当企业的创新成果被市场接受，满足了消费者的需求时，企业才能获得源源不断的动力。在德国，企业一直处于创新活动的主导地位，高等院校的人才培养要围绕企业对于科技人才的需求。在申报政府的科技项目时，没有企业的参与便不能通过。在日本，几乎所有大中型企业都有自己的研发机构，与高等院校和科研院所开展了广泛的合作，大大促进了研发成果的转化。在瑞典，国有创业基金、风险投资基金与市场融资机构如银行、风险投资机构等相结合，为中小企业提供了全方位的融资服务。美国、英国、德国、日本等国纷纷建立了比较完善的资本市场制度和风险投资制度，营造了良好的金融环境，在一定程度上规避了绿色技术创新风险，推动了绿色技术创新。

三　调动社会力量，提高公众和社会组织参与程度

社会力量广泛参与是完善绿色技术创新制度的动力之一。美国的非营利性组织包括非营利研究机构和私人基金会。非营利研究机构开展对绿色技术的研发，但其研发成果不直接进入市场；私人基金会资助企业不愿涉足或不敢投资的项目，推动绿色技术的

扩散。英国的科技中介机构分为政府层面、公共层面和私人公司三个层面，主要包括科技园区型中介机构、专业协会型中介机构、慈善科技中介机构、营利性科技中介机构四种主要类型。公众和社会组织的参与程度不断提高，为绿色技术创新营造了良好的社会环境。

四 强化法律保障，全力为绿色技术创新保驾护航

法律法规是绿色技术创新制度的重要保障。美国不断调整完善专利法案，以适应不断涌现的新技术，加强对专利和知识产权的保护。美国专利制度是条文法与判例法的混合体，具有灵活性和可操作性。专利制度通过对发明人提供独占权，使创新产品具有获得高额利润的可能。韩国已经形成了一套严密的涉及绿色技术创新的法律制度体系，主要包括《韩国专利法》《韩国实用新型法》《韩国外观设计法》《韩国商标法》《韩国防止不正当竞争及保护营业秘密法》等。英国、德国、日本等国制定了多部关于绿色技术创新的法律，注重在法律实施过程中的监督和执行，提高法律的威慑力，加大对违法行为的打击力度，规范了绿色技术创新的秩序，保护了创新主体进行绿色技术创新的积极性和主动性，营造了绿色技术创新的良好法律环境。

第三节 国外绿色技术创新制度的发展趋势

国外绿色技术创新制度的发展趋势为：产学研合作创新制度更加完善，绿色技术创新管理制度更加健全，军民两用技术推广机制更加系统。

一 官产学研合作创新制度更加完善

官产学研合作创新是实现科学技术转化为生产力的重要途径，是优化配置创新资源的有力措施，是实现优势互补、分散风

险和提高研发效率的必然趋势。世界许多国家和地区积极推动官产学研合作，如美国的新一代汽车合作计划、环境技术出口技术，英国的法拉第合作伙伴计划等。日本以搞活经济为目标，服务于企业技术合作战略，通过以技术突破为目标的官产学研合作来发现和确定研发课题，促进研究成果的社会转化，采用公开招聘制与任期制选拔和吸引人才。2013 年，美国颁布了《国家制造业创新网络：一个初步设计方案》。国家制造业创新网络意味着美国的"官产学研"结合进入了新阶段，将加快绿色技术创新的步伐。

二　绿色技术创新管理制度更加健全

为适应全球绿色新趋势，各国纷纷加强绿色技术创新管理制度建设。绿色管理制度更加强调人性化和柔性化管理，实现组织结构扁平化，减少管理层级，把内耗降到最低，把效率提到最高。通过加强绿色管理，树立企业良好的绿色形象，大大增强企业绿色竞争力，推动绿色生产力发展。比如，ISO14000 认证是企业打破绿色贸易壁垒，参与国际市场竞争的绿色通行证，从而在激烈的竞争中获得更多机会。

三　军民两用技术推广制度更加系统

军用技术"绿化"为民用技术，不断加强统筹协调机制和政策法规体系建设，打造军民融合开放共享的格局，实现军民领域技术、信息、人才、产品、标准等要素的全方位融合，提高军民融合公共服务水平，为绿色技术市场注入新的能量和活力，推动军民融合向更广范围、更高层次、更深程度发展。比如，为适应市场和国防需求变化，美国波音公司、雷神等军工集团积极向信息化业务领域转型，加强军民业务结合，使其保持了持续竞争的优势。

本章小结

国外绿色技术创新制度的现状为：从政策、市场、社会、法律等方面进行了系统设计和制度安排，重视政策激励，完善市场制度，鼓励社会参与，加强法律保障，不断推动绿色技术创新的制度建设。国外绿色技术创新制度的经验为：政府高度重视，积极制定系统高效的科技政策；完善市场制度，促进技术创新与市场紧密结合；调动社会力量，提高公众和社会组织参与程度；强化法律保障，全力为绿色技术创新保驾护航。国外绿色技术创新制度的发展趋势为：产学研合作创新制度更加完善、绿色技术创新管理制度更加健全、军民两用技术推广机制更加系统。正是由于国外实施了一系列绿色技术创新制度，为绿色技术创新营造了良好环境，提供了坚实保障，形成了诸多世界知名绿色品牌，如实施绿色创想战略、公司环境效益与业绩实现共同增长的"通用电气"（GE），打造绿色物流链条、成立多想慈善基金的"联邦快递"（FedEx），等等。绿色技术创新制度的不断完善又进一步推动了绿色技术的研发和扩散，促进了生态建设和可持续发展。

第五章 阻碍我国绿色技术
创新的制度因素

上一章分析了国外绿色技术创新制度的现状、经验和发展趋势，本章将着重分析阻碍我国绿色技术创新的制度因素。绿色技术创新是实现经济、社会、生态可持续发展的必要条件，没有绿色技术创新，就不可能有真正意义上的可持续发展。但是，绿色技术创新仍然面临一些深层次的问题和障碍。这些问题和障碍制约着绿色技术创新向着更广和更深的方向发展。

第一节 我国绿色技术创新的实践探索

我国在绿色技术创新方面进行了认真探索，取得了较快发展。主要采取了以下措施：开展技术推广试点，化解产能严重过剩；研发推广信息技术，推进电子政务建设；文化科技融合创新，转变文化发展方式；制定诸多法律法规，法治保障技术进步。

一 开展技术推广试点，化解产能严重过剩

我国自 2005 年以来，开展了技术推广试点工作。"技术推广试点，主要以节能、低碳技术为试点对象，在开展试点的城市内通过政府补贴、信息公开等方式刺激市场对该技术的需求，从而培

育市场需求。"① 在开展试点工作时，采用综合示范和专题领域示范并行的方式，强调资源环境目标和经济目标的有机结合。在此基础上，我国的绿色技术得到推广。通过开展"循环经济示范试点城市"，在全国100多个城市推广了先进的循环经济技术，包括废物综合利用技术、可回收利用技术、绿色再制造技术、可再生能源开发利用技术等。财政部、科技部、国家能源局、住建部共同实施的"金太阳"示范项目，支持光伏发电技术在各领域的示范应用及关键技术产业化。给予光伏发电关键技术产业化和产业基础能力建设项目适当贴息或补助。

目前，我国在钢铁、水泥、电解铝、平板玻璃、船舶等行业产能严重过剩，这造成了巨大的资源浪费，加剧了市场恶性竞争，导致了生态环境恶化。化解产能严重过剩对推进产业结构调整、防范系统性金融风险、促进产业提档升级具有重要意义。2013年，国务院制定了《国务院关于化解产能严重过剩矛盾的指导意见》（以下简称《意见》），指导产能过剩行业化解工作。从技术层面来看，在《意见》中鼓励企业进行技术改造，突破核心关键技术，注重对节能、高效、绿色技术的研发和推广，增强企业创新驱动发展动力。发挥信息技术的带动和监管作用，建立产能严重过剩行业项目信息库，动态跟踪，及时进行信息公开，与国土、科技、金融、环保等部门的信息系统连接，全程实时监管。引导和调动社会组织和大众的主动性和积极性，实行全民监管。

二　研发推广信息技术，推进电子政务建设

在信息化时代，社会信息化，信息网络化。信息技术的发展和普及已经深刻改变了人们的生产与生活方式，信息技术使得某些

---

① 李佐军主编：《中国绿色转型发展报告》，中共中央党校出版社2012年版，第84页。

结构性的特征和运行相对廉价且容易被执行。比如，人们可以很轻松地在政府网站上查询公布的信息，方便快捷。《国家中长期教育改革和发展规划纲要（2010—2020）》明确指出，"信息技术对教育发展具有革命性影响，必须予以高度重视"。通过互联网，现代教育技术将以其巨大的辐射功能，成为促进教育均衡发展的有效途径。2014 年 3 月 1 日，"国家科技报告服务系统"正式面向社会公布。服务系统收录 10700 份报告，分为国家科技重大专项、国家重点基础研究发展计划（973 计划）、国家高技术研究发展计划（863 计划）、国家科技支撑计划、国家国际科技合作专项、国家重大科学仪器设备开发专项等部分。服务系统向社会公众无偿提供科技报告摘要浏览服务，公众可以很方便地了解国家科技投入所产出科技报告的基本情况，实现了科技资源的开放共享。

信息技术支撑了政府的科学高效管理。"信息技术扮演了政府至关重要之基础设施的角色。这个基础设施一旦建成，将成为压力和机遇之制度性结构的一部分。信息技术（尤其是互联网）不仅是变化的赋能者，而且是组织变化强烈的催化剂。信息技术总是受组织对它们的广泛使用方式的支配，而且必须整合到组织的每一个要素中，比如工作过程、传播渠道、协调方法、文化及权利结构等。"① 2013 年 9 月，中央纪律检查委员会、监察部网站正式开通，网站包括"信息公开""高层声音""领导活动""廉政时评""案件查处""图片新闻""廉政视频"和"媒体纵横"等板块。网站以文字、视频、图片的形式主动公开各类信息，介绍党风廉政建设和反腐败工作的新思路和新进展。通过网站的"举报指南""我要举报""举报查询"等栏目，收集各类社情民意，

---

① ［美］简·E. 芳汀：《构建虚拟政府：信息技术与制度创新》，邵国松译，中国人民大学出版社 2010 年版，第 168 页。

规范和畅通监督渠道，架起了与群众沟通的桥梁，加强了与群众的互动和交流，从制度上完善了网络反腐和党风建设。

信息技术推动了电子政务的发展，促进了制度的完善。电子政务以信息通信技术作为技术基础，实现"电子"（现代信息技术）与"政务"（政府管理）的有机融合，是一个包含理念、体制、机制、技术等多个层次的复杂领域。电子政务的基本特点是互联网和以服务为出发点，由于电子政务是通过信息化的新型生产方式进行的政务结构变革的演进过程，因此它还具有创新性、全局性和渐进性的特征。电子政务集成和优化政府管理职能、工作流程、组织结构，其实质是利用信息技术构建跨越时间、地点、部门的全天候、无缝隙的"虚拟政府"。为解决信息孤岛、数字鸿沟、有电子无政务等问题，我国高度重视电子政务的发展，将电子政务建设与政府职能转变相结合，大力建设门户网站，实施了"金桥""金网""金税"等工程，信息安全得到加强，信息资源开发利用的核心地位得到巩固，积极打造服务性政府，力争给全社会提供规范、透明、优质的管理和服务。

三　文化科技融合创新，转变文化发展方式

近年来，我国在文化产业投融资、动漫产业、数字出版等方面取得最新进展，文化与科技、市场、金融等逐步融合创新，文化产业取得了重大进展，总结起来有以下几点：第一，文化与科技融合。利用先进技术手段，全面提升信息化整体服务水平和基层公共文化服务能力。通过运用网络技术手段，文化行政部门对互联网上网服务场所实行即时动态监控，加强了管理和服务，净化了网络环境。通过运用数字技术，出版行业获得了快速发展。通过全国数字图书馆共享工程服务网络，国家数字图书馆的优秀文化信息资源服务于人们的生产和生活，提高了人们的文化品位，丰富了人们的文化生活，推动了国家公共文化服务体系建设的制

度创新。第二，文化与市场融合。为解决文化企业与资本市场之间在信息与资源上不对称的问题，中央和地方政府纷纷建设知识产权、版权、文化品牌等无形资产的评估机构和产权交易平台。2010年，"文化部文化产业投融资公共服务平台"正式上线，建设文化产业项目资料库，加快形成与文化产业配套的多层次资本市场体系。文化与金融融合趋势明显，这成为文化产业发展的显著特点。第三，文化与金融合作。文化金融合作成为我国文化产业持续快速健康发展的重要动力。2010年，颁布了《国务院关于金融支持文化产业振兴和发展繁荣的指导意见》；2013年，党的十八届三中全会提出"鼓励金融资本、社会资本、文化资源相结合"；2014年，出台了《文化部、中国人民银行、财政部关于深入推进文化金融合作的意见》。第四，文化融入社会大众。社会力量广泛参与，促进文化发展模式的多样性。国家出台了一系列税收优惠政策鼓励文化产业发展。社会各界对文化产业鼎力支持，如荣毅仁基金会捐资1亿元设立"荣毅仁基金会杂技艺术奖"。民间力量对博物馆事业热情高涨，民营博物馆成为重要的文化发展力量。

四 制定诸多法律法规，法治保障技术进步

（一）法律

法律是指由全国人民代表大会及其常务委员会依照法定程序制定的，具有普遍约束力，并可以重复使用的法律规范体系。法律规范体系以法律文件为载体。我国已经制定和发布的涉及绿色技术创新的法律主要有《中华人民共和国促进科技成果转化法》（1996）、《中华人民共和国知识产权法》（2001）、《中华人民共和国科学技术普及法》（2002）、《中华人民共和国政府采购法》（2002）、《中华人民共和国环境影响评价法》（2002）、《中华人民共和国可再生能源法》（2005）、《中华人民共和国科学技术进步法》（2007）、《中华人民共和国循环经济促进法》（2008）、《中华

人民共和国专利法》（2008）、《中华人民共和国清洁生产促进法》（2012）、《中华人民共和国环境保护税法》（2016）等多部法律。这些法律对阻碍绿色技术创新的行为进行约束、控制和惩罚，充分调动生产者、所有者和使用者的积极性，为推动绿色技术创新保驾护航。

（二）行政法规

行政法规是指根据宪法和法律，由国务院依照法定程序制定的具有普遍约束力的各类法规的总称。《中华人民共和国专利法实施细则》（2001）、《中华人民共和国知识产权海关保护条例》（2003）、《国家科学技术奖励条例》（2003）、《中华人民共和国防沙治沙法》（2005）、《全国污染源普查条例》（2007）、《公共机构节能条例》（2008）、《规划环境影响评价条例》（2009）、《放射性废物安全管理条例》（2011）、《畜禽规模养殖污染防治条例》（2013）、《农药管理条例》（2017）等都是国务院制定的行政法规。

（三）地方性法规

地方性法规是指根据宪法、法律和行政法规，由地方人民代表大会及其常委会，结合本地区实际情况，制定的仅在本行政区域内发生法律效力的规范性法律文件。地方人民代表大会及其常委会包括省级人民代表大会及其常委会、国务院批准的较大的市人民代表大会及其常委会，省（自治区）政府所在地的市人民代表大会及其常委会，自治地方的人民代表大会及其常委会。比如，《青岛市科技创新促进条例》（2011）、《南京市知识产权促进和保护条例》（2011）、《南京市节能监察条例》（2012）、《山东省专利条例》（2013）、《山东省辐射污染防治条例》（2014）、《江苏省机动车排气污染防治条例》（2014）、《无锡市促进中小企业转型发展条例》（2014）等都是地方性法规。

（四）规章

规章是指根据宪法，法律，国务院的行政法规、决定、命令，由国务院组成部门及其直属机构，省、自治区、直辖市人民政府及省、自治区政府所在地的市和经国务院批准的较大的市的人民政府，在其职权范围内，制定和发布的调整本部门或本行政区域具体行政管理事项的规范性文件。科技部先后制定和发布了《国家科技计划项目评估评审行为准则与督查办法》（2003）、《关于修改〈社会力量设立科学技术奖管理办法〉的决定》（2006）等规章；环保部先后制定了《地方环境质量标准和污染物排放标准备案管理办法》（2010）、《突发环境事件信息报告办法》（2011）等规章；全国总工会制定和发布了《关于进一步加强职工技术创新工作的意见》（2012）。北京市制定和发布了《北京市节能监察办法》（2006）、《北京市展会知识产权保护办法》（2007）、《北京市发明专利奖励办法》（2008）等规章；天津市制定和发布了《天津市关闭严重污染小化工企业暂行办法》（2005）、《天津市专利保护和管理办法》（2005）、《天津市公共机构节能办法》（2011）等规章。

第二节　阻碍我国绿色技术创新的制度现状

从整体上看，阻碍我国绿色技术创新的制度现状主要为：重约束、轻激励，重管理、轻参与，重审批、轻服务，重行政手段、轻法律保障，重经济发展、轻文化传播。具体表现为以下几个方面。

一　绿色技术创新的激励制度不健全

实施创新驱动发展战略，必须要有一部分高水平科技人员投身产业第一线。鼓励拥有科研成果、有创业意愿的科研人员投身创业。比如，2015年8月，中科院重庆绿色智能技术研究院出台规定，鼓励符合成果转化条件的科研人员申请留职创业或离职创业。2015 年 11 月，该院又公布了《促进成果转化管理办法》。但是创业激情过后，面临着政策洼地、标准缺失、资本困境、产用断链等现实困难和问题。

　　大多数企业把绿色技术创新当作负担，从源头削减与预防为主的绿色技术创新意识比较薄弱。大多数企业不愿意在研发和应用绿色技术上增加投入，忽视了绿色技术创新潜在的长期收益及巨大的发展空间。"一是资金缺乏。资金缺乏是企业绿色技术创新的重要制约因素。二是技术基础薄弱。特别是一些中小型企业，缺乏创新人才和技术力量，没有形成有效的绿色技术创新人才激励机制，不利于激发科技人员创新的积极性。三是信息不对称。由于技术市场不健全，绿色技术创新所需要的信息成本高，企业不能及时搜集和掌握绿色技术信息，影响了绿色技术创新的质量和效率。四是专利意识淡薄。"① 企业的绿色技术创新动力不足，资金缺乏，技术能力比较薄弱，导致投入犹豫，缺乏激情，创造性减弱，上下游产业链很难打通。

二　绿色技术创新的社会参与制度不充分

　　由于处于不断调整和改革之中，我国的社会参与制度仍存在诸多不容忽视的盲点区域，缺乏对社会参与的制度性规定，缺乏社会参与的保障措施。社会组织和公众等受制度环境和自身条件的限制，参与社会治理的空间有限。社会参与制度面临着制度发展滞后、社会组织管理松散、公众参与积极性不高、参与程度不稳定等问题。绿色技术创新融资体系和社会服务体系不健全。资金募集单一，没有形成完善的融资市场，多元化的风险投资主体发展不够充分。科技中介机构规模小、功能单一、各自为政、发展

---

① 周玉梅：《中国经济可持续发展研究》，吉林大学出版社 2007 年版，第 199 页。

不平衡、服务能力薄弱，难以为绿色技术创新提供系统高效优质的教育培训、管理咨询、技术评估、风险预测、法律援助等服务。

三 绿色技术创新的法律制度不完善

虽然我国在绿色技术创新方面出台了很多法律法规，但是我国的绿色技术创新法律制度仍有不完善的地方。比如，在环境与资源立法中体现了绿色技术创新，而在经济立法中没能很好反映环境效益，较少考虑环境影响和效果。再比如，为激励科技发明和应用，不断提高经济效益，促进经济社会发展，《中华人民共和国知识产权法》第22条规定，授予专利权的发明和实用新型，应当具备新颖性、创造性和实用性。在《中华人民共和国知识产权法》中并没有提到生态性，忽视了生态效益，削弱了创新主体对绿色技术的追求和投入。虽然我国先后公布了《中华人民共和国商标法》《中华人民共和国专利法》《中华人民共和国合同法》《中华人民共和国著作权法》《中华人民共和国反不正当竞争法》等法律，但是部分法律不能完全适应市场经济的要求。在我国现有的涉及绿色技术创新的法律法规中，"虽然有些规定与社会参与相关，但是由于缺乏对知情权和决策参与权的法律定位，现有法律法规中的社会参与难免流于形式和缺乏实践意义"①。跨学科、复合型的高素质知识产权人才严重匮乏，现有从业人员的业务素质亟待提高。部分企业投入大量资金和人力，结合自身实际，研发出了先进技术和产品，但被随意模仿。在执法过程中，存在着行政权力干涉执法、权力与资本凝结聚合共同牟利、有法不依、执法违法，以及守法成本高、违法成本低等一系列现象。

四 绿色技术创新的文化传播制度滞后

追名逐利、急功近利、好大喜功的思想，助长人类的贪婪，夸

---

① 李佐军主编：《中国绿色转型发展报告》，中共中央党校出版社2012年版，第166页。

大主观能动性，忽视资源的不可再生性和环境的承受程度，导致诸多自然灾害和生态问题频繁暴发，如雾霾、水土流失、荒漠化和垃圾围城等。社会公众的生态意识淡薄，刻意追求在浪费资源和污染环境基础上的新、奇、特，忽视绿色技术创新，在一定程度上影响绿色技术的研发和绿色产品的推广、使用，不利于可持续发展。没有绿色文化的构建和深化，不仅使文化建设滞后，而且直接影响到制度的完善和社会的全面进步。

第三节　我国绿色技术创新制度面临的突出矛盾

我国绿色技术创新制度面临的突出矛盾为：绿色技术创新制度建设的紧迫性与公众观念落后的矛盾，绿色技术创新制度建设的滞后性与人民群众美好期待的矛盾，绿色技术创新制度建设的重要性与法律监管缺位的矛盾。

一　紧迫性与公众观念落后的矛盾

绿色技术创新制度建设是实现可持续发展的必然要求。为在2020 年实现全面建成小康社会的宏伟目标，应大力进行绿色技术创新，而制度建设是绿色技术创新的重要保障。推进制度建设，建立长效机制成为重要举措。然而，目前公众绿色技术创新观念相对落后，绿色技术创新意识还很欠缺，公众对绿色技术创新制度建设的重要性和紧迫性认识还不够深入，过度消费、抵制创新、高碳出行、破坏环境、恶意模仿、故意购买侵权产品的行为还在一定范围内盛行。思想是行动的先导，如果不改变公众的落后观念，绿色技术创新制度建设就缺少群众基础和支持。

二　滞后性与人们美好期待的矛盾

我国绿色技术创新制度建设滞后，存在诸多需要完善的地方。

绿色技术创新的激励机制不完善、企业绿色技术创新动力不足、绿色技术创新融资体系和社会化服务体系不健全、绿色技术创新法律制度不完善等问题，影响着绿色技术创新制度建设的进程。目前，我国针对绿色消费的立法散见于其他法律法规中，还没有专门针对绿色消费的立法。随着经济社会快速发展和生活水平的提高，人们希望不断提高生活质量和品质，期待着舒适、便捷、安全、健康、幸福的生活。人民群众对美好生活的期待代表着巨大的市场需求，而绿色技术创新制度建设滞后，还不能满足群众需求，这给绿色技术创新制度建设提出了更高要求和新的挑战。

三 重要性与法律监管缺位的矛盾

绿色技术创新制度鼓励和支持绿色技术研发和扩散，激励和保障绿色技术创新，是加快产业结构调整、促进发展方式转变、推动生态文明转型的重要力量。在绿色技术创新法律法规监管和执行层面，掺入了人为因素，存在着有法不依、执法不严、监管不力的现象，绿色技术创新监管机制的职责权限不明确，执法监督缺乏民主性，执法过程透明度不高。监管松懈、排污信息不透明和违法成本过低让违法企业有恃无恐。一些地方和不法企业为逃避监管，在利益驱动下破坏环境质量监测系统，干扰监测系统正常运行，出现了企业篡改伪造监控数据、"阴阳台账"避监管、给监测探头"戴口罩"、企业自设排污标准、检测点搬出重污染区等现象。不少污染企业在依靠偷、藏、瞒、换等手段躲避环保审批监察。一些地方政府依旧停留在唯 GDP 论的政绩观上，抓 GDP 增速这一手硬，抓转方式、调结构这一手软，甚至不惜赤膊上阵编造、篡改监测数据，损害了政府的公信力。由于政府对知识产权的监管和打击力度不大，导致侵犯知识产权的行为愈演愈烈，出现企业不敢创新的局面。一些地区和部门消极执法，既损害了产权所有人的合法权益，也损害了法律的尊严。法律法规监管缺位助长了违法者的嚣张气焰，影响了创新主体的创新行为，在一定程度上阻碍了绿色技术研发和扩散，创新主体的利益得不到有效保护，创新产品的市场空间被极大限制，严重损害了公平正义，破坏了绿色技术创新法律法规在人们心中的神圣性，形成了绿色技术创新制度建设的重要性与法律法规监管缺位之间的矛盾。缺少了法律法规的强大保障，绿色技术创新将危机四伏。

第四节　我国绿色技术创新制度遭受阻碍的原因

我国绿色技术创新制度遭受阻碍的原因主要为：绿色技术创新的外部经济性问题，绿色技术创新的动力不足问题，绿色技术创新的体制机制障碍，绿色文化传播的制度构建薄弱。另外，部分法律不能完全适应市场经济发展和绿色技术创新的需求，保障力度有待加强。

一　绿色技术创新的外部经济性问题

绿色技术创新的外部经济性是指绿色技术创新是一种容易"搭便车"的行为，存在着较大的外部利益，导致市场机制失灵。1968 年，美国加州大学哈丁教授在《科学》上发表了《公地悲剧》一文，阐释了由于外部性的存在与人们追求个人利益最大化的冲突，而导致共有资源的枯竭。"权利主体缺失是造成资源生态价值公有悲剧的根源所在。公有悲剧意味着当存在一种无法界定其权利边界的价值要素时，在追求个人利益最大化的驱动下，经济主体就会产生'搭便车'的冲动，从而导致市场经济的权利规则和价值机制无法发挥作用，出现市场失灵的现象。"① 由于每个

---

① 任凤珍、张红保、焦跃辉：《环境教育与环境权论》，地质出版社 2010 年版，第 15 页。

人都能够非竞争、非排他地使用绿色技术创新成果等公共物品，私人经济主体没有积极性为公共产品买单，都希望别人生产公共产品，自己不需要任何投入便可以免费使用，出现了传统技术创新追求经济效益最大化与绿色技术创新追求经济效益、社会效益和生态利益协调发展之间的矛盾。

二　绿色技术创新的动力不足问题

社会参与的动力不足。有效的社会参与机制，能够调动社会组织和民众参与社会管理和创新的积极性、主动性和创造性，能够促进绿色技术的研发、绿色市场的开拓、绿色产品的应用，有利于推动绿色技术创新的开展。但目前我国的社会参与制度仍存在诸多不容忽视的地方，主要表现为：社会参与的制度环境有待完善，社会参与的渠道有待拓展，社会工作队伍专业化程度不高，社会参与的保障措施有待加强等。

政府的越位、错位与缺位，消解了发展动力。"越位"是指在市场经济条件下，政府将权力当作资本，形成了一种垄断，把本应作为裁判员的身份转变为运动员，全程参与市场活动，影响了市场秩序和公平竞争。"错位"是指过多行政干预导致政企关系扭曲，压抑了企业的主动性、积极性和创造性，同时挤压了中介组织的服务空间；"缺位"是指在政府把职责作为权力的负担，敷衍了事、疲于应付，不主动履行职责，在需要政府管理和服务的地方和领域，不见政府人员踪影，出现了管理盲区。我国落后产能过剩，与政府政绩考核机制片面、不作为（缺位）或小作为有关。

三　绿色技术创新的体制机制障碍

我国绿色技术创新链条存在体制机制关卡，创新和转化各个环节衔接不够紧密，绿色技术创新与经济社会发展之间的通道不够畅通，存在技术创新的"孤岛现象"。

一是激励制度不完善。我国的市场发育状况滞后于实际需要，激励制度不完善。产权交易市场不统一、信息不对称，存在着场外交易。绿色技术研发周期长、风险大、不确定性因素多，在政策支持力度上不够，很多企业不愿意在创新方面进行投入。"政策寻租"的空间仍然较大，与依靠创新相比，依靠政策或其他要素获得超常规发展的机遇更容易、获利更多。当前社会对自主创新产品存在"习惯性"疑虑，国家鼓励消费者选择自主创新产品的相应配套政策缺失，导致创新者利益往往得不到市场回报。

　　二是科研管理制度急功近利与学术腐败。科研浮躁、造假和学术腐败严重侵蚀着绿色技术创新的基础，影响着科研质量和学术水平。主要表现为：第一，以论文数量代替质量。由于一些高校和科研院所，把发表论文的数量转换为分数，作为评定职称、奖金发放、晋升职务的标准，致使部分教师和科研人员心情浮躁，急功近利，不愿在理论性强、周期性长的问题上下工夫钻研，而一味地追求发表论文的数量，对于论文的质量并不非常关心。这就形成了一种恶性循环，容易引起学术浮躁之风，影响了学术素养的培养、学术能力的锻炼和学术水平的提高。第二，在课题立项、管理和评估过程中，对基础性的科学思维方法与工具重视不够，存在"捆绑申请、分散研究、合并交账"的现象。第三，有的科研机构在理论和实验方面的成果只停留在样品、展品和礼品上，不能满足市场需求，难以转化为现实的生产力。第四，据媒体披露，科研资金仅40%用于项目，到位资金成为部分人的"圈钱"法宝。科研经费到账后，存在着吃回扣、以考察的名义外出旅游或消费等腐败现象。有的科研人员将大量精力用于搞关系、拿项目、分资金上，无法把精力集中于理论分析和实践探索，导致学术成果空、大、假，技术创新产品质量低劣。第五，由于绿色技术创新成果权属不清，科研人员没有股权，科研院所和高校难以转化，社会享受不到科学成果带来的便利，再多的发明创新也只能处于"休眠状态"。

三是应试教育制度扼杀创造性思维。我国的应试教育体系，采取灌输式的教学方法，注重对知识的记忆，以应付升学考试为目的，片面追求升学率，缺乏对学生绿色创新及其文化的熏陶和培养。应试教育重智商、轻素质，教师忙于灌输知识和强化技能训练，忽视了对学生创造思维能力的培养，抑制了学生的创新思维和创新精神，极大挫伤了学生的创造性，使学生逐渐失去了丰富的思维想象能力和主动探索精神，培养的学生难以适应工作和社会的需要。在应试教育影响下，学生缺少生态价值观的熏陶，缺乏绿色文化理念和绿色生活观念的教育，在一定程度上破坏了绿色技术创新的教育基础。

四 绿色文化传播的制度构建薄弱

文化是思维、意识和行为的基础，是一种无形的巨大力量。绿色技术创新需要创新文化营造软环境。创新文化是一种引导、激励企业创新的新型文化。创新文化能够凝聚创新理念、营造创新氛围、激发创新活力、推动创新实践。然而，我国绿色技术创新的文化支撑力度不够，有利于绿色技术创新的文化氛围仍显不足。一些企业进行绿色技术创新的主体意识较淡薄，缺乏创新的内在动力。由于受到"爱面子"的伦理价值观的影响，很多人不敢创新，恐怕创新失败会被别人小瞧，往往很容易放弃创新想法。一些企业在追求经济利益的过程中，不是想着如何创新性地提高产品质量，而是想方设法降低成本，出现把烂猪肉加工成好牛肉以及在食品内超标、超范围添加色素等不道德事件，忽略了本应承担的社会责任，这是对优秀传统文化的亵渎。存在信用文化失序现象，建立在伦理道德和文化传统基础上的"诚信"传统逐步失落，交易过程中伴随着猜疑和不信任，企业不敢轻易投资，银行不敢轻易发放贷款，市场价格信号被扭曲，这在一定程度上阻碍了绿色技术创新。

本章小结

我国绿色技术创新的实践探索为：开展技术推广试点，化解产能严重过剩；研发推广信息技术，推进电子政务建设；文化科技融合创新，转变文化发展方式；制定诸多法律法规，法治保障技术进步。

阻碍我国绿色技术创新的制度现状主要为：绿色技术创新的激励制度不健全，绿色技术创新的社会参与制度不充分，绿色技术创新的法律制度不完善、绿色技术创新的文化传播制度滞后。

我国绿色技术创新制度面临的突出矛盾为：绿色技术创新制度建设的紧迫性与公众观念落后的矛盾，绿色技术创新制度建设的滞后性与人们美好期待的矛盾，绿色技术创新制度建设的重要性与法律监管缺位的矛盾。

我国绿色技术创新制度遭受阻碍的原因主要为：绿色技术创新的外部经济性问题，绿色技术创新的动力不足问题，绿色技术创新的体制机制障碍，绿色文化传播的制度构建薄弱。另外，部分法律不能完全适应市场经济发展和绿色技术创新的需求，保障力度有待加强。

第六章　构建我国绿色技术创新的
　　　　联动制度体系

美国新制度经济学派代表人物之一道格拉斯·C.诺斯认为："制度是一个社会的游戏规则，更规范地说，它们是为决定人们的相互关系而人为设定的一些制约。"① 制度的约束、规范、引导作用能够保障决策的贯彻落实。上一章论述了阻碍我国绿色技术创新的制度因素，本章将试图构建绿色技术创新的联动制度体系。具体从构建绿色技术创新联动制度体系的原则和思路、我国绿色技术创新的联动制度体系、构建我国绿色技术创新联动制度体系的路径三节进行阐述。

第一节　构建绿色技术创新联动制度
　　　　体系的原则和思路

绿色技术创新制度供给是一项复杂的系统工程，涉及政策激励制度、现代市场制度、社会参与制度、文化提升制度、法律保障制度等诸方面。在构建绿色技术创新联动制度体系上，既要遵

---

① ［美］道格拉斯·C.诺斯：《制度、制度变迁与经济绩效》，刘守英译，上海三联书店1994年版，第1页。

循一定的原则，又要明确基本思路。

一　构建绿色技术创新联动制度体系的基本原则

（一）统筹协调原则

绿色技术创新过程是一个网络构建的过程，通过对各类资源的优化组合，生产创新产品。通过财政政策、金融政策、税收政策等，引导绿色技术创新的方向，对各类创新资源进行全面整合和系统配置，克服企业和市场的逐利性、盲目性，扫除企业和市场创新障碍，分散企业技术创新风险，不断强化信息流、知识流和技术流的形成和发展，为企业进行绿色技术创新提供物质支撑和资金支持。

（二）系统开放原则

系统是指由若干相互联系、相互作用的要素组成的具有特定功能的有机整体，具有整体性、结构性、层次性和开放性等特征。根据系统论的观点，系统开放包含对外开放和对内开放两层含义。对外开放是指向环境开放，不断从环境中引进负熵流，输出正熵流，它是系统演化的外部条件；对内开放是指系统本身的自我开放，即系统诸要素之间所进行的物质、能量和信息的传递和交换，它是系统演化的内部动力。系统开放原则要求把绿色技术创新制度视为一个系统，以系统整体目标的优化为准绳，协调系统中各分系统和各要素的相互关系，使系统完整、平衡。应把绿色技术创新制度看作一个多层次、多维度的制度体系，涵盖政府、企业、市场、社会、个人等不同层级的主体，绿色技术创新制度要在每一层次上都有反映，不能只停留在某一层次上。在绿色技术创新制度供给上，既要考虑局部，也要关注整体，还要注意局部与整体的互动。

（三）可操作性原则

绿色技术创新制度的可操作性原则是指某个具体的绿色技术创

新制度要有明确的执行主体、确定的阶段目标和切实可行的措施。如果没有明确的执行主体，再好的绿色技术创新制度，也会被束之高阁；绿色技术创新制度的推进具有阶段性和层次性，应分步实施，很难一步到位；措施得力，能快速推动绿色技术创新制度的实施，反之，则会影响整体进程。明确落实检查手段，建立健全监督制约机制，保证绿色技术创新制度的每一个阶段的任务都能顺利完成。好的制度，如果贯彻不好，就是纸上谈兵。应站在全局的高度全面思考问题。站得高，看得远是基础，关键是要高效地去落实。绿色技术创新从根本上说是利益的驱动，要提高创新的效率，增强创新的能力，增加创新的收益，使市场主体在激烈的竞争中旗开得胜。运用政府的宏观调控弥补市场的自发性、盲目性和滞后性，实现政府宏观调控与市场配置资源的优化组合，增强实践性和可操作性。

二 构建绿色技术创新联动制度体系的基本思路

构建绿色技术创新联动制度体系的基本思路是：第一，加强顶层设计。绿色技术创新制度供给应做好顶层设计，从全局出发，自上而下，驾驭全局，紧抓牵动整体和事关长远的重大问题，对各个部分进行最优化配置，制定出一套符合国家未来发展战略和目标，体现全面性、协调性和可持续发展性的制度体系。第二，营造创新环境。环境影响人，环境塑造人，环境感染人。鼓励创业成功的企业家现身说法，树立典型，积极引导，广泛宣传，通过榜样的示范作用形成创新正能量，提倡敢于创新、乐于创新、兼收并蓄、开放包容的良好氛围，营造一个统一、开放、竞争、有序、公平竞争、优胜劣汰的创新环境。第三，鼓励公众参与。政府应充分调动社会组织和公众的积极性，共同关注、参与和维护绿色技术创新。公众参与能够使具有共同利益、兴趣或关注点的社会群体，通过座谈会、听证会、咨询等方式，参与到与公众利益相关的事情中，使公众参与和专家论证、政府决策相结合，体现人民主权和民主政治。公众参与有利于及时化解矛盾冲突，保障群众合法权益，弘扬社会民主，实现社会自律，促进社会和谐稳定。

第二节　我国绿色技术创新的联动制度体系

结合第三章第四节内容，从政治、经济、社会、文化、法律层面分析，我国的绿色技术创新的联动制度体系主要包括政策激励制度、现代市场制度、社会参与制度、文化提升制度和法律保障制度。

一　五大制度对绿色技术创新的支撑

（一）我国绿色技术创新的政策激励制度

绿色技术创新政策激励制度是指为推动绿色技术创新，促进经济增长、社会进步和生态平衡，实现人与自然、人与社会的和谐发展，而由政府进行的一系列政策安排和系统设计。政府对绿色技术创新起着导向和激励作用。政府通过政策设计、项目支持、资金扶持、人才引进等激励措施，完善绿色财税政策、绿色产业政策、绿色教育政策、绿色人才政策、绿色采购政策、绿色考核政策、绿色消费政策等，不断提高绿色技术创新能力。

绿色技术创新政策激励制度的支撑作用为：第一，弥补"市场失灵"缺陷。政府对绿色技术创新的政策支持，基于"市场失灵"原理，即市场在推动绿色技术创新上存在着严重的失灵，难以有效率地配置经济资源，市场这只"看不见的手"的无能为力，使政府干预这只"看得见的手"有了理论依据和实践意义。美国经济学家萨缪尔森认为，现代经济是市场这只"看不见的手"和政府税收、支出和调节这只"看得见的手"的混合体。政府的干预可以弥补市场的不足。第二，增强企业的绿色技术创新内生动力。绿色技术创新投资大、风险高、周期长，企业不愿意投入太多资金，自发进行绿色技术创新的内生驱动力不足。政府制定完善的支持和优惠政策，营造良好的创新环境，深入企业了解现实困境，加大扶持力度和资金投入，降低企业绿色技术创新的成本，增强企业创新的主动性和积极性，引导技术创新的生态化转向。

（二）我国绿色技术创新的现代市场制度

绿色技术创新现代市场制度是指创新主体在市场机制的作用下，充分发挥市场对研发方向、要素价格、路线选择、各类创新要素配置的导向作用，紧跟市场需求，准确把握技术创新方向，以市场交易为手段，以利润最大化为目标，对各种生产要素进行创新组合、优化配置的制度。

绿色技术创新现代市场制度的支撑作用为：第一，有助于优化创新资源配置。市场是绿色技术创新的试金石，是区域创新集中的孵化器，是引导创新要素流动的关键力量。商业模式、金融资本等市场要素推动着创新资源的流动和配置，实现信息流、知识流和技术流的合理流动与有效整合。市场能够使稀缺性资源得到节约，并为其寻找替代品；能够提高资源的利用效率；能够引导产业结构调整，实现优化升级。"在市场配置下，企业研发投入专注于新技术新产品开发和商业模式创新，财政科技投入则更加注重基础前沿研究、人才培养和民生改善。"① 市场推动绿色技术创新成果尽快转变为生产力和竞争力，抢占绿色技术和绿色产业的制高点。第二，有助于应对第三次工业革命。杰里米·里夫金在《第三次工业革命》中预言，一种建立在互联网和新能源相结合基础上的新经济即将到来。在此背景下，市场和企业的作用更加突

———

① 王志刚：《健全技术创新市场导向机制》，《科技日报》2013年12月2日。

出。各主要国家都在促进科技创新体制机制的优化，希望可以更好地发挥市场的作用。第一次工业革命以 19 世纪的蒸汽机为标志，第二次工业革命以 20 世纪的电气化为基础，第三次工业革命以绿色科技为先导。国务院参事刘燕华认为，第三次工业革命的核心是"绿"和"云"。"绿"是指绿色能源、面向健康，它改变社会发展的动力；"云"是指计算机技术、网络和新型的通信系统，它影响生产过程和生活方式。[①] 刘燕华参事还指出，第三次工业革命有两个辅助的特征：一个是 3D 打印，这是生产模式在制造业发展过程中的巨大变化；另一个是生产过程变成分布式，将来要对目前的时间和空间进行重新定位。第三次工业革命的新机遇摆在面前，抓住了这次机遇，就可能成功转变经济发展方式，实现跨越式发展。

（三）我国绿色技术创新的社会参与制度

绿色技术创新社会参与制度是指 NGO、大众传媒、中介组织等在社会创新网络关系的影响下，以公众的绿色技术需求为基础，以全面提升公民科学素养和推动绿色技术创新为目标，充分整合社会各方力量，努力实现协同创新，支持绿色技术创新发展的制度。绿色技术创新社会参与制度分为有形的社会参与制度和无形的社会参与制度。有形的社会参与主要包括物质、金钱等，无形的社会参与主要包括意识、观念、情感等。它具有社会性、系统性、广泛性、集群性等特点。

绿色技术创新社会参与制度的支撑作用为：第一，为企业的社会网络创新提供支持。"企业创新行为一方面受到组织内部因素的影响，另一方面还受到产业环境的影响，但更多的是受到社会网络关系因素的影响。企业创新行为的发生、扩散和可持续性无不

---

① 转引自吴学梯、周元《创新与转型》，高等教育出版社 2013 年版，第 9 页。

受到该企业所处的社会网络关系的影响。因为每个企业的行为都是在一定的社会结构和网络关系下实施的。"① 比如,公众对环境问题的敏感程度、关注程度及对于环境问题的认知,会促进企业进行绿色技术创新。第二,增强企业应对社会风险的能力和创新活力。科技中介和金融中介促进科技成果转化和合作创新;风险资本的发展能够促进创业和创新;科技非政府组织通过建立专业分工与协作网络、建立信用评价体系等措施推动企业绿色技术创新。各个社会组织和创新主体形成了共振,促进了绿色技术创新的发展。

(四) 我国绿色技术创新的文化提升制度

绿色技术创新文化提升制度是指通过构建和谐文化,解放和发展文化生产力,提高竞争软实力,推动绿色技术创新的制度。"文化提升制度是由和谐文化内生的一整套圆融和合的精神追求、价值观念、行为规范。"② 文化提升制度为绿色技术创新提供文化支撑和精神动力。

绿色技术创新文化提升制度的支撑作用为:丹尼尔·帕特里克·莫伊尼汉认为:"保守地说,真理的中心在于,对一个社会的成功起决定作用的,是文化,而不是政治。"③ 生态文化和创新文化是文化提升制度的重要组成部分,影响着绿色技术创新。生态文化是以人为本、推动人与自然和谐相处的文化,它代表人与自然关系演进的潮流,引起人们热爱大自然、拥抱大自然、与自然和谐共存的情感共鸣。"创新文化是指有利于释放个人创造力的创

---

① 詹正茂主编:《创新型国家建设报告 (2011—2012)》,社会科学文献出版社 2012 年版,第 329 页。

② 徐庆东:《论文化提升制度与文化生产力》,《兰州学刊》2008 年第 S1 期,第 143 页。

③ [美] 塞缪尔·亨廷顿、劳伦斯·哈里森主编:《文化的重要作用——价值观如何影响人类进步》,程克雄译,新华出版社 2010 年版,第 8 页。

第六章　构建我国绿色技术创新的联动制度体系

新文化和教育制度。有利于释放个人创造力的创新文化是创新产生的源泉，而教育制度又是影响这一创新文化能否建立的关键因素。"① 越是先进的技术，如果没有正确的文化引导，就会偏离积极的方向，对人类的进步产生阻碍作用。

（五）我国绿色技术创新的法律保障制度

绿色技术创新法律保障制度是指围绕绿色技术创新的全过程和各领域，通过制定严格的法律，形成具有系统性、规范性、关联性、完备性的法律体系，做到有法可依、有法必依、执法必严、违反必究的制度。在激烈的国内外市场竞争中，法律保障制度不仅保障新技术和新产品所有人在一定期限内收回研究开发成本，而且保障其获得预期的超额利润。

绿色技术创新法律保障制度的支撑作用为：法律保障制度为绿色技术创新保驾护航。它严厉打击盗版、侵权、限制竞争、谋求垄断、妨碍技术创新和技术进步的行为，不断加强反知识产权垄断限制，防范知识产权滥用行为，有利于鼓励自主知识产权的创造，提高创新主体对自主知识产权的综合运用能力，促进产业结构升级和经济发展方式转变，实现法律制度对绿色技术创新的推动和保障作用。

二　五大制度的内在关系及联动机制

绿色技术创新的政策激励制度、现代市场制度、社会参与制度、文化提升制度和法律保障制度五种制度彼此联系，相互促进，形成了联动制度体系。

第一，政策激励制度是主导。绿色技术创新具有绿色技术尚未完全成熟、市场可能拒绝绿色产品和服务、绿色人才缺乏等风险，

① 詹正茂主编：《创新型国家建设报告（2011—2012）》，社会科学文献出版社2012年版，第220页。

· 179 ·

这些风险的存在使绿色技术创新在研究、生产、市场等方面具有不确定性。目前，风险投资公司多倾向于投资处于成熟期的项目，而对早期的绿色技术创新项目不感兴趣。政府应重点推动满足企业绿色技术创新初期的融资需要，即所谓的"早期投资""天使投资"。政府综合利用财税政策、产业政策、采购政策、人才政策等，引导更多的资金投入绿色技术创新。"建议适时建立技术创新准备金制度，准许企业按照销售或营业收入的一定比例提取技术创新准备金，税前扣除，但是技术创新准备金在提取后的三年内必须陆续投入企业的研发项目，否则予以征税。这一制度如能实施，将有效促进企业内部的技术创新投资。"① 政府通过实施绿色采购政策，能够调动企业研发和生产的积极性和创造性，激发创新主体的创新激情，提供持续的动力。

第二，现代市场制度是平台。价格、竞争、供求构成市场的基本要素，它们之间的相互作用构成市场经济的运行机制。市场过程是一个对绿色技术创新进行组织的过程，绿色技术创新离不开市场的引导和需求的刺激，市场为绿色技术创新提供了广阔的平台，绿色技术成果能否实现产业化，在很大程度上取决于市场需求、市场容量和市场潜力。现代市场制度要求所有市场主体平等交易，优化资源配置，加快技术创新信息流动的速度。现代市场制度具有健全的市场机制、完整的市场体系、比较发达的市场中介组织、严密的市场规则等特征，在现代市场环境中，作为市场竞争主体的企业应紧紧围绕市场需求进行绿色研发和生产，增加绿色技术产品和服务的附加价值，推动绿色技术创新的生态化和规模化发展，从而在市场竞争中取得优势。

第三，社会参与制度是补充。绿色技术创新离不开公众和社会

---

① 韩光宇、方江山主编：《研究式学习的结晶》，人民出版社 2010 年版，第 19 页。

组织的积极参与。公众对绿色技术创新有着一定的需求渴望，这会转化为绿色创新意识，充分调动公众的参与热情，能够为绿色技术创新奠定群众基础。社会公众具有一定的监督作用，他们可以利用网络、微信、飞信等新媒体手段，迅速曝光和传播侵犯知识产权、破坏绿色技术创新的行为。作为公共服务的提供主体之一，社会组织包括社会团体、基金会、民办非企业单位等，它们是市场经济的产物，是我国国民经济和社会事业的重要组成部分，具有效率高、成本低、专业性强的特点。民政部规定对科技类、城乡社区服务类社会组织实行直接登记，这有利于激发社会组织活力，调节市场经济关系，完善公共服务体系，促进社会组织充分参与绿色技术创新。比如，中关村协会等社会组织围绕中关村自主创新示范区的发展战略、技术转移战略、标准战略、政府采购等开展研究，为政府出谋划策，提出了高质量的绿色技术创新建议。

第四，文化提升制度提供软环境。任何一个国家、民族和地区，如果想在激烈的竞争中赢得主动，就必须在不断增强经济实力、科技实力和军事实力的同时，大力提升文化软实力。文化提升制度凝聚着人们特定的观念、思想和心态，创造"和而不同"、多样共生的和谐文化。我国应立足外向、开放、多元的文化发展思路，学习借鉴国外运用先进文化推动创新的经验，加强文化传播，不断提高文化的包容性，积极打造文化产业信息、产品交易、投融资服务平台。绿色文化为绿色技术创新提供持久动力。

第五，法律保障制度进行硬约束。绿色技术创新的顺利进行，需要法律法规保驾护航，如知识产权法、反不正当竞争法、经济法、公司法、合同法、证券法、科学技术进步法、消费者权益保护法等。法律法规代表国家意志，具有强制力和硬约束，能够积极促进科技成果向现实生产力转化，大力保护创新行为和创新产品，对破坏绿色技术创新的行为进行严惩，体现了公平性和权威性，为绿色技术创新营造了良好的发展环境和制度保障。

　　总之，为推动绿色技术创新快速发展，需要政策激励制度、现代市场制度、社会参与制度、文化提升制度和法律保障制度五种制度进行联动，发挥最大合力。它们之间的关系是，政策激励制度是主导，现代市场制度是平台，社会参与制度是补充，文化提升制度提供软环境，法律保障制度进行硬约束，五者紧密相连、相互促进、相辅相成，共同推动着绿色技术创新。绿色技术创新的联动制度体系包含的各个制度之间相互联系，相辅相成，形成了复合推动力，推动绿色技术创新。

　　五大制度的内在关系及联动机制，如图2所示。

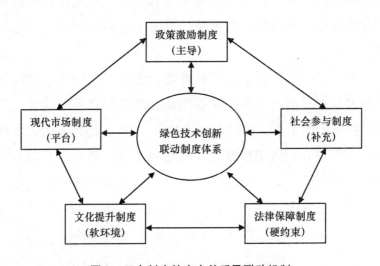

图2　五大制度的内在关系及联动机制

三　典型案例解析

　　硅谷、新竹等著名科技园区的成功经验表明，在科技创新和成果转化的过程中，制度起着巨大的推动作用。下面以中关村科技园区、上海浦东新区、天津滨海新区、杭州国家高新技术产业开发区为案例，探讨联动制度体系在推进绿色技术创新中的作用。

（一）中关村科技园区案例

中关村科技园区是全国规模最大的国家级高新区，形成了以软件、集成电路、计算机和网络、通信、生物医药、新能源、文化创意等为特色的高新技术产业集聚区。中关村科技园区坚持需求拉动创新和官产学研用协同创新，不断完善工作机制，从国家层面成立了由科技部牵头，有关部委参加的部际协调小组，组建了中关村创新平台，加大对重大产业化项目的联合推进，为中关村科技园区统筹协调发展提供了坚强的组织制度保障。推动科技与金融、技术与资本的紧密结合，构建高效的多层次资本市场，建立财政资金整合与统筹机制，开展股权激励、科技金融等方面先行先试改革，在全国率先开展企业产权制度、投融资体制、企业信用、知识产权、行政管理等方面的改革试点工作，探索了服务中小微企业融资的担保融资、信用贷款、知识产权质押贷款、信用保险和贸易融资、集合债和集合信托等一系列信贷创新试点。规范和健全技术产权交易服务功能，建成辐射全国的技术产权交易中心。积极推动建立产业技术联盟，整合高等院校、企业和中介机构等各方面创新资源，提升高等院校和科研院所创新效能，强化企业技术创新的主导能力。深入开展海外人才聚集工程、中关村高端领军人才聚集工程，建设了中关村人才特区。中关村注重发挥企业家咨询委员会、行业协会等社会组织的作用，探索建立政府、企业、公众、社会组织良性互动的管理机制。良好的制度环境、务实的制度设计、严密的制度规定、联动的制度体系，推动中关村的绿色技术创新快速发展。

（二）上海浦东新区案例

2005 年，国家正式批准上海浦东新区为综合配套改革试验区。

浦东新区坚持精简、统一、高效原则建立效能政府，培育社会力量提供公共服务，政府把大量的事务交给社会组织处理，以政府购买公共服务的形式促进社会组织的发展。深化完善投资管理制度，以及负面清单管理模式。积极进行文化领域改革，构建现代公共文化服务体系，推进文化产业融合发展。完善社会组织培育机制，建设浦东公益示范基地。深化完善科技金融服务体系，加快建设张江国家自主创新示范区，完善科技型中小微企业多元化融资模式。加快构建科技信贷、股权投资、资本市场和科技保险四大功能板块，搭建"科技金融支撑条件保障平台"。为解决中小微企业融资难题，探索了知识产权质押贷款、科技型中小企业履约保证保险贷款、科技小巨人信用贷款等方法。重视技术创新服务平台、专业技术服务平台等公共服务平台建设工作，建立了"国家、上海市、浦东新区三级政府联动，企业广泛参与、多元筹集资金"的平台建设模式。推行政府绿色采购，购买和使用符合国家绿色认证标志的产品和服务，加强政府采购与资产管理间的联动，大大提高了企业绿色投入的积极性。

（三）天津滨海新区案例

2006年，天津滨海新区开发开放上升为国家发展战略；2016年，滨海新区成为国内首个GDP过万亿元的国家级新区。滨海新区按照生态新区的理念全力建设生态产业园区，加快建设高水平现代化制造和研发转化基地，推动产业集成集约集群发展，走新型工业化协调发展之路，融高新技术区、保税区、经济开发区、国家级旅游度假村于一体，分为天津经济技术开发区、临港经济区、天津港保税区、东疆保税港区、中新天津生态城、滨海旅游区等板块，基本形成了"东航运、南重工、西高新、北旅游、中服务"五大产业板块格局，做到了集约化管理和资源共享。滨海新区在创业风险投资、产业投资基金、金融业综合改革、外汇管理、离岸金融业务等方面进行改革试验，出台了相关政策。建立了股权、碳排放、金融资产等 10 个创新型交易市场，大力实施"科技小巨人"计划，科技型中小企业达到 1.4 万家，科技进步对经济增长的贡献率达 61%，企业核心竞争力不断提高，基本形成了高端、高质、高新化的现代产业体系。在财税政策上，对符合条件的高新技术企业给予 15% 的企业所得税优惠，对内资企业给予提高计税工资标准的优惠，对企业固定资产和无形资产给予加速折旧的优惠。

（四）杭州国家高新技术产业开发区案例

杭州国家高新技术产业开发区采取差异化政策和非对称路径，精准支持和培养创新型企业发展，分别制定了关于领军企业、成长型企业、科技型初创企业的扶持政策，实施领军企业扩张工程、"瞪羚"企业提升工程、初创型科技企业成长工程。加快建设"智慧 e 谷"，完善信息产业链条，涌现出阿里巴巴、海康威视、聚光科技等优势企业。对于项目投资，采取政府引导、市场主导的模式，高新区充分发挥市场的决定性作用，采用市场化的方式对项目进行评价，与企业按比例进行投资，激发了企业发展的信心和动力。注重培育内生动力，搭建平台定期举办投融资对接会议，通过资本驱动，整合各类资源，大力建设专业孵化器和众创空间。杭州高新区谋求创新、尊重市场、培育内生动力，强化政策支持，经济保持高速持续增长，在国家高新区综合评价中居于前列。

从以上典型案例可以看出，政策激励、市场配置、社会参与、文化提升、法律保障的联动制度体系营造了绿色技术创新的良好制度环境，具有强大的复合推动力，推动着绿色技术的研发和扩散，推动着科技成果的转化与产业化，推动着产业转型和优化升级。

第三节 构建我国绿色技术创新联动
制度体系的路径

在前两节分析的基础上，本节论述了构建我国绿色技术创新联动制度体系的路径，具体为：简政放权，制定科学的政策体系；完善市场制度，强化企业的主体地位；广泛发动，大力提高社会参与程度；观念引导，弘扬绿色技术创新文化；崇尚法治，规范和完善法律保障制度。

一　简政放权，制定科学的政策体系

按照新古典经济学传统尤其是福利经济学理论，在边际私人收益与边际社会收益、边际私人成本与边际社会成本相背离的情况下，依靠自由竞争是不可能达到社会福利最大化的。因此，政府应采取适当的政策，消除这种背离，推动经济社会发展。简政放权、放管结合、优化服务，是全面深化改革特别是供给侧结构性改革的重要内容，能够有效降低各类制度性交易成本。政府以简政放权的"减法"，换来服务优化的"加法"、科技创新的"乘法"。为推动绿色技术创新，应制定和完善绿色产业政策、绿色教育政策、绿色考核政策、绿色消费政策等，同时强化生态问责，充分发挥政策的引导、激励、促进和威慑作用。

（一）绿色产业政策

1. 发展绿色农业

绿色农业以满足农业生产、生态安全和经济效益三方面要求为目标，是现代农业发展的必由之路。"绿色农业发展可以采取通过龙头企业＋基地＋农户方式的产业化经营主导型模式、以生态庭院为代表的循环农业发展模式和把农业发展与休闲娱乐相结合观光休闲农业模式。"① 2012 年，《中国现代化报告 2012——农业现代化研究》发布，指出与美国农业经济水平相比，中国约落后 100 年，农业现代化已经成为中国现代化的一块短板。② 巩固农业基础，实现农业现代化，一直是我国现代化建设的重要目标和重点任务，应按照各地自然条件、资源禀赋、发展程度、文化习俗，分类指导，突出重点，加快产业发展集约化、生产质量标准化、产销服务信息化、生产装备机械化、产业支撑科技化，梯次推进农业现代化。发展绿色农业，实现农业现代化需要绿色技术的支撑，用现代科技改造传统农业技术有助于农业的转型升级。物联网、云计算、人工智能、生物科技等绿色技术提高了农业现代化水平，引领着农业向数字化、标准化、智能化和规模化发展。农业生产和经营从现场变为远程监控，从静态变为动态监控，人们可以远程操作和自动化控制农作物的生长环境，可以在网上销售或购买绿色农产品，体验绿色农业的乐趣。条形码技术的应用，使人们在购买农产品时放心舒心。人们只要在终端查询设备上输入条形码上的数字，便可以查到商品的生产、运输、销售等各环节的信息，真正吃上"放心食品"。

2. 发展绿色工业

立足于我国总体处于工业化中期，重化工业加速发展的实际情况，应以节能降耗为目标，提质改造传统产业，推行清洁生产，发展绿色工业。发展绿色工业有利于减少工业废弃物的排放，降低废弃物对环境的污染，提高资源的利用效率。循环经济是一种新的生产模式和消费模式，是"资源—产品—再生资源"的非线

---

① 武义青、张云：《环首都绿色经济圈理念、前景与路径》，中国社会科学出版社 2011 年版，第 54—55 页。

② 参见何传启主编，中国现代化战略研究课题组、中国科学院中国现代化研究中心编《中国现代化报告 2012——农业现代化研究》，北京大学出版社 2012 年版。

性过程，是物质闭环流动和能力梯级利用的发展模式，是发展绿色工业的重要途径。按照循环经济理念，在企业生产过程中，运用生态化高新技术改造传统技术，加强对生产过程的监控，对生产末端产生的废弃物进行再分解，使其成为新的资源，可以重复利用，达到变废为宝的目的，这样既为企业节省了成本，也为实现碳循环和碳减排做出了贡献。我国正处于工业化和城镇化加速推进阶段，开展的循环经济示范试点工作、工业节能示范试点工作、低碳省区和碳交易示范试点工作，促进了绿色工业的转型和发展。

3. 发展绿色服务业

发展绿色服务业，可以从餐饮、旅游、金融、文化创意、再生资源、会展等行业入手。第一，在低碳餐饮方面，加强对原材料的购买流通、食品的制作过程等关键环节的监督，营造绿色、安全、健康的餐饮环境。第二，在低碳旅游方面，把自然景观和人文景观、城市旅游和乡村旅游、物质消费和精神消费、经济发展和生态保护结合起来，使旅客身心在景区得到放松。第三，在低碳金融方面，加强对碳金融理论和实践的研究，尽快构建和完善我国的碳交易市场，开发如低碳信贷、低碳保险等低碳金融产品。第四，在文化创意方面，着力打造一批文化创意产业园区（基地）和重点文化创意项目品牌。文化创意产业是以文化为内容、科技为支撑、创意为动力、产业为载体的一种新兴的产业形态，是文化、商业与技术的有机融合。《文化产业振兴规划》明确指出：文化创意产业要着重发展文化科技、音乐制作、艺术创作、动漫游戏等企业，增强影响力和带动力，拉动相关服务业和制造业的发展。第五，在再生资源方面，充分重视再生资源的"拾荒者"和"分解者"的双重角色，完善再生资源和垃圾分类回收体系。随着经济飞速发展，人民物质生活水平的提高，垃圾问题越来越困扰着政府部门。然而垃圾中有很多东西可以再循环，是可以开发利用的"城市矿山"，"垃圾也不过是放错了地方的资源"。发展再生资源产业有利于减少废弃物排放，降低生产成本，提高资源利用率，变废为宝，实现人与自然和谐共处，力争建设"天下无废物"的循环社会，推动绿色发展。第六，在绿色会展业方面，通过减少原材料使用和原材料再次利用的方式来发展绿色会展业将会成为会展业的潮流。会展通常会集中很多展品，在很短的时间内展览者和参观者会根据现场信息完成交易。会展经常有良好的公共影响力并在此基础上促进工业的进步。一方面，会展建设工业蓬勃发展并带来经济和社会效益；另一方面，会展建设消耗了大量的建筑材料且对其随意丢弃，造成了大量的资源浪费和环境污染。为了实现会展工业（会展业或展览业）的可持续性发展，它的建筑技术必须采用绿色发展的方式，比如低碳发展、降低资源消耗、资源再次利用、资源回收利用等，以此来提高资源和能源的使用效率，减少废物排放，从而实现经济、社会和生态效益的最大化。另外，信息服务、科技研发、商务服务、现代物流、教育培训等绿色服务业也在迅猛发展。

（二）绿色教育政策

绿色教育是一项基础性、系统性和长期性的工程，是绿色发展的助推器，为绿色技术创新注入活力。吴学梯、周元认为，"要摒弃传统等级式共享式的学习，教育要从接受者到思考者，要从单学科向跨学科、跨文化转移，同时教育要提高知识加工的能力。在新的形势下，教育体系的观念要转变，要学会扁平式的学习，学生和学生之间要互动，学生和社会之间要互动，既要分散也要合作"[①]。构建创新教育体制，增强绿色技术创新动力，可以采取

---

① 吴学梯、周元：《创新与转型》，高等教育出版社 2013 年版，第 14 页。

以下措施：第一，结合《国家中长期教育改革和发展规划纲要》要求，推进科教结合，广泛推行探究式、参与式等多种创新型教育方式方法，开展相关创新课程的设置与教学活动。第二，通过官方微博、手机短信、微信、网络电台等新媒体，运用动漫、微电影、公益广告等艺术手段，采取绿色技术创新知识问答、知识竞赛、摄影、绘画、征文等方式，大力普及绿色技术创新知识，增强教育引导力和感染力。第三，建立和完善教育云平台。教育部颁布的《教育信息化十年发展规划（2011—2020）》明确提出建立国家教育云平台，形成云服务模式，基本实现宽带网络的全面覆盖，使信息化对教育变革的促进作用充分显现。学校、培训机构等通过在互联网建立教育平台，学生通过计算机和手机上网访问教学平台来共享教学资源，并能够与教师和其他学生进行交流，在信息化环境下学生自主学习能力明显增强。比如，新东方、环球雅思等培训机构都已开通网站，学员可以自己从网上下载教程、习题等，方便快捷，实用性强。

（三）绿色考核政策

构建和规范科学、合理、完善的监测评价考核体系，充分发挥评价体系的动态预警功能。第一，坚持分类指导、区别对待的原则进行绿色考核，不同的区域具有不同的资源禀赋和不同的功能地位，不搞"一言堂"，不搞"一刀切"，不搞绝对化。第二，建立健全高新技术企业培育、认定、评估、考核、退出、投融资工作机制。严格标准开展认定工作，经认定的高新技术企业纳入重点培育范围，优先享受各类扶持企业发展的优惠政策，定期检查评估，及时掌握企业发展情况。经认定的高新技术企业，结合培育目标要求、重点任务和企业实际，认真组织制定实施方案。第三，深入探索以绿色 GDP 为核心的政绩观。建立包括经济发展指标、社会发展指标、生态发展指标在内的考核指标体系，将资源环境指标纳入对干部的考核体系，将推进绿色技术创新纳入目标管理考核和领导干部实绩考核的重要内容，加强目标考核督查。建立健全奖惩与监督机制，实行绩效与奖惩相挂钩，有效推动经济发展、资源利用和生态保护的统一。

（四）绿色消费政策

《多少算够——消费社会与地球的未来》一书向我们揭示："生活必需品消费是人类生存的基础，但随着社会的发展，消费不断被赋予新的内容，特别是在消费者社会，消费已经不仅仅是为了生存，而是更多地反映出人的财富以及自身价值被社会认可的程度。名牌产品的消费，似乎是成功人士的象征，以及人的价值的体现。在这样的消费观念指导下，社会的物质消耗成倍上涨，同样，对资源的消耗也达到了空前的水平。资源的过度消耗，不仅对于同时代不同社会阶层的人是不公平的，而且过度消费还剥夺了后代的有限资源。"① 生活质量是对人们收入水平、消费水平、心理状态、意志情感的综合反映，消费方式是生活质量的晴雨表。1958 年，美国经济学家 J. K. 加尔布雷思出版《富裕社会》一书。该书揭示了美国居民较高的物质生活水平和相对落后的精神文化状态之间的矛盾现象，启示人们美国的过度消费并没有给人们增加多少乐趣，反而在一定程度上降低了生活质量和幸福指数。

社会经济的需要，主要取决于市场的需要，而"一切需要的最终调节者都是消费者的需要"②。为满足消费者的需要，实现绿色消费，需要绿色技术创新的推动。为促进绿色技术创新，应突破以往狭隘的消费关系，避免"人类中心主义"的消费观，树立

---

① 刘铮、艾慧主编：《生态文明意识培养》，上海交通大学出版社 2012 年版，第 83 页。

② ［英］阿尔弗雷德·马歇尔：《经济学原理》（上册），朱志泰、陈良璧译，商务印书馆 1981 年版，第 111 页。

"生态整体主义"的消费观，注重人的全面发展，包括良好的心态、乐观的精神、健康的体魄、和谐的关系，实现人与人、人与自然、人与社会在消费上的公平与和谐。政府可以利用新闻媒体广泛宣传文明、节约、绿色、低碳、循环的消费理念，鼓励网上购物、视频会议、无纸化办公，对新技术产品实行消费补贴，支持企业开设绿色产品专柜，反对"面子消费"和"奢侈消费"，提倡适度消费和绿色消费。

（五）强化生态问责

近年来，我国不断强化生态问责。2015年1月，修订后的《中华人民共和国环保法》（以下简称《环保法》）实施。《环保法》进一步明确了政府对环境保护的监督管理职责，完善了生态保护红线，加大了处罚力度，重视信息公开和公众参与，被称为"史上最严环保法"。2015年4月，中共中央、国务院印发了《中共中央 国务院关于加快推进生态文明建设的意见》，指出生态文明建设是中国特色社会主义事业的重要内容，关系人民福祉，关乎民族未来，事关"两个一百年"奋斗目标和中华民族伟大复兴中国梦的实现。2015年9月，中共中央、国务院印发了《生态文明体制改革总体方案》，提出要加快建立系统完整的生态文明制度体系，为我国生态文明领域改革做出了顶层设计。2016年7月，中共中央印发了《中国共产党问责条例》，其中规定在推进生态文明建设中，出现重大失误，给党的事业和人民利益造成严重损失，产生恶劣影响的情形应当问责，并实行终身问责。2016年8月，习近平总书记在青海考察时强调，生态环境保护和生态文明建设是我国持续发展最为重要的基础。必须尊重自然、顺应自然、保护自然，筑牢国家生态安全屏障，实现经济效益、社会效益和生态效益的统一。2016年12月，中央办公厅、国务院办公厅印发了《生态文明建设目标评价考核办法》，该办法规定生态文明建设目标评价考核实行党政同责，地方党委和政府领导成员生态文明建设一岗双责。生态问责是生态文明制度的重要组成部分，是加快生态文明建设、推进绿色发展的重要方式，是提高生态治理现代化水平的必由之路。健全生态问责制度，明确问责事项和范围，规范问责程序，加大责任追究力度成为时代的呼唤。2017 年 2 月 7 日，中央办公厅、国务院办公厅公布了《关于划定并严守生态保护红线的若干意见》，明确提出 2020 年底前，全面完成全国生态保护红线划定，勘界定标，基本建立生态保护红线制度。对违反生态保护红线管控要求、造成生态破坏的，按相关规定实行责任追究。对造成生态环境和资源严重破坏的，要实行终身追责，责任人不论是否已调离、提拔或者退休，都必须严格追责、严厉问责、严肃查处。

1. 生态问责是对生态意识的现实体现

习近平总书记强调："生态兴则文明兴，生态衰则文明衰。"[①]生态问责蕴含着强烈的问题导向、价值导向和结果导向，体现着人民立场、道德坚守和生态公正。马克思在《德意志意识形态》中提出，"自然界的优先地位仍然保持着"。[②] 由于人们打破和"僭越"了"自然界的优先地位"，将人的实践活动放到了优先地位，肆无忌惮地破坏自然，才会引发生态环境恶化和资源能源枯竭，导致生态危机。面对生态危机、发展困境和时代呼唤，树立正确的生态意识，转变传统的以经济发展和 GDP 考核为主的政绩观和指挥棒，坚持绿色发展观，成为大势所趋。2015 年 10 月，党的十八届五中全会提出的五大发展理念，是马克思主义中国化的重大理论创新，其中绿色发展是促进人与自然和谐的题中之义。

---

① 转引自王丹《生态兴则文明兴、生态衰则文明衰——生态文明建设系列谈之五》，《光明日报》2015 年 5 月 8 日第 2 版。

② ［德］马克思、恩格斯：《德意志意识形态》，人民出版社 2003 年版，第 20 页。

2. 生态问责是对生态红线的制度保障

生态红线是保障和维护国家生态安全的底线和生命线，有利于维持生态平衡、保护生物多样性、支撑经济社会可持续发展。习近平总书记提出，"要牢固树立生态红线的观念。在生态环境保护问题上，不能越雷池一步，否则就应该受到惩罚"。①实践观点是辩证唯物主义认识论的首先的和基本的观点，实践是认识的来源、目的和发展动力。生态实践是人与自然相互作用的中介和桥梁，生态问责是在生态实践基础上的深刻反思和具体落实，生态红线是生态问责的重要标准。生态红线既包括法律红线，也包括道德红线，是法律硬约束和道德软环境的统一。生态红线是一个完整的体系，包括环境质量的底线、资源利用的上限、生态功能的基线。在实践操作中，耕地、森林、湿地、荒漠植被、物种等都有明确的红线指标。《关于加快推进生态文明建设的意见》明确要树立底线思维，设定并严守资源消耗上限、环境质量底线、生态保护红线，将各类开发活动限制在资源环境承载能力之内。《关于划定并严守生态保护红线的若干意见》的公布，标志着我国首次开启生态保护红线战略，形成生态保护红线全国"一张图"。

生态问责推进生态建设法治化步伐。习近平总书记指出："只有实行最严格的制度、最严密的法治，才能为生态文明建设提供可靠保障。要建立责任追究制度，对那些不顾生态环境盲目决策、造成严重后果的人，必须追究其责任，而且应该终身追究。"②近年来，新《环保法》等法律法规明确提出环境信息公开和公众参与的要求，然而环境信息公开状况并不理想。针对环保监测数据造假的问题，应该明确环保监测数据是政府公信力的反映，是不

---

① 2013 年 5 月 24 日，习近平总书记在中央政治局第六次集体学习时的讲话。
② 同上。

能碰的"高压线"。遏制企业环保数据造假现象，铲除滋生造假的土壤，必须从法律上加大处罚力度。法者，国之公器。生态文明建设要靠法治，建章立制，坚持依法行政，强化环境保护和生态建设的执法监督管理。《生态文明体制改革总体方案》提出要区分情节轻重，对造成生态环境损害的，予以诫勉、责令公开道歉、组织处理或党纪政纪处分，对构成犯罪的依法追究刑事责任。《中华人民共和国环境保护法》《中华人民共和国大气污染防治法》《中华人民共和国清洁生产促进法》《中华人民共和国水土保持法》等主线清晰、监管严密、处罚有力，能够保证生态文明建设的可持续性，体现了党中央、国务院加强生态文明建设的新举措，彰显了生态治理水平的新高度，顺应了公众对改善环境质量的新期待。

3. 生态问责是对生态实践的理性考量

生态问责体现时代性，为生态文明建设"保驾护航"。面对资源约束趋紧、环境污染严重、生态系统退化的严峻形势，建立监督机制、设置刚性约束、制定问责办法，成为加强生态文明建设的重要路径。生态危机的出现，使人们开始深刻反思工业革命，从"吃老本"的线性发展模式转向"吃利息"的循环发展模式，积极建设生态文明。生态文明建设是一个协同推进、不断完善、人与自然和谐发展的过程，生态问责为生态文明建设"保驾护航"。2015 年 5 月，《关于加快推进生态文明建设的意见》正式发布，明确建立领导干部任期生态文明建设责任制。2015 年 8 月，《党政领导干部生态环境损害责任追究办法（试行）》正式发布，指出党政领导干部生态环境损害责任追究，坚持依法依规、客观公正、科学认定、权责一致、终身追究的原则。2015 年 9 月，《生态文明体制改革总体方案》印发，强调完善生态文明绩效评价考核和责任追究制度，建立生态环境损害责任终身追究制，建立国家环境保护督察制度。2016年9月,《关于省以下环保机构监测监察执法垂直管理制度改革试点工作的指导意见》公布,强化了地方党委和政府及其相关部门的环境保护责任,把生态环境质量状况作为党政领导班子考核评价的重要内容,增强了环境监测监察执法的独立性、统一性、权威性和有效性,为建设天蓝、地绿、水净的美丽中国"保驾护航"。

生态问责把握规律性,积极维护生态平衡。习近平总书记指出:"要体现尊重自然、顺应自然、天人合一的理念,依托现有山水脉络等独特风光,让城市融入大自然,让居民望得见山、看得见水、记得住乡愁。"① 生态规律是人们在实践的基础上,在深刻反思全球性"生态危机"的过程中,总结出来的固有的、本质的、必然的联系,比如"相生相克""协调稳定""负载定额"等规律,它揭示了自然事物相互联系、相互制约、共荣共生、动态平衡的生态关系。生态问责强调人的自觉与自律,善于抓主要矛盾和矛盾的主要方面,突出生态系统的整体性、层次性、开放性和复杂性,注重低消耗、低污染、低排放、高效率、循环再生,维护生态平衡,将地球资源的有限性和人类文明进步的无限性统一起来,促进人与自然和谐发展。

生态问责凸显人民性,始终注重以人为本。习近平总书记指出,经济发展、GDP数字的加大,不是我们追求的全部,我们还要注重社会进步、文明兴盛的指标,特别是人文指标、资源指标、环境指标;我们不仅要为今天的发展努力,更要对明天的发展负责,为今后的发展提供良好的基础和可以永续利用的资源和环境。生态问责注重以人为本,把人民的利益作为一切工作的出发点和归宿,着力在治气、净水、增绿、护蓝上下工夫,不断满足人们对

① 2013年12月14日,习近平总书记在中央城镇化工作会议上的讲话。

天蓝、地绿、水净的美好生活的需求。生态问责要求对领导干部实行自然资源资产离任审计、健全自然资源资产产权制度、建立国土空间开发保护制度、健全环境信息公开制度、完善环境保护管理制度等，还人民碧水蓝天，建设美丽家园。比如，针对环保监测数据造假的问题，应坚持以人民为中心的思想，加强制度设计和安排，从硬件、软件和技术方面完善现有在线动态监测系统，提高数据造假的技术门槛；推动企业污染数据公开，通过加大监测数据公开透明力度，让企业主动接受社会各方面监督，树起不敢不愿不想造假的法律红线。引入第三方评估机构，加大专业人士对环保监测数据的核实和比较，避免监测数据受到考核评优等行政干扰。

有权必有责、有责要担当、失责必追究。对党政领导干部进行生态终身问责，对生态环境损害行为"零容忍"，突出了领导干部这个"关键少数"，抓住了落实主体责任这个"牛鼻子"，扭住了生态实践的"关键点"，举起了干部选拔任用和考核评价的"指挥棒"，推动了领导干部同戴环保"紧箍"，发挥了震慑警示效应，激发了领导干部的责任意识和担当精神，为加快生态文明建设、推进绿色发展奠定了更加坚实的基础，提供了更加强劲的动力。需要指出的是，在进行生态问责的同时，应多管齐下，加大对重点生态功能区的转移支付力度，强化对自然保护和生态修复的支持力度，完善生态补偿机制，提升生态治理能力，推进生态现代化。

二　完善市场制度，强化企业的主体地位

市场制度是资源配置的最有效手段，企业是市场活动中重要的微观经济活动的主体，官产学研合作有利于统筹和集成各类创新资源，实现创新的合力。为完善市场制度，强化企业的主体地位，需要加强绿色技术研发，形成高效的创新集群；建设官产学研用一体的协同创新网络；加强创新孵化综合服务平台建设。

（一）加强绿色技术研发，形成高效的创新集群

发挥大型企业的创新骨干作用，推进大型企业和中小企业协调发展。大型企业既是本行业内的创新骨干和龙头，又是中小企业的领头羊。大型企业有条件申请和承担国家重大科技攻关项目；有实力购买国外先进技术，并进行引进、消化吸收和再创新；能够引领绿色技术的发展方向，带领中小企业和科研院所资源共享、优势互补，形成高效的创新集群。比如，神华集团有限责任公司推动优质产能绿色化、清洁化，在去产能的同时融入"创新、协调、绿色、开放、共享"五大发展理念，坚持传统产业清洁化、绿色化发展方向，现已掌握了一批生态保护、高效绿色开采技术，如神东矿区现代化千万吨矿井群煤炭绿色开采的理论和技术体系，宝日希勒露天矿开采与草原有效隔离、恢复原生态草原技术等，有力推动了煤炭行业向现代化生产、清洁化开采转型升级。

加强知识产权保护，积极建立学习型组织。积极开展ISO14000及环境标志和产品质量认证。ISO14000体现了产品生命周期的观念，通过对产品的全过程控制，将产生废料和能源消耗降至最低，规范企业生产和管理。以知识产权为基础，加强企业的内在动力。企业的创新主要体现在知识产权上，更体现在专利特别是发明专利上。采取办班辅导、聘请专家等方式，力争多申报专利。积极建立学习型组织，激发创新活力。"学习型组织"最初是由美国麻省理工学院教授彼得·圣吉和他的同事们提出来的。"建立学习型组织，有利于企业内部沟通，使员工理解企业的发展战略与目标，从而使研发人员对自己的任务带有使命感，更投入地工作。由于学习型组织鼓励组织成员有多样化的观点和意见，研发人员也容易从中得到启示和构想，实际上不仅研发人员投入到企业的研发工作中，而且全体员工都具有了研究创新的

意识。"① 建立学习型组织，可以形成不断超越自我的文化氛围，使企业通过不断学习提高应对和处置危机的能力，积极面对市场需求进行绿色技术研发，提高企业绿色竞争力。

注重军用技术民用化发展，实现军民融合。2016 年 3 月，中央政治局召开会议，审议通过《关于经济建设和国防建设融合发展的意见》，把军民融合发展上升为国家战略。2016 年 5 月，《国家创新驱动发展战略纲要》印发，提出深化军民融合，加快建立健全军民融合的创新体系，形成全要素、多领域、高效益的军民科技深度融合发展新格局。2017 年 1 月，中共中央政治局召开会议，决定设立中央军民融合发展委员会，由习近平任主任。中央军民融合发展委员会是中央层面军民融合发展重大问题的决策和议事协调机构，统一领导军民融合深度发展，向中央政治局、中央政治局常务委员会负责。这充分展示了党中央国务院对军民融合工作的重视，必将大力促进军民两用技术的创新、推广和军民融合产业的发展。

（二）建设官产学研用一体的协同创新网络

加强官产学研合作创新，构建优势互补、互利共赢、务实高效、开放灵活的官产学研合作新机制，有利于运用市场机制集聚创新资源，降低企业的研发成本，提高产品的质量和效益，提升产业核心竞争力。"激励企业参与和鼓励产学合作是市场经济发达国家 R&D 计划的一个基本特点。例如，美国 ATP 的激励规则突出体现了鼓励企业联合或产学研联合，韩国 HAN 计划要求民间的企业和参与应达到一定的比例，以保障研究成果和产业化的连接。"② 大力支持高校、科研单位与企业联合建立知识创新体系。积极引

---

① 鲁若愚、银路主编：《企业技术管理》，高等教育出版社 2006 年版，第 100 页。
② 樊春良：《全球化时代的科技政策》，北京理工大学出版社 2005 年版，第 236 页。

导高校和科研单位与企业联合建立重点实验室和工程技术中心，设立产学研基地，与企业组建产学研联盟，使其成为原始创新、知识创新的主力军。鼓励科技中介机构开展技术咨询、技术转让和技术服务。通过不断完善促进官产学研结合的政策环境，利用科技计划、经济和科技政策等手段，以提高产业创新能力和竞争能力为目标。总之，应进一步完善以企业为主体、高等院校和科研机构广泛参与、利益共享、风险共担的官产学研合作机制，大力培养高科技含量、高附加值、拥有自主知识产权的创新型企业，加快产业多元、产业延伸、产业升级的步伐，有效促进科技与经济的紧密结合，积极促使科技成果快速转化，实现生产力的快速发展。

案例一：中国航天科技集团公司坚持体制机制创新和科技创新双轮驱动，成功实施了以载人航天与探月、高分辨率对地观测、北斗卫星导航、新一代运载火箭等为代表的多个国家科技重大专项和重大工程，逐步形成了以卫星应用、特种装备、节能环保装备、电子信息产品等为代表的军民融合产业发展新格局。中国航天科技集团公司的专职研发人员队伍达到全体科技人员的12.9%，集团公司研发中心有效支撑了深空探测、天地一体化信息网络、重型运载火箭等国家重大科技工程和项目的论证。统筹内外部创新资源，将建设产学研用一体的协调创新网络作为提高科技创新能力的重要途径，与清华大学、上海交大等多所著名高校合建50余个产学研合作创新平台。同时，不断拓展国际交流合作，与英国、德国、意大利、荷兰等国家的大学和研究机构联合成立了16个国际研发中心。成立了航天创新基金，引导高等院校、科研院所等社会优势资源、优势力量，围绕航天发展的长远需求开展基础性和探索性研究，增强持续发展能力。

案例二：北京碧水源科技股份有限公司是 2001 年由归国留学人员在中关村创办的高科技企业。碧水源以自主研发、国际先进的膜技术，解决"水脏、水少、水不安全"的水环境问题。碧水源公司采用产学研用相结合、联盟优势整合以及国际合作多种创新模式，站在国家经济社会进步和行业发展的高度，规划企业的研发方向和创新战略，并通过行业交流以及协同创新等手段推动国内行业整体水平的不断提升。碧水源联合浙江大学建立了"浙江大学——碧水源膜与水处理技术研发中心"。中心的建设目标是充分发挥浙江大学在高科技领域技术研究和北京碧水源科技股份有限公司在产业基地、研发基地、工程设计与运营等方面的优势，研制世界一流的高性能膜材料。该中心积极研究中衬膜，并进行科研成果的产业化，中衬膜的成功研发，能够使膜成本降低40%，对于推动膜技术的应用起到良好作用。碧水源公司与高校建立联合研发中心，充分利用了高校强大的师资力量、先进的教学设施，以及在膜技术领域多年的技术积累等诸多优势，结合企业自身在产业化能力、科技成果应用、工程设计和运营等方面的优势，进行资源整合。企业是最了解市场的，由企业根据市场需求提出研究方向，联合研发中心开展研发工作，利用碧水源无可比拟的工程方面的优势，能够快速实现科研成果转化，进行实际工程验证。使建立联合研发中心的这种合作模式，成为企业创新的主要源泉，也是高校试验室成果验证的重要平台，实现校企双方的双赢，同时也对行业技术水平的提升起到了重要的推动作用。

（三）加强创新孵化综合服务平台建设

在绿色技术创新中，坚持以市场为导向，不断完善创新孵化平台，注重技术研发创新。推动企业实施信息化改造，着力构建以企业为主体、市场为导向、产学研相结合的技术创新体系，提升创新驱动发展水平。采取以奖代补的方式，支持企业与科研院所、高校合作共建产学研创新平台。实施技术创新孵化平台建设推进工程，支持企业建设技术研发平台，推动重点工程实验室和企业技术中心建设。中国石油化工集团公司积极落实"互联网＋"行动计划，建成国内最大的工业品电子商务平台——易派客并投入商业运营。中国航天科工集团公司于 2014 年启动论证并着手建设"航天科工协同制造共享平台"，即专有云平台。以此为基础，开展了线上服务、线下辅导、融资、产业化和企业化"一条龙"运行机制的探索和实践工作，开创了以专有云众创空间为平台、以"在岗创新、在职创业"机制建设为保障的内部专有云"双创"工作模式。2015 年 6 月，航天科工集团倾力打造的世界第一批、中国第一家工业互联网平台航天云网正式上线。中车青岛四方机车车辆股份有限公司以良好的产学研合作为基础，建立设计技术平台、制造技术平台和产品技术平台。中车四方股份公司长期与政府、科研机构、高等院校合作，奠定了良好的产学研合作基础。无论是与国外公司的合作，还是依托动车组项目与国内 20 多家科研院所、高校的密切合作以及与世界知名企业的合作双赢，中车四方股份公司在建立开放式技术创新体系的过程中，在向世界轨道交通客运装备最强企业的迈进中，体现了一个大企业以国际视角看世界的合作精神，其内涵就是"学习包容、博采众长、海纳百川、和谐共赢"。在知识经济和信息化时代的今天，科学技术的日新月异，企业应通过合作，搭建创新平台，才能永远走在同行业的前面，才能取得最大的效益。

创新孵化综合服务平台，应立足于激发企业，尤其是科技型中小企业的创新活力。为鼓励大众创业万众创新，落实创新驱动发展战略，充分发挥市场在资源配置中的决定性作用，更好地发挥政府作用，激发科技型中小企业技术创新活力，2015 年 1 月，科技部印发了《关于进一步推动科技型中小企业创新发展的若干意见》。加快科技型中小企业发展，对于加快转变经济发展方式、培育发展战略性新兴产业、促进全民创新创业、增强经济发展活力、建设创新型国家具有战略意义。坚持吸引聚集、分类培育、整合资源和社会融资的原则，运用"政府扶持＋市场驱动＋金融支撑"的发展模式，集聚各方资源和社会要素，加大对科技型中小企业的支持和培育。可以采取多种激励方式，比如，建立健全股权、期权、分红权等有利于激励技术创业的收益分配机制，鼓励各类社会资本设立天使投资、创业投资等股权投资基金，通过政府采购支持科技型中小企业技术创新，支持科技型中小企业聚焦"新技术、新业态、新模式"，支持科技型中小企业通过多层次资本市场体系实现改制、挂牌、上市融资等。

三　广泛发动，大力提高社会参与程度

社会参与主要包括社会组织、大众传媒、公众的积极参与。社会力量参与到绿色技术创新法律法规和标准的制定过程中，参与到绿色技术创新的社会监督和管理中，为绿色技术创新提供了坚实的社会基础和不竭动力。社会组织是现代社会管理和服务的重要主体，为社会成员提供政府和市场不能及时或全面提供的公共服务，能够有效弥补政府管理的不足和市场存在的缺陷。我国将社会组织分为社会团体、基金会和民办非企业单位三大类。社会团体包括行业性社团、学术性社团、专业性社团和联合性社团；基金会包括公募基金会和非公募基金会；民办非企业单位是由企事业单位、社会团体、公民个人等利用非国有资产举办的，从事社会服务活动的社会组织，分为教育、卫生、科技、文化等十大类。大众传媒是民生的发声器和信息沟通的桥梁，能够进行科学传播，提高影响力。公众的参与和支持为绿色技术创新奠定了坚实的群众基础。

（一）NGO 促进绿色技术创新

在国际上民间组织一般被称为 NGO（Non-Governmental Organization），指志愿性的以非营利为目的的非政府组织。非政府组织是指既不是由国家建立，也不属于国家的独立于政府的组织。非政府组织具有独特的属性：独立性、非营利性、自治性、志愿性和公益性。美国约翰·霍普金斯大学莱斯特·M. 塞拉蒙教授认为 NGO 具有五个特点：组织性、民间性、非利润分配性、自治性和志愿性。NGO 具有应对问题灵便、易见成效的优势，在政府不愿涉足或不能涉足的领域弥补"政府失灵"的不足。NGO 传播着绿色技术创新理念，影响着人们的行为，推动着绿色技术创新发展。

1. 我国 NGO 的发展

传播绿色技术创新文化离不开社会公众的参与和大力支持，而民间环保组织正是公众参与的重要载体。从 20 世纪 90 年代开始，我国涌现了一批民间环保组织。如中华环保联合会、野生动物保护协会、"自然之友"以及"北京地球村"、首都大学生环保志愿者协会等。这些民间环保组织通过组织公益活动、出版书籍、举办讲座、教育培训等方式，弘扬绿色理念，影响公共政策，推动绿色发展。下面以"自然之友"和"北京地球村"为例。第一，"自然之友"及其"羚羊车"项目。1994 年 3 月 31 日，自然之友（全称为"中国文化书院·绿文化书院"）成立。这标志着中国第一个在国家民政部注册的民间环保组织诞生。"2009 年，'羚羊车'新开设了'羚羊影院'活动，主要围绕'环保影片进校园'展开。他们每到一所学校，都会为学生播放环保影片，讲解环保现状，进行环保知识互动问答，提高了学生的环保意识。"①

---

① 刘芳主编:《中国民间环保组织》，安徽文艺出版社 2012 年版，第 7 页。

2007 年，"自然之友"开设了"自然讲堂"项目。该项目在正确传播自然科学知识的基础上，提供给公众轻松交流的环境。在学者与公众的交流中，让人们更加明白环保的重要性和紧迫性。第二，"北京地球村"。1996 年，"北京地球村"（全称"北京地球村环境教育中心"）成立。2003 年 6 月，"北京地球村推出垃圾分类绿袋子行动"方案。"绿袋子行动"是指以绿色有标志的塑料袋把占垃圾总量的 30% 左右的厨余垃圾先分出来，因为这部分垃圾最容易滋生蚊蝇和病菌，污染环境。"北京地球村"还开展了"循环巨龙"活动、发起"节能 20% 公民行动"、建立大兴环境教育基地、实施"青少年生物多样性环境教育"项目、实施"绿色列车"项目等。

2. 更好地发挥 NGO 的作用

党的十八届三中全会提出政府要创新社会治理方式，把适合由社会组织提供的公共服务和解决的事项，交由社会组织承担。这势必给 NGO 带来前所未有的机遇与挑战。NGO 在社会发展中充当重要的角色，应采取更有效的措施，让 NGO 在绿色文化传播中发挥更大的作用。第一，明确 NGO 的法律地位，用法律保护 NGO 的各种权利。第二，强化对 NGO 的多元监督。首先，实现资金流动透明化；其次，实行独立的第三方评估制度。比如在美国，作为民间非营利组织机构的美国慈善信息局，对全国基金会进行评价，每年公布四次结果。

（二）绿色技术创新的大众传媒支持

1. 大众传媒的种类

大众传媒主要由报纸、广播、电视、网络等。在大众传媒系统中，报纸的历史最久，报纸作为一种传播工具，其产生、发展和演变，与社会的高度组织化、有序化的进程是一致的，报纸以逐行的文字表达传播思想，直接影响着人们的思维习惯。广播具有极强的渗透力，快速及时，生动丰富，可以激发人们的想象力，实现传播者与听众的双向交流。电视主要是一种娱乐化媒介，拥有更多戏剧化的表现手段，具有现场感强、时效性高、信息容量大的特点。网络具有传播方式的双向交互性、传播手段的多媒体化、传播空间的全球化、传播的高效性、传播者与受众身份的隐匿性等特点。网络的发展，使社会结构趋于扁平化、网格化，引起了公民参与模式的变化。

2. 大众传媒的责任

威尔伯·施拉姆认为，"媒体很少劝人怎么想，却能成功劝说人想什么"①。大众传媒的责任是指在生态文明建设的大背景下，大众传媒在绿色文化传播过程中所应承担的法律、道德、正义、良知等公共责任和社会义务。大众传媒具有文化生成与建构功能。大众传媒将其文化生成与构建的方式运用到对绿色技术创新及其文化的传播上，将会影响全社会的创新理念、道德规范、行为准则，产生巨大的正能量。这要求媒体工作者不断提升文化品位，乐于接受创新，善于学习，不断接纳新鲜事物，让自己的思想与学识始终处于与业界精英、普通受众平等对话的状态，并从中获取策划灵感。

3. 大众传媒的作用形式

大众传媒具有三种作用形式。第一，信息传递。大众传媒是民生的发声器和信息沟通的桥梁，具有即时性、交互性、实时性强的特点。它们正确传达政府政策，客观反映民众心声，为政府制定和实施关于绿色技术创新的决策提供信息参考。第二，舆论监督。对不履行绿色责任、高污染高能耗的企业进行跟踪报道，形

---

① ［美］威尔伯·施拉姆、威廉·波特：《传播学概论》，陈亮、周立方、李启译，新华出版社1984年版，第276页。

成正确强大的舆论压力，促使企业使用绿色技术，引导企业进行绿色技术创新。第三，道德守望。坚守大众传媒在绿色文化传播过程中的道德要求，保证媒体的公益性、公信力以及权威性，时刻坚守道德高地。

4. 提高大众传媒传播能力的措施

为传播绿色技术创新及其文化，大众传媒可以从以下几方面进行努力：第一，大众传媒从业人员不断加深对绿色技术创新的学习，提高业务素质，重视培养懂创新、爱创新的传媒人才。第二，以公共利益为基础才能激起最广泛的民众参与，正确引领舆论导向，积极引导民众参与绿色文化传播。重点扶持绿色技术创新类广播电视节目，打造绿色技术创新传播媒体品牌，支持现有的关于绿色技术创新的电视广播节目，比如"绿色空间"（央视）、"绿色家园"（湖南卫视）、"绿色英雄"（天津卫视）等，并适当增加绿色技术创新类节目，提高质量，打造有影响力的媒体精品。第三，利用各方力量传播绿色技术创新。大众传媒与 NGO 结成同盟，能够弥补大众传媒缺乏相应环保知识背景的缺憾，也为 NGO 理念的传播找到了相应的途径。大众传媒与 NGO 的结合，对传播绿色技术创新起到了事半功倍的效果。第四，发挥新媒体的巨大影响力。新媒体的产生，提供了一个自由度、互动性、即时性更强的交流平台，可以在传播内容上有所创新，以丰富的内容吸引绿色技术创新的受众。

（三）培育服务绿色技术创新的科技中介组织

科技中介组织是促进科技知识产生和转移的催化剂，是联系知识创造的源头和客户公司的黏合剂，是技术产品有效供给和消费的有效渠道，是沟通企业与市场的纽带，是科技成果市场化的桥梁。"科技中介组织是以提供科学技术服务和信息服务为重点，以创业孵化与科技成果转化为核心的服务型机构。"① 应积极建立面向企业技术创新的咨询服务、教育培训、项目评估、成果转让、法律援助等中介组织，建设一支有技术专长、懂经济、会经营的经纪人队伍，实行经纪人资格审核制度，制定规范的中介行为准则，提高服务中介的服务水准。应发挥科技中介组织的教育培训作用、沟通协调作用、纽带桥梁作用、引导融入作用，以促进绿色技术更好扩散、绿色技术创新更快拓展、绿色技术创新制度更加完善。

四 观念引导，弘扬绿色技术创新文化

观念是行动的先导，观念的萌发和转变预示着实践方向的变革。在传统发展观的指导下，传统技术创新强调技术创新的经济价值，一味地追求技术创新带来的经济利润，忽视环境的承载能力；在绿色发展观的指导下，绿色技术创新重视技术创新的经济效益、社会效益和生态效益的统一，力争实现经济发展、社会稳定、生态平衡的目标。

（一）把绿色消费观念融入生活

绿色消费是一种人与自然、社会、经济、生态和谐共存的消费方式，是人类文明进步的表现，包括绿色产品、物质的回收利用、能源的有效使用等。如果不加以限制而任由人们疯狂消费，最终将造成严重浪费和资源枯竭。美国科学家艾伦·杜宁在其著作《多少算够——消费社会与地球的未来》一书中，从人类消费的角度，向人们展示疯狂消费对经济社会可持续发展的负面影响。他在书中指出：美好的生活并不是由更多的汽车、空调、预先包装好的冷冻食品和购物街组成，我们要积极转变生活方式，不断满

---

① 程琦：《国外科技中介组织现行管理模式及启示》，《科技创业月刊》2009 年第 7 期，第 71 页。

足食物和教育需要，进行充实的工作、拥有良好的居住环境和健康状况。① 因此，人们应调整消费理念，树立适度消费的价值观，即以满足当代人生存和发展的基本需求为标准，坚持绿色消费。

德国学者彼得·科斯洛夫斯基指出："如今，休闲、娱乐与文化交织在一起，文化活动与娱乐活动已不能完全离开，同时，商品消费与文化消费也融合在一起。对文化含量高、精美的产品的需求不断增加。曾经限于富裕阶层文化——审美的消费行为，如今已经普遍化，成为广泛的消费需求。"② 在现实生活中，我们应树立绿色消费观。绿色技术创新中的"绿色"，强调的是一种价值观、文明观。传统技术创新坚持急功近利思想，使人类随意利用技术征服自然，改造自然。绿色技术创新重视生态环境指标，推动经济发展与保护环境协调。消费者是进行绿色消费的重要主体，广大消费者是否认可绿色消费是决定绿色消费能否在我国切实贯彻的关键因素。因此，社会力量要加强对消费者的教育引导工作，强化绿色消费的内在动力，加强对绿色消费概念和绿色产品的宣传，增强普通百姓辨别绿色产品的真伪能力。应引导消费者转变消费模式，建立健康、合理、科学的消费习惯；对不良消费习惯和行为，给予适度的引导和曝光，用舆论、公益活动等多种方式引导消费者参与到绿色消费的活动中去。

（二）营造创新的文化环境

文化是人的存在的重要标志与符号，"是一本打开了的关于人的本质力量的书"③。创新文化是企业文化的一种表现形态，最早

---

① 参见［美］艾伦·杜宁《多少算够——消费社会与地球的未来》，毕聿译，吉林人民出版社 1997 年版，第 6 页。

② ［德］彼得·科斯洛夫斯基：《后现代文化——技术发展的社会文化后果》，毛怡红译，中央编译出版社 1999 年版，第 21 页。

③ 《马克思恩格斯全集》（第 42 卷），中共中央马克思恩格斯列宁斯大林著作编译局编译，人民出版社 1979 年版，第 127 页。

出现在惠普公司。在相互尊重和信任、敢于和乐于创新的文化氛围中，惠普公司发展迅速，逐渐成为全美第二大计算机公司。"惠普的成长历史告诉我们，在一个变动剧烈的商业环境中，使企业保持竞争力的最佳办法就是创造一种崇尚自由、原创和轻松愉快的全新的创新文化。创新文化是指能够激发和促进企业内创新思想、创新行为和创新活动产生，有利于创新实施的一种组织内在精神和外在表现相统一的综合体，主要包括有利于创新的价值观念、行为准则和制度等。"①

创新本质上是一种自由的创造性活动，它是内心自由、全面发展的个体在一种宽松的环境中激情和才华的展示。在创新活动中往往会遇到难以想象的困难，创新动机能够为创新者提供强有力的精神支撑，使"鼓励创新、支持创新、乐于创新"在全社会蔚然成风。创新活动，其本质就是一个对未知世界不断摸索和探求的过程。这必然是一个从无到有、从幼稚到成熟的过程，也必然要经历风雨的洗礼。但当创新处于一个十分脆弱的幼芽时期，抑或创新遇到挫折时，外界文化环境的合适与否，将在很大程度上影响着创新的成败。营造良好的文化环境有助于创新成功；反之，创新失败的可能性就会增大。对于创新活动，要宽容豁达、鼓励支持，而不是冷嘲热讽、吹毛求疵。进取而开明、自由而公平的文化会促进和激励绿色技术创新的发展，反之保守而奴役、愚昧而专制的文化则会阻碍和破坏绿色技术创新的发展。马克思认为："人创造环境，同样环境也创造人。"② 塞缪尔·亨廷顿认为："文化不是一个自变量。影响文化的因素包括地理位置和气候，政治以及历史的变幻无常等。关于文化与体制的关系，丹尼尔·埃通

---

① 邴红艳：《高技术企业制度变迁与创新研究》，经济管理出版社 2011 年版，第89 页。

② 《德意志意识形态》，人民出版社 1987 年版，第 33 页。

加 - 曼格尔说：'文化是制度之母'。从长远看，这当然正确。"①
一个宽松、自由、和谐、包容 的文化环境，犹如阳光和雨露之于
树木，是创新能够成功所必不可少的养分。相反，一个苛刻、刻
薄、纷争、寡德的文化环境，则如同狂风和暴雨之于树苗，是摧
毁创新的外力。因此，在创新文化的影响下，政府应出资进行公
共文化设施建设、文化惠民工程建设，开展群众文化工作，等等。
比如，推动建设城市美术馆等公共文化设施，促进文化馆建设，
完善社区文化室，建设农民书屋。

（三）塑造绿色企业文化

文化是企业凝聚力和创造力的灵魂。一个企业的竞争力，短期
靠产品，中期靠营销，长期靠文化。企业文化是企业领导者及其
团队核心在创业发展中，克服一切艰难险阻，带领全体员工奋勇
前进，不断取得胜利的精神力量和价值支持。企业文化作为一种
软实力，是企业的黏合剂。企业文化为绿色技术创新提供持续不
断的能量与动力。企业文化不是一成不变的，应随着内外环境的
变化不断发展与完善。和谐的企业文化强调人与自然的和谐共生，
强调人与社会的统一性，强调社会大系统的有机性。和谐文化的
形成与弘扬，不仅会提升全民素质，形成互相学习、共同进步的
氛围，更重要的是将绿色理念渗透到法律、制度、政策等层面，
为政府政策、市场竞争、社会参与提供思想基础、价值理念、道
德支撑、精神动力和舆论引导。应确立职工在企业中的主体地位，
增强职工参与企业管理的积极性、主动性和创造性，以平等真诚
的态度、团结温馨的氛围、务实高效的作风赢得职工的信任，获
得职工的价值认同。

---

① ［美］塞缪尔·亨廷顿、劳伦斯·哈里森主编：《文化的重要作用——价值观如何
影响人类进步》，新华出版社 2010 年版，第 37 页。

笔者先后赴南京菲尼克斯电气有限公司、皇明太阳能集团有限公司、北京小米科技有限责任公司调研企业文化建设情况。在调研的过程中，分别与企业高层、研发中心技术骨干、车间普通员工进行了座谈，广泛听取意见和建议。和谐的企业文化为上述企业的绿色技术创新和可持续发展提供了源源不断的能量和动力。

案例一：南京菲尼克斯电气有限公司的企业文化

南京菲尼克斯电气有限公司将中华优秀传统文化融合到企业文化核心价值中，对企业员工进行"入模子"培训，中西合璧，兼收并蓄。企业的核心价值观为：振奋民族精神，服务社会大众，共建和谐社会。企业的员工爱岗敬业，乐于奉献，敢于创新，企业获得了很快发展。

（1）南京菲尼克斯电气有限公司注重实践传统文化。第一，南京菲尼克斯电气有限公司以对《弟子规》的学习与实践为出发点来运用中国传统文化。《弟子规》从"入则孝、出则弟、谨、信、泛爱众、亲仁、余力学文"七方面对作为一名中国人立身处世的原则作了极全面而又深入浅出的概述，菲尼克斯的员工在认真学习《弟子规》的基础上更从以上七方面全力落实之。第二，南京菲尼克斯电气有限公司组织员工到中国传统文化实验基地进行学习实践。由于安徽省合肥市庐江汤池镇在力行传统文化道德方面成效显著，汤池镇民风淳朴，几乎所有的人都互敬互爱。企业员工在具体的生活实践中被汤池人民的品行所感染、所折服。正所谓，身教重于言教，通过实实在在的榜样示范，菲尼克斯的员工的灵魂被深深触动，真正体会到什么是道德的力量。第三，南京菲尼克斯电气有限公司为提高员工的道德品质和身体素质，为培养员工良好的生活、工作习惯，营造了和谐的工作氛围。公司充分利用每周一升国旗的机会，选择一些极具教育意义和启发性的故事作为国旗下讲话的内容，让所有员工从中领悟做人的道理。公司随处可见《弟子规》中的警句箴言，以随时提醒员工注意自己的言行举止。公司力求在生活、工作的每个细节均能体现人性化的关怀，营造一种宽松、和谐、舒适的工作环境。第四，南京菲尼克斯电气有限公司对传统文化的学习与实践并不意味着抛弃或排斥西方优秀的管理经验，而是在提高员工素质、教会员工如何做人做事的基础上，兼采西方管理方法和经验。并且，在具体的管理操作上更以西方管理方法为主，讲求效益。在南京菲尼克斯电气有限公司，中华传统文化与西方管理经验相结合，二者相互促进、并行不悖。

（2）南京菲尼克斯电气有限公司的企业文化。第一，宣扬孝道。南京菲尼克斯电气有限公司的领导层把重视孝道放到企业文化的重要位置。公司把是否孝敬老人作为考核员工的重要标准。一个知孝重孝的人，必然是一个知情重义的人，这种人对待他人是和善友好的，对待企业是忠诚的，对待社会是有责任心的。企业拥有这样的人才，就会拥有积极健康向上的动力，能够同心协力渡过一个个难关，从而获得可持续发展。第二，提倡泛爱。孔子曰：泛爱众，而亲仁。又曰：仁者爱人。在中国的传统文化中，人们是重视爱的，这是一种大爱，即泛爱。南京菲尼克斯电气有限公司的管理层提倡爱，并且从自身做起，以身作则。他们的管理被称为爱的管理，他们在企业中就像是父亲兄长，时时刻刻把员工的利益放在首位。企业有着高度的凝聚力，像是一个高效率的机器，所有的内耗都降到最低。第三，重视感恩。南京菲尼克斯电气有限公司把感恩作为企业文化的一部分，员工们懂得了感恩，就会对企业给予的一切有了更深的认识，就会全心全意为企业的发展贡献自己的力量；员工们懂得了感恩，就会对同事付出的努力汗水多一份认同，就会对所取得的成绩多一份珍惜。第四，务实务本，反省内敛。在南京菲尼克斯电气有限公司接待大厅上，挂着许多的古代先贤们的警句，如"君子务本，本立而道生"，"求有不得者皆反求诸己，其身正则天下归之"，等等。他们保持着不骄不躁、务实务本、反省内敛的作风，并把这些优良品德作为企业文化的一部分。在取得巨大成就之后依然静心发展，并不为外界的溢美之词而冲晕头脑。

案例二：皇明太阳能集团有限公司的"VVMF"绿色文化

皇明太阳能成立于 1995 年，是集太阳能光电、光热、太阳能建筑、温屏节能玻璃等系列产品研发、制造、营销于一体的大型民营股份制企业集团，已发展成为世界上最大的太阳能热水器和真空管制造基地。皇明太阳能集团有限公司坚持企业文化核心理念（VVMF），打造一流绿色品牌，塑造了良好的绿色企业文化。(1) 皇明企业文化核心理念（VVMF）。VVMF 是愿景（Vision）、价值观（Value）、使命（Mission）和信仰（Faith）的首字母缩写，构建了"VVMF"文化体系。(2) 打造一流绿色品牌。第一，绿色品牌理念：对外可信，对内自信。第二，绿色品牌传播："两个中心、三个基本点"。品牌是一个企业身份的象征，使品牌拥有"自传播力"，是品牌传播的关键。在这点上，皇明坚持品牌传播的"两个中心、三个基本点"，时刻以受众的需求为出发点，成就了皇明品牌传播的创新模式。两个中心指传播以受众为中心，做事以自己为中心。三个基本点指兴趣点、利益点、技术点。

案例三：北京小米科技有限责任公司的文化创新

小米公司是一家移动互联网行业的高新技术公司。小米手机坚持"为发烧而生"的设计理念，凭借"专注、极致、口碑、快"的创业理念，本着"软件＋硬件＋互联网服务"的"铁人三项"

发展战略，取得了骄人成绩。小米公司打造"米粉文化"。"米粉文化"追寻兢兢业业的精神，包含了一种情感共鸣。小米与消费者是朋友关系，颠覆了传统手机企业和消费者之间的买卖关系。粉丝经济的启发，MIUI 每周迭代更新几十甚至上百个功能，其中有1/3的需求是由来自全球 20 多个国家的数百万"米粉"。小米的互联网开发模式给了上百万"米粉"开发者互动参与的机会。

五　崇尚法治，规范和完善法律保障制度

法律法规是进行绿色技术创新的重要前提和有力保障。制定各类与绿色技术创新相适应的法律法规，完善产权法律制度、企业法律制度、市场法律制度等，能够通过监督和规范各类市场主体的行为，保证绿色创新和绿色交易行为得到有效、持续的实施与实现。

（一）完善产权法律制度

产权法律制度通过法律明确产权关系，促使产权清晰。产权清晰是指在产权归属明确的基础上，通过权力的界定，明确出资人和公司法人之间的责权利关系，使出资人职能到位。为保证产权清晰，维护市场秩序，完善的产权法律制度成为保障。通过界定和行使产权的一系列规则，建立产权激励制度、产权管理制度、产权交易制度等，使产权关系清晰化、规范化、制度化，对于披露、窃取、使用他人产权、违背产权规则的行为，根据法律规定，进行打击和惩处。产权法律制度解除了产权所有人的顾虑，保护了产权所有人在使用、交换与收益该产权时的优先权，提高了产权所有人的主动性和积极性。

（二）完善企业法律制度

企业从事绿色技术创新和自主研发成本高、投入多、风险大，企业法律制度有利于保障企业专利在一定时期内的垄断权和高额

利润。如果企业专利没有垄断权，创新成果就可能会被恶意模仿、无偿使用、快速蔓延，从而侵害了企业的合法产权利益，这样企业前期的研发投入不能很快收回，模仿者轻易取得成功，致使企业不愿意投资和从事创新，约束和调整技术创新行为，不关注知识产权保护，助长了不劳而获的恶劣风气，形成恶性循环，破坏了科技、经济与社会的协调发展。

（三）完善市场法律制度

市场是政府和企业的试金石，创新成果的市场化是创新中的重要环节。市场不断对绿色技术创新进行组织，能够减少绿色技术创新的不确定性，引导消费者的绿色需求，提高绿色技术产业化的速度和水平。市场法律制度能够营造良好的市场环境，促进公平竞争和企业技术创新，增加绿色技术产品的附加值，促使企业等创新主体在公平的市场环境中，灵活选用绿色技术创新模式，主动适用市场需求，积极研发具有经济价值、社会价值和生态价值的绿色产品，提高绿色竞争力。比如，环境部门执法人员参与环保监测数据造假等行为应以犯罪论处。"中国法院网"2016年10月29日刊文说，建议参照刑法第412条之规定，增设环保监测数据徇私舞弊罪，不以结果为认定标准，只要环保部门工作人员实施了环保数据造假行为，就以犯罪论处。如此，则补齐了《中华人民共和国刑法》打击官员对环保数据造假的短板，环保监测数据也就更具公信力，为环境整治决策提供更加科学有效的参考。

总之，绿色技术创新的过程是个复杂的系统工程，其各环节都需要相应的法律保护。可以考虑尽快制定符合绿色技术发展和创新规律的《中华人民共和国绿色技术创新法》，对绿色技术创新全过程和各方面做出明确的法律规定，还可以制定针对绿色技术创新的风险投资法、技术转让法、市场公平竞争法等。

本章小结

为大力推动绿色技术创新，需要政策激励制度、现代市场制度、社会参与制度、文化提升制度和法律保障制度五种制度进行联动，构建绿色技术创新的联动制度体系。它们之间的关系是政策激励制度是主导，现代市场制度是平台，社会参与制度是补充，文化提升制度提供软环境，法律保障制度进行硬约束，五者紧密相连、相互促进、相辅相成，共同推动着绿色技术创新。

绿色技术创新政策激励制度是指为推动绿色技术创新，促进经济增长、社会进步和生态平衡，实现人与自然、社会的和谐发展，而由政府进行的一系列政策安排和系统设计。政府应完善绿色产业政策、绿色教育政策、绿色考核政策、绿色消费政策等，注重政策的时代性、系统性和可操作性，强化生态问责，引导绿色技术创新的方向，鼓励绿色技术创新的行为。

绿色技术创新现代市场制度是指创新主体在市场机制的作用下，充分发挥市场对研发方向、要素价格、路线选择、各类创新要素配置的导向作用，紧跟市场需求，准确把握技术创新方向，以市场交易为手段，以利润最大化为目标，对各种生产要素进行创新组合、优化配置的制度。完善现代市场制度需要强化企业的主体地位，提高企业绿色技术创新能力，加强协同创新，促进官产学研合作，推进共享平台建设。

绿色技术创新社会参与制度是指NGO、大众传媒、中介组织等在社会创新网络关系的影响下，以公众的绿色技术需求为基础，以全面提升公民科学素养和推动绿色技术创新为目标，充分整合社会各方力量，努力实现协同创新，支持绿色技术创新发展的制度。绿色技术创新社会参与制度分为有形的社会参与制度和无形的社会参与制度。有形的社会参与主要包括物质、金钱等，无形的社会参与主要包括意识、观念、情感等。它具有社会性、系统性、广泛性、集群性等特点。完善社会参与制度需要充分调动 NGO、大众传媒和科技中介组织的主动性和积极性。

绿色技术创新文化提升制度是指通过构建和谐文化，解放和发展文化生产力，提高竞争软实力，推动绿色技术创新的制度。文化提升制度为绿色技术及其创新提供文化支撑和精神动力。越是先进的技术，如果没有正确的文化引导，就会偏离积极的方向，对人类的进步产生阻碍作用。完善文化提升制度需要在全社会培育创新意识和创新精神，塑造和弘扬绿色创新文化。

绿色技术创新法律保障制度是指围绕绿色技术创新的全过程和各领域，通过制定严格的法律，形成具有系统性、规范性、关联性、完备性的法律体系，做到有法可依、有法必依、执法必严、违反必究的制度。在实践中，应不断完善绿色技术创新的产权法律制度、企业法律制度和市场法律制度，保障绿色技术创新顺利进行。

结　语

  生态文明转型是当今重大的现实问题。问题的解决首先来源于对问题的认真反思和系统考量。生态文明转型符合历史发展的趋势和社会进步的主旋律，是人类走出生态危机、实现绿色发展的必由之路。生态文明转型需要技术支撑和制度保障。本书在系统分析了技术与制度的变迁和互动关系后，提出生态危机引发人们对工业文明的反思，人们渴求走向一种更高层次的文明，即生态文明；建设生态文明需要制度支持，生态文明制度需要绿色技术支撑；绿色技术发展需要绿色技术创新，绿色技术创新需要制度保障。本书基于生态文明的视角，探讨了在社会进步和文明转型中，研究和制定怎样的制度能够促进技术进步，研发和推广怎样的技术能够推动制度完善，从而在技术与制度的变迁与互动中推动生态文明转型。

  十三五规划提出创新、协调、绿色、开放、共享的发展理念，其中绿色发展是生态文明建设的必然要求，代表了当今科技和产业变革方向。推动绿色发展，离不开绿色技术的支撑，也离不开绿色制度的保障，更需要绿色技术与绿色制度的互动。2015 年 6 月，习近平总书记在贵州考察调研时强调，守住发展和生态两条底线。只有牢牢守住发展底线，才能建设美丽中国；只有牢牢守住生态底线，才能守住发展根基。2016 年 5 月 17 日，习近平总书记召开哲学社会科学工作座谈会，强调构建体现继承性、民族性、原创性、时代性、系统性、专业性的中国特色哲学社会科学，全面推进哲学社会科学各领域创新。2016 年 5 月 30 日，习近平总书记在全国科技创新大会、两院院士大会、中国科协第九次全国代表大会上发表重要讲话，指出坚持走中国特色自主创新道路，面向世界科技前沿、面向经济主战场、面向国家重大需求，加快各领域科技创新，要营造让科技成果不断涌现的土壤。习近平总书记的系列重要讲话，吹响了建设世界科技强国的号角，推动自然科学和社会科学融合发展，充分释放蕴藏在亿万人民中间的创新智慧，激发创新活力，促进绿色技术与绿色制度的双向良性互动，实现绿色生产力的发展，向绿色现代化迈进。

本书基于生态文明的视角，尝试构建绿色技术创新联动制度体系。构建绿色技术创新联动制度体系，推动绿色技术创新，促进生态文明转型是时代的要求，是社会的呼唤，沉醉于传统的进步将会追悔莫及。主要观点如下。

第一，技术是人类变革社会的重要力量，是文明转型的强大支撑，技术的进步伴随着制度的变迁。技术提高了生产力水平，满足了人们的各种需求，丰富了人们的物质文化和精神生活；技术加强了世界各地的联系，使世界成为一个紧密的整体和统一的国际大市场；技术促成资本主义社会的产生、发展，激化了资产阶级与无产阶级之间的矛盾，促使社会主义从弱到强、从理论到实践不断向前。实践证明，在社会制度处于开放、包容时期，技术会取得快速进步；在社会制度处于专制、封闭时期，技术的进步会受到遏制。技术的发展遵循着从萌芽期、成长期、成熟期到衰落期的规律。从历史实践看，在技术处于上升期（萌芽期、成长期、成熟期）时，会推动制度的完善；在技术处于衰落期时，制度促进传统技术的淘汰和新技术的萌芽、发展。技术革命既是产业革命的前提和先导，也是产业革命的技术内容，为产业革命提供技术支撑；产业革命是技术革命的结果，促进新技术的产生和发展。

第二，绿色技术为生态文明建设提供坚实的技术支撑。生态文明突破了过去"就环境论环境"、环境与发展"两张皮"、环境与发展相对立等传统观点和思想，从人类文明进步的新高度来清醒把握和全面统筹解决资源环境等一系列问题，赋予经济建设、政治建设、文化建设、社会建设以生态尺度，在更高层次上实现人与自然、资源与环境、人与社会的和谐。生态文明建设既是一场生产和生活方式的革命，也是一场价值观念、思维方式和消费观念的革命。生态文明建设应遵循生态学规律，强调人的自律与自觉，将资源的有限性与发展的无限性结合起来，以尽可能少的资源、环境代价，实现经济社会生态的可持续发展。生态文明建设需要绿色技术的支撑。笔者认为，绿色技术是指能够推动绿色发展、循环发展、低碳发展的技术总称。绿色技术包含循环技术和低碳技术，以可持续发展为理念，以循环清洁利用为准则，以低污染、高效率、可持续、集成性和智能化为主要特征。

第三，绿色技术创新是对技术创新的拓展和提升，是生态文明视域下技术创新的崭新形态。绿色技术创新是绿色技术从思想形成到推向市场的整个创新过程，是综合考虑生态需求、环境承载、资源利用、成本控制的技术创新，是实现经济转型升级的客观要求，是加快建设生态文明的重大举措，是可持续发展的重要途径。笔者认为，绿色技术创新包括两方面的含义：首先，绿色技术创新指"绿色＋技术创新"。"技术创新"是中心语；"绿色"是定语，用来限制"技术创新"，指无污染、低能耗、可循环、清洁化。这里的绿色技术创新是指一种不同于传统技术创新的发展模式。其次，绿色技术创新指"绿色技术＋创新"。"绿色技术"是主语；"创新"是谓语，用来强调绿色技术主体的行为。这里的绿色技术创新是指为促进人与自然和谐的绿色技术快速发展，而开展的各种有价值的创新性的活动。绿色技术创新是推动绿色发展、循环发展和低碳发展的必然要求，是贯彻落实科学发展观、生态文明观与和谐社会观的题中之义。推进绿色技术创新，建设生态文明，不仅仅是防止污染，而是人的价值观念、道德支撑、行为模式、制度保障、生产运行、消费状态都发生根本变化。绿色技术创新将环境因素、生态效益、社会效益融入技术创新的各个环节，推动着绿色技术不断适应新的变化，改善着人与自然、人与社会的关系，促进经济效益、社会效益和生态效益的统一。

第四，技术进步与制度变迁是一个相互渗透、互为因果、双向互动的过程，共同构成一个联系紧密、不可分割的动态结构和有机整体。首先，技术进步为制度变迁提供支撑，是制度变迁的动力源。制度变迁的过程是制度的动态变化与发展过程。在制度均衡状态下，对现存制度的改革，不会给改革者带来更大的利益，这时不会出现制度变迁的动机和力量。如果技术获得进步，就出现了获取新的潜在利益的机会，引起制度变迁。技术进步扩大了制度变迁的获利空间，增加了制度变迁的潜在利润，降低了制度变迁的成本，刺激和扩大了制度变迁的需求，引起规模报酬递增和组织形式的复杂化，促使社会关系和社会结构的改变。其次，制度变迁为技术进步提供坚实保障，是技术进步的助推器。制度变迁推动技术进步是一个多层次、立体式、系统化的过程，需要理念的引导、思维的塑造、政策的激励、市场的优化、文化的提升、社会的参与以及法律的保障。促进制度的可持续发展，应保持制度的连续性和稳定性，使新制度是旧制度的延续，而不是推倒重来，"为了有效推动创新，任何制度都应相对稳定，如果制度或同一制度下的政策经常变化，它就不利于激励技术创新。当出现新情况即原来的制度不再适合创新需要时，制度也应进行创新，以适应技术创新的需要。制度对有效激励的保障能力需要靠自身的适时创新来维持"①。应保持制度的创新性，发展要有新思路，改革要有新突破；应保持制度的开放性，为未来的技术进步预留一定的发展空间；应保持制度的节奏性，分阶段、分时期进行，以适应不同阶段的发展水平。技术进步和制度变迁的双向互动，促进了经济发展和社会进步，推动了绿色技术创新和生态文明转型。

第五，简政放权，大力进行政治体制改革，是历史发展的趋势和必然选择。通过进行政治体制改革，可以改变制度供给不足的问题，对绿色技术创新起着重要的推动作用。在制度供给导向与制度需求导向中，制度供给型改革占主导地位。政府的供给意愿和供给能力在某种程度上决定着绿色技术创新的方向、规模和速度。随着市场经济的深入发展，政府职能的转变意义重大，政府应撤出市场经济中的具体事务，加强宏观调控，避免政府失灵，调控市场失灵，营造和保障市场竞争的公平环境和良好秩序，加强对绿色技术研发和推广的支持力度，努力建设服务型、法治型政府，用制度推动技术进步，用技术促进制度完善。

第六，在大数据时代，积极推进电子政务建设，构建基于云计算模式的电子政务公共服务平台，提高政府信息化、数字化水平，加强政府门户网站建设，促进政府管理和运行制度更加完善。信息技术的每一次创新和进步，都给电子政务带来巨大的前进动力。电子政务能够促进行政价值观的更新，促进行政范式的转换，促进行政权力内容和结构的合理化，由"替民做主"转化为"由民做主"，由关注政府政策的权威性转化为关注政府政策的科学性、

---

① 钟瑛：《农业高新技术产业化创新机制研究》，科学出版社 2013 年版，第45 页。

执行力和人民群众的满意度。物联网是电子政务发展的重要内容，物联网的应用能够提升政府进行公共管理和服务的灵敏感知、实时传输和智慧处理的能力，为政府科学决策提供可靠依据。在大数据背景下，政府可以把物联网和云计算结合起来，充分利用信息技术进行舆情监测、舆论引导，重视网民心声、搜集网上民意，推动社会管理和服务创新，实现绿色技术与管理制度的有机结合。

第七，充分发挥社会组织在推动绿色技术创新中的作用。党的十八届三中全会指出："政府要创新社会治理方式，把适合由社会组织提供的公共服务和解决的事项，交由社会组织承担。"社会组织为绿色技术创新提供坚实的社会基础和不竭动力。社会组织是现代社会管理和服务的重要主体，为社会成员提供政府和市场不能及时或全面提供的公共服务，能够有效弥补政府管理的不足和市场存在的缺陷。我国将社会组织分为社会团体、基金会和民办非企业单位三大类。NGO 具有应对问题灵便、易见成效的优势，在政府不愿涉足或不能涉足的领域弥补"政府失灵"的不足。科技中介组织是促进科技知识产生和转移的催化剂，是联系知识创造的源头和客户公司的黏合剂，是技术产品有效供给和消费的渠道，是沟通企业与市场的纽带，是科技成果市场化的桥梁。应积极建立面向企业技术创新的咨询服务、教育培训、项目评估、成果转让、法律援助等中介组织，建设一支有技术专长、懂经济、会经营的经纪人队伍，实行经纪人资格审核制度，制定规范的中介行为准则，提高中介的服务水准。发挥科技中介组织的教育培训作用、沟通协调作用、纽带桥梁作用、引导融入作用，以促进绿色技术更好扩散、绿色技术创新更快拓展、绿色技术创新制度更加完善。应培育和发展规范、公正的信用鉴证中介机构。信用鉴证中介机构是稳定信用预期和规范信用秩序的重要力量，有利于消除信息不对称，为社会提供重要的咨询服务和信用规范，促进各类交易的快速开展。

第八，在全社会形成关于绿色技术创新教育的合力。统筹政府、学校、家庭、社会各方力量，鼓励和支持绿色技术创新教育。引导人们充分重视绿色技术在创新教育中的应用，把绿色技术融入日常教学和实践中，建立和完善教育云平台。教育部颁布的《教育信息化十年发展规划（2011—2020）》明确提出建立国家教育云平台，形成云服务模式，基本实现宽带网络的全面覆盖，使信息化对教育变革的促进作用充分显现。学校、培训机构等通过在互联网建立教育平台，学生通过计算机和手机上网访问教学平台来共享教学资源，并能够与教师和其他学生进行交流，在信息化环境下学生自主学习能力明显增强。比如，新东方、环球雅思等培训机构都已开通网站，学员可以自己从网上下载教程、习题等，方便快捷，实用性强。

第九，绿色技术创新的联动制度体系主要包括政策激励制度、现代市场制度、社会参与制度、文化提升制度和法律保障制度。它们之间的关系是政策激励制度是主导，现代市场制度是平台，社会参与制度是补充，文化提升制度提供软环境，法律保障制度进行硬约束，五大制度紧密相连、相互促进、相辅相成，共同推动着绿色技术创新。绿色技术创新的联动制度体系具有一定的稳定性，但又处于动态的更新过程中，而它的更新正是得益于制度与绿色技术创新互动的结果。

总之，技术和制度是文明的两个重要的维度。绿色是生命存在的基础，崇尚绿色必然成为衡量人类文明程度和社会进步的重要标志。绿色发展绝不能成为流于表面的宣传和作秀，而应将绿色发展理念融入生产和生活中，促使企业真正了解和把握市场规律，切实分析市场需求，引导人们更加注重绿色消费，共建共享绿色社会。为推动生态文明转型，实现绿色发展，应积极构建以市场为导向，以需求为基础，以政府为引导，以企业为主体，以法律为保障，以实现经济效益、社会效益和生态效益统一为目标，官产学研用紧密结合，各种创新资源高效配置和综合集成的绿色技术创新制度。当前，我国正处于社会转型时期，技术进步能够促进制度的完善，打破制度瓶颈、营造良好的制度环境能够给技术进步提供坚实保障和强大动力。因此，应特别重视技术进步的制度变革，重视技术创新的制度供给，在技术与制度的双向互动中，推动绿色技术创新制度的完善，促进经济效益、社会效益和生态效益的统一，实现经济发展、民生改善和生态建设的协调同步。

参考文献

一　马克思主义经典类

[1]《马克思恩格斯全集》（第 1 卷），中共中央马克思恩格斯列宁斯大林著作编译局编译，人民出版社 1995 年版。

[2]《马克思恩格斯选集》（第 4 卷），中共中央马克思恩格斯列宁斯大林著作编译局编译，人民出版社 1995 年版。

[3]《马克思恩格斯全集》（第 23 卷），中共中央马克思恩格斯列宁斯大林著作编译局编译，人民出版社 1972 年版。

[4]《马克思恩格斯全集》（第 42 卷），中共中央马克思恩格斯列宁斯大林著作编译局编译，人民出版社 1979 年版。

[5]《马克思恩格斯全集》（第 44 卷），中共中央马克思恩格斯列宁斯大林著作编译局编译，人民出版社 2001 年版。

[6]《马克思恩格斯全集》（第 46 卷），中共中央马克思恩格斯列宁斯大林著作编译局编译，人民出版社 2003 年版。

二　国内著作、教材、报告类

[1] 丁树荣主编：《绿色技术》，江苏科技出版社 1993 年版。

[2] 于光远：《自然辩证法百科全书》，中国大百科全书出版社 1995 年版。

[3] 尹希成：《全球问题与中国》，湖北教育出版社 1997 年版。

[4] 陈昌曙：《技术哲学引论》，科学出版社 1999 年版。

［5］陈昌曙：《哲学视野中的可持续发展》，中国社会科学出版社 2000 年版。

［6］钱俊生、骆建华：《环境、人口与可持续发展》，党建读物出版社 2000 年版。

［7］赵建军：《追问技术悲观主义》，东北大学出版社 2001 年版。

［8］虞和平：《中国现代化历程》（第 1 卷），江苏人民出版社 2001 年版。

［9］赵建军等：《科技与伦理的天平》，湖南人民出版社 2002 年版。

［10］解保军：《马克思自然观的生态哲学意蕴——"红"与"绿"结合的理论先声》，黑龙江人民出版社 2002 年版。

［11］佘正荣：《中国生态伦理传统的诠释与重建》，人民出版社 2002 年版。

［12］袁庆明：《技术创新的制度结构分析》，经济管理出版社 2003 年版。

［13］中国证券业协会编：《证券市场基础知识》，中国财政经济出版社 2003 年版。

［14］邹进泰、熊维明：《绿色经济》，山西经济出版社 2003 年版。

［15］钱俊生、余谋昌主编：《生态哲学》，中共中央党校出版社 2004 年版。

［16］黄顺基主编：《自然辩证法概论》，高等教育出版社 2004 年版。

［17］郭艳华：《走向绿色文明》，中国社会科学出版社 2004 年版。

［18］唐代兴：《生态理性哲学导论》，北京大学出版社 2005 年版。

［19］樊春良：《全球化时代的科技政策》，北京理工大学出版社 2005 年版。

［20］曲安京主编：《中国近现代科技奖励制度》，山东教育出版社 2005 年版。

[21] 沈满洪等：《绿色制度创新论》，中国环境科学出版社2005年版。

[22] 庞元正主编：《全球化背景下的环境与发展》，当代世界出版社2005年版。

[23] 于永德：《科技组织制度与农业技术进步研究》，中国农业出版社2005年版。

[24] 辛鸣：《制度论——关于制度哲学的理论建构》，人民出版社2005年版。

[25] 鲁若愚、银路主编：《企业技术管理》，高等教育出版社2006年版。

[26] 周光召主编：《当代世界科技》，中共中央党校出版社2006年版。

[27] 赵细康：《引导绿色创新——技术创新导向的环境政策研究》，经济科学出版社2006年版。

[28] 黑龙江科学技术厅编：《TRIZ理论入门导读》，黑龙江科学技术出版社2007年版。

[29] 李振基、陈小麟、郑海雷编：《生态学》，科学出版社2007年版。

[30] 姬振海主编：《生态文明论》，人民出版社2007年版。

[31] 刘超良：《制度德育论》，湖北教育出版社2007年版。

[32] 杨俊一等：《制度哲学导论》，上海大学出版社2007年版。

[33] 叶舟编：《技术与制度——水能资源开发的机理研究》，中国水利水电出版社2007年版。

[34] 杨代友：《发展模式转变与企业绿色竞争力》，中国环境科学出版社2007年版。

[35] 曹静：《一种生态时代的世界观：莫尔特曼与科布生态神学比较研究》，中国社会科学出版社2007年版。

［36］于海量：《环境哲学与科学发展观》，南京大学出版社 2007 年版。

［37］尹奇得主编：《环境与生态概论》，化学工业出版社 2007 年版。

［38］周玉梅：《中国经济可持续发展研究》，吉林大学出版社 2007 年版。

［39］李季、许艇主编：《生态工程》，化学工业出版社 2008 年版。

［40］蒋劲松、刘兵编：《科学哲学读本》，中国人民大学出版社 2008 年版。

［41］诸大建主编：《生态文明与绿色发展》，上海人民出版社 2008 年版。

［42］李承宗：《和谐生态伦理学》，湖南大学出版社 2008 年版。

［43］严立冬、刘新勇、孟慧君、罗昆：《绿色农业生态发展论》，人民出版社 2008 年版。

［44］胡晓兵、陈凡：《农业技术哲学概论》，东北大学出版社 2008 年版。

［45］陆钟武：《穿越"环境高山"——工业生态学研究》，科学出版社 2008 年版。

［46］谢家雍：《生态哲学三角三元模型初探》，人民出版社 2008 年版。

［47］傅治平：《生态文明建设导论》，国家行政学院出版社 2008 年版。

［48］诸大建：《绿色的创新——诸大建的学术日记（2006）》，同济大学出版社 2008 年版。

［49］郑宏星：《产业集群演进的制度分析》，中国社会科学出版社 2008 年版。

［50］刘大椿主编：《自然辩证法概论》，中国人民大学出版社

2008 年版。

[51] 赵克:《科学技术的制度供给》,复旦大学出版社 2008 年版。

[52] 林毅夫:《制度、技术与中国农业发展》,上海三联书店、上海人民出版社 2008 年版。

[53] 董世魁、刘世梁、邵新庆、黄晓霞主编:《恢复生态学》,高等教育出版社 2009 年版。

[54] 巴忠倓主编:《生态文明建设与国家安全》,时事出版社 2009 年版。

[55] 车纯滨编:《生态文明建设的实践——山东生态省建设》,中国环境科学出版社 2009 年版。

[56] 郭强:《竭泽而渔不可行——为什么要建设生态文明》,时事出版社 2009 年版。

[57] 崔元锋、伍昌胜、郝文杰、谭波:《绿色农业经济发展论》,人民出版社 2009 年版。

[58] 严耕、林震、杨志华:《生态文明理论构建与文化资源》,中央编译出版社 2009 年版。

[59] 郭强主编:《中国绿色发展报告》,中国时代经济出版社 2009 年版。

[60] 秦书生:《生态技术论》,东北大学出版社 2009 年版。

[61] 吴汉东主编:《知识产权制度基础理论研究》,知识产权出版社 2009 年版。

[62] 康继军:《中国转型期的制度变迁与经济增长》,科学出版社 2009 年版。

[63] 卢林主编:《制度转型及风险管理》,上海人民出版社 2010 年版。

[64] 贺俊:《科学的生产与转化》,经济管理出版社 2010 年版。

[65] 张银杰:《公司治理——现代企业制度新论》,上海财经大学

出版社 2010 年版。

[66] 崔希福：《唯物史观的制度理论研究》，北京师范大学出版社 2010 年版。

[67] 冯宗宪、谈毅、冯涛、郭杰：《风险投资理论与制度设计研究》，科学出版社 2010 年版。

[68] 谭润华编：《TRIZ 及应用技术创新过程与方法》，高等教育出版社 2010 年版。

[69] 郑海初：《正在爆发的物联网革命》，中国工商联合出版社 2010 年版。

[70] 郇庆治主编：《重建现代文明的根基——生态社会主义研究》，北京大学出版社 2010 年版。

[71] 李素芹编：《工业生态实用技术知识问答》，冶金工业出版社 2010 年版。

[72] 徐汉国、杨国安：《绿色转身：中国低碳发展》，中国电力出版社 2010 年版。

[73] 张雅静：《休闲文化生活支持体系研究》，中国社会出版社 2010 年版。

[74] 陆钟武：《工业生态学基础》，科学出版社 2010 年版。

[75] 陶良虎主编：《中国低碳经济：面向未来的绿色产业革命》，研究出版社 2010 年版。

[76] 黄承梁、余谋昌：《生态文明：人类社会全面转型》，中共中央党校出版社 2010 年版。

[77] 李士、方虹、刘春平编：《中国低碳经济发展研究报告》，科学出版社 2011 年版。

[78] 赵建军主编：《创新之道——迈向成功之路》，华夏出版社 2011 年版。

[79] 吴建平：《生态自我：人与环境的心理学探索》，中央编译出

版社 2011 年版。

[80] 陈银娥、高红贵等：《绿色经济的制度安排》，中国财政经济出版社 2011 年版。

[81] 谭文华：《科技政策与科技管理研究》，人民出版社 2011年版。

[82] 徐义中编著：《低碳社区开发指南》，中国建筑工业出版社2011 年版。

[83] 刘思华：《生态文明与绿色低碳经济发展总论》，中国财政经济出版社 2011 年版。

[84] 刘铮、刘冬梅等：《生态文明与区域发展》，中国财政经济出版社 2011 年版。

[85] 董振华：《创新实践论》，人民出版社 2011 年版。

[86] 刘大椿：《科学技术哲学概论》，中国人民大学出版社 2011年版。

[87] 李得顺主编：《哲学概论》，中国人民大学出版社 2011 年版。

[88] 王鸿生：《科学技术史》，中国人民大学出版社 2011 年版。

[89] 刘大椿、刘劲杨主编：《科学技术哲学经典导读》，中国人民大学出版社 2011 年版。

[90] 崔宗均主编：《生物质能源与废弃物资源利用》，中国农业大学出版社 2011 年版。

[91] 成良斌：《文化对我国技术创新政策的影响研究》，中国地质大学出版社 2011 年版。

[92] 李冰强、侯玉花：《循环经济视野下的企业环境责任研究》，中国社会出版社 2011 年版。

[93] 曾林：《困境与突围——科技时代人类生存问题研究》，世界图书出版广东有限公司 2011 年版。

[94] 商庆军：《转型时期的信用制度构建》，上海三联书店 2011

年版。

[95] 左峰:《中国近代工业化研究——制度变迁与技术进步互动视角》, 上海三联书店 2011 年版。

[96] 邴红艳:《高技术企业制度变迁与创新研究》, 经济管理出版社 2011 年版。

[97] 王列生:《文化制度创新论稿》, 中国电影出版社 2011 年版。

[98] 伍装:《非正式制度论》, 上海财经大学出版社 2011 年版。

[99] 陈刚:《晚清媒介技术发展与传媒制度变迁》, 上海交通大学出版社 2011 年版。

[100] 刘云浩编著:《物联网导论》, 科学出版社 2011 年版。

[101] 何传启主编:《第六次科技革命的战略机遇》, 科学出版社 2011 年版。

[102] 吴忠民:《社会公正理论十二讲》, 山东人民出版社 2012 年版。

[103] 宋晓梧主编:《社会发展转型战略》, 学习出版社 2012 年版。

[104] 詹正茂:《创新型国家建设报告 (2011—2012)》, 社会科学文献出版社 2012 年版。

[105] 农业部农村经济研究中心编:《制度创新、技术进步与现代农业发展》, 中国农业出版社 2012 年版。

[106] 鲁敏、孙友敏、李东和编著:《环境生态学》, 化学工业出版社 2012 年版。

[107] 胡鞍钢:《中国创新绿色发展》, 中国人民大学出版社 2012 年版。

[108] 李佐军主编:《中国绿色转型发展报告》, 中共中央党校出版社 2012 年版。

[109] 张文台:《生态文明十论》, 中国环境科学出版社 2012

年版。

[110] 沈满洪、程华、陆根尧等：《生态文明建设与区域经济协调发展战略研究》，科学出版社2012年版。

[111] 程伟礼、马庆等：《中国一号问题：当代中国生态文明问题研究》，学林出版社2012年版。

[112] 马翠玲：《践行循环经济，走绿色发展之路》，中国环境科学出版社2012年版。

[113] 林卿、张俊飚：《生态文明视域中的农业绿色发展》，中国财政经济出版社2012年版。

[114] 刘敏、张琳、廖佳丽等：《绿色建筑发展与推广研究》，经济管理出版社2012年版。

[115] 宋晓华、牛东晓：《基于低碳经济的发电行业节能减排路径研究》，煤炭工业出版社2012年版。

[116] 陆小成：《区域低碳创新系统：综合评价与政策研究》，中国书籍出版社2012年版。

[117] 朱葆伟、赵建军、高亮华主编：《技术的哲学追问》，中国社会科学出版社2012年版。

[118] 陶火生：《生态实践论》，人民出版社2012年版。

[119] 刘文霞：《用"深绿色"理念导引经济发展》，人民出版社2012年版。

[120] 乌云娜：《创新力》，国家行政学院出版社2012年版。

[121] 刘燕华主编：《创新模式与人才培养》，人民日报出版社2012年版。

[122] 孟赤兵、芶在坪、徐怡珊编著：《人类共同的选择：绿色低碳发展》，冶金工业出版社2012年版。

[123] 刘芳主编：《中国民间环保组织》，安徽文艺出版社2012年版。

［124］刘芳主编：《世界环保组织》，安徽文艺出版社 2012 年版。

［125］刘铮、艾慧主编：《生态文明意识培养》，上海交通大学出版社 2012 年版。

［126］潘家华、魏后凯：《中国城市发展报告：迈向城市时代的绿色繁荣》，社会科学文献出版社 2012 年版。

［127］杨天宗、季铸主编：《反思城市》，四川大学出版社 2012 年版。

［128］赵建军：《如何实现美丽中国梦，生态文明开启新时代》，知识产权出版社 2013 年版。

［129］赵建军、王治河主编：《全球视野中的绿色发展与创新——中国未来可持续发展模式探寻》，人民出版社 2013 年版。

［130］李世东、林震、杨冰之编著：《信息革命与生态文明》，科学出版社 2013 年版。

［131］王国红、陈大鹏：《低碳经济条件下的风电设备企业协作创新研究》，科学出版社 2013 年版。

［132］李季鹏：《低碳突围——中国 OEM 企业转型升级战略研究》，企业管理出版社 2013 年版。

［133］武建东主编：《深化中国电力体制改革绿皮书纲要》，光明日报出版社 2013 年版。

［134］周训芳、吴晓芙：《生态文明视野中的环境管理模式研究》，科学出版社 2013 年版。

［135］钟瑛：《农业高新技术产业化创新机制研究》，科学出版社 2013 年版。

［136］胡象明、王锋、王丽：《大型工程的社会稳定风险管理》，新华出版社 2013 年版。

［137］贾卫列、杨永岗、朱明双：《生态文明建设概论》，中央编译出版社 2013 年版。

［138］中国电信智慧农业研究组编著：《智慧农业——信息通信技术引领绿色发展》，电子工业出版社 2013 年版。

［139］涂子沛：《大数据：正在到来的数据革命，以及它如何改变政府、商业与我们的生活》，广西师范大学出版社 2013 年版。

［140］钱俊生、刘向群、余谋昌、杨发庭编：《中国资源战略的一场变革——发展资源再生产业》，中共中央党校出版社 2013 年版。

［141］贵州生态文明编辑组：《迈向生态文明新时代：贵阳行进录（2007—2012 年）》，中国人民大学出版社 2013 年版。

［142］林红主编：《生态文明建设案例教程》，中共中央党校出版社 2013 年版。

［143］姜春云：《生态新论》，新华出版社 2013 年版。

［144］李志、张华、张庆林：《高新技术企业企业家创造性研究》，重庆大学出版社 2013 年版。

［145］吴学梯、周元：《创新与转型》，高等教育出版社 2013 年版。

［146］杨德才编著：《新制度经济学》，南京大学出版社 2013 年版。

［147］竹立家：《直面风险社会》，电子工业出版社 2013 年版。

［148］常修泽等：《创新立国战略》，学习出版社 2013 年版。

［149］胡鞍钢：《中国道路与中国梦想》，浙江人民出版社 2013 年版。

［150］刘湘溶等：《我国生态文明发展战略研究》，人民出版社 2013 年版。

［151］赵建军、方玉媚：《科技·理性·创新——哲学视域中的科学技术》，北京科学技术出版社 2014 年版。

［152］欧阳志云、郑华：《生态安全战略》，学习出版社 2014 年版。

［153］王平主编：《物联网概论》，北京大学出版社 2014 年版。

［154］姚文平：《互联网金融》，中信出版社 2014 年版。

［155］张波：《移动互联网时代的商业革命》，机械工业出版社 2014 年版。

［156］杨正洪编著：《智慧城市：大数据、物联网和云计算之应用》，清华大学出版社 2014 年版。

三　中文期刊、报刊、学位论文类

［1］王鸿生：《中国近代科学技术落后原因的研究》，《中国人民大学学报》1993 年第 2 期。

［2］王伟强、盛敏之：《中国企业绿色技术创新实证研究》，《科学管理研究》1995 年第 3 期。

［3］余谋昌：《发展生态技术，创建生态文明社会》，《中国科技信息》1996 年第 5 期。

［4］刘二中：《试论我国科技成果转化率低的深层原因》，《自然辩证法研究》1996 年第 12 期。

［5］吴晓波、杨发明：《绿色技术的创新和扩散》，《科研管理》1996 年第 1 期。

［6］杨发明、许庆瑞、吕燕：《绿色技术创新功能源研究》，《科研管理》1997 年第 3 期。

［7］张亚雷、顾国维：《绿色技术与可持续发展》，《中国人口·资源与环境》1997 年第 3 期。

［8］赵定涛、王士平：《绿色技术与自然、社会的协调发展》，《安徽大学学报》1997 年第 4 期。

［9］王伯鲁：《绿色技术界定的动态性》，《自然辩证法研究》1997 年第 5 期。

［10］朱祖平：《面向可持续发展的企业绿色技术创新与管理》，《中外科技政策与管理》1997 年第 8 期。

［11］杨发明、吕燕：《绿色技术创新的组合激励研究》，《科研管理》1998 年第 1 期。

［12］陈劲、刘景江、杨发明：《绿色技术创新审计实证研究》，《科学学研究》1998 年第 1 期。

［13］冯鹏志：《技术创新的社会整合机制》，《自然辩证法通讯》1998 年第 4 期。

［14］陈昌曙：《关于发展"绿色科技"的思考》，《东北大学学报》（社会科学版）1999 年第 1 期。

［15］钟晖、王建锋：《建立绿色技术创新机制》，《生态经济》2000 年第 3 期。

［16］甘德建：《论绿色技术》，《陕西环境》2000 年第 4 期。

［17］陈铭恩、李同明、雷海章：《浅析企业"绿色化"支持系统可持续设计》，《中国人口·资源与环境》2001 年第 1 期。

［18］肖广岭、柳卸林：《我国技术创新的环境问题及其对策》，《中国软科学》2001 年第 1 期。

［19］鲍健强：《从绿色运动到绿色科技》，《科学学与科学技术管理》2001 年第 2 期。

［20］李益强、李华、徐国华：《面向产品全生命周期的企业绿色物流研究》，《西安电子科技大学学报》（社会科学版）2001 年第 4 期。

［21］王蕴文：《谈科技创新的绿色理念》，《合肥工业大学学报》（社会科学版）2001 年第 4 期。

［22］龚建立、王飞绒、王存波：《政府在中小企业绿色技术创新中的地位和作用》，《中国人口·资源与环境》2002 年第 1 期。

[23] 叶薇：《中国绿色技术现状及成因分析》，《科技进步与对策》2002 年第 3 期。

[24] 王续良、崔家保、周勇：《绿色技术创新策略及其选择》，《辽宁工程技术大学学报》2002 年第 5 期。

[25] 叶子青、钟书华：《美、日、欧盟绿色技术创新比较研究》，《科技进步与对策》2002 年第 7 期。

[26] 钱俊生、彭定友：《生态价值观的哲学意蕴》，《自然辩证法研究》2002 年第 10 期。

[27] 甘德建、王莉莉：《绿色技术和绿色技术创新——可持续发展的当代形式》，《河南社会科学》2003 年第 2 期。

[28] 吴兆雪、江宏春：《自然·社会·人——关于绿色技术的哲学思考》，《学术界》2003 年第 2 期。

[29] 王予波：《论技术创新与政府行政管理制度创新》，《青海科技》2003 年第 3 期。

[30] 吴迪冲：《绿色生产企业创新》，《商业研究》2003 年第 4 期。

[31] 强雁：《美国绿色技术创新经验对创建航天绿色企业的启示》，《科技进步与对策》2003 年第 17 期。

[32] 王忠学、陈凡：《绿色技术系统观》，《理论界》2004 年第 2 期。

[33] 王伦来、黄志斌：《绿色技术创新：推动我国经济可持续发展的有效途径》，《生态经济》2004 年第 6 期。

[34] 黄涛、罗天强、李锐锋：《论政府在企业技术创新生态化中的职能》，《科学学与科学技术管理》2004 年第 8 期。

[35] 李翠锦、李万明、王太祥：《我国企业绿色技术创新的新制度经济学分析》，《现代管理科学》2004 年第 11 期。

[36] 秦书生：《复杂性视野中的绿色技术》，《科技与经济》2006

年第 6 期。

[37] 郭振中、张传庆：《关于构建绿色技术政策体系的几点思考》，《东北大学学报》（社会科学版）2007 年第 1 期。

[38] 黄中伟：《产业集群的网络创新机制和绩效》，《经济地理》2007 年第 1 期。

[39] 王克强：《略论绿色技术创新理论对传统技术创新的革命性发展》，《武汉理工大学学报》（信息与管理工程版）2007 年第 1 期。

[40] 曹克：《生态伦理视野中的技术理性批判》，《南京财经大学学报》2007 年第 2 期。

[41] 陈永申：《生态现代化、循环经济与绿色技术》，《国际技术经济研究》2007 年第 2 期。

[42] 任照阳、邓春光：《新兴绿色技术——水生植物修复技术》，《节水灌溉》2007 年第 4 期。

[43] 秦书生：《科学发展观的技术生态化导向》，《科学技术与辩证法》2007 年第 5 期。

[44] 余淑均：《对绿色技术内涵与类别的再思考》，《武汉工程大学学报》2007 年第 5 期。

[45] 姜大利、唐五湘、周飞跃：《公益性技术筛选标准研究现状与展望》，《科技管理研究》2007 年第 12 期。

[46] 方健雯、朱学新、张斌：《长江三角洲技术创新驱动机制的比较分析》，《软科学》2008 年第 2 期。

[47] 任俊华：《建设生态文明的重要思想资源——论中国古代生态伦理文明》，《伦理学研究》2008 年第 2 期。

[48] 袁正英：《绿色科技观：当代科技与伦理的结合》，《湖南社会科学》2008 年第 3 期。

[49] 丁绍兰、王睿：《绿色技术在皮革工业中的应用》，《皮革科

学与工程》2008 年第 3 期。

[50] 徐庆东：《论和谐文化制度与文化生产力》，《兰州学刊》
     2008 年第 S1 期。

[51] 关茹萍、常永莲：《以绿色制度创新促循环经济发展》，《理
     论与现代化》2009 年第 3 期。

[52] 毛明芳：《生态技术本质的多维审视》，《武汉理工大学学
     报》（社会科学版）2009 年第 5 期。

[53] 衡孝庆、邹成效：《绿色技术产业嵌入的"三化"机理》，
     《自然辩证法研究》2009 年第 7 期。

[54] 程琦：《国外科技中介组织现行管理模式及启示》，《科技创
     业月刊》2009 年第 7 期。

[55] 衡孝庆、邹成效：《绿色技术推动产业演化的路径分析》，
     《中国科技论坛》2009 年第 8 期。

[56] 秦书生：《科学发展观视野中的绿色技术创新》，《科技与经
     济》2010 年第 2 期。

[57] 张桦、田炜：《世博建筑绿色技术分析与思考》，《动感（生
     态城市与绿色建筑)》2010 年第 2 期。

[58] 余建辉、刘燕娜、石德金、林伟明：《福建省生态文明建设
     的驱动机制探讨》，《福建论坛》（人文社会科学版）2010 年
     第 2 期。

[59] 秦书生：《生态文明视野中的绿色技术》，《科技与经济》
     2010 年第 3 期。

[60] 樊宏法、邹成效：《绿色技术的价值论基础——人类中心环
     境整体论》，《伦理学研究》2010 年第 5 期。

[61] 衡孝庆、魏星梅、邹成效：《绿色技术研究综述》，《科技进
     步与对策》2010 年第 14 期。

[62] 崔震宇：《企业绿色技术创新与应用》，《思想战线》2010 年

第 S2 期。

［63］ 王克迪：《技术进步必将引发公共领域的改革》，《科学与社会》2011 年第 3 期。

［64］ 衡孝庆、邹成效：《绿色技术三问》，《自然辩证法研究》2011 年第 6 期。

［65］ 秦书生：《绿色技术创新的政策支持》，《科技与经济》2012 年第 1 期。

［66］ 邹刚：《政府绿色采购案例浅析——日本政府绿色采购法及其实施过程的启示》，《环境与可持续发展》2012 年第 5 期。

［67］ 吴守蓉、王华荣：《生态文明建设驱动机制研究》，《中国行政管理》2012 年第 7 期。

［68］ 杨发庭：《科技驱动低碳发展的政策引领》，《创新科技》2012 年第 9 期。

［69］ 王小雨、王锋正：《内蒙古资源型产业转型升级的技术创新驱动机制》，《北方经济》2012 年第 11 期。

［70］ 沈满洪：《生态文明制度的构建和优化选择》，《环境经济》2012 年第 12 期。

［71］ 易格：《绿色技术在城市设计中的运用》，《城市建设理论研究》2012 年第 22 期。

［72］ 毛牧然、陈凡：《论马克思的技术异化观及其现实意义》，《科学技术哲学研究》2013 年第 1 期。

［73］ 顾钰民：《论生态文明制度建设》，《福建论坛》（人文社会科学版）2013 年第 6 期。

［74］ 郇庆治：《论我国生态文明建设中的制度创新》，《学习论坛》2013 年第 8 期。

［75］ 赵建军：《制度体系建设：生态文明建设的"软实力"》，《中国党政干部论坛》2013 年第 12 期。

［76］杨发明：《企业绿色技术创新过程与模式研究》，博士学位论文，浙江大学，1999 年。

［77］王昕：《绿色技术创新的政府激励手段》，硕士学位论文，大连理工大学，2005 年。

［78］张文博：《绿色技术创新制度及其结构设计》，硕士学位论文，大连理工大学，2005 年。

［79］丁堃：《基于复杂适应系统理论的绿色创新系统研究》，博士学位论文，大连理工大学，2005 年。

［80］张鑫：《国家创新体系中现代社会中介组织作用机制研究》，硕士学位论文，东北师范大学，2006 年。

［81］张艳：《论绿色技术创新的法律制度体系构建》，硕士学位论文，山东师范大学，2006 年。

［82］王飞飞：《科技特派员制度运行机制研究》，硕士学位论文，中国农业科学院，2007 年。

［83］陈国玉：《绿色技术创新研究》，硕士学位论文，南昌大学，2008 年。

［84］王能东：《技术生存论》，博士学位论文，华中科技大学，2008 年。

［85］路晓非：《政府绿色采购研究》，博士学位论文，武汉理工大学，2008 年。

［86］谢玉姣：《促进绿色技术创新的财税政策研究》，硕士学位论文，西南财经大学，2009 年。

［87］陈妤丹：《绿色技术创新和制度创新问题研究》，硕士学位论文，福建师范大学，2009 年。

［88］张光宇：《企业绿色技术创新动力机制研究》，硕士学位论文，哈尔滨工业大学，2010 年。

［89］曾小平：《美国社会信用体系研究》，博士学位论文，吉林大

学，2011 年。

［90］陶庭马：《生态危机根源论》，博士学位论文，苏州大学，
2011 年。

［91］谭亮：《美国政府绿色采购制度及其对我国的启示》，硕士学
位论文，湖南师范大学，2012 年。

［92］赵建军：《加快推进生态文明制度建设》，《光明日报》2012
年 12 月 25 日。

［93］王志刚：《健全技术创新市场导向机制》，《科技日报》2013
年 12 月 2 日。

四 译著、外文原著及论文类

［1］［德］汉斯·萨克斯：《生态哲学》，文韬、佩云译，东方出
版社 1991 年版。

［2］［美］道格拉斯·C. 诺斯：《制度、制度变迁与经济绩效》，
杭行译，上海三联书店 1994 年版。

［3］［荷兰］E. 舒尔曼：《科技文明与人类未来》，李小兵、谢京
生、张峰等译，东方出版社 1995 年版。

［4］［美］查尔斯·林德布洛姆：《政治与市场：世界的政治—经
济制度》，王逸舟译，上海三联书店 1996 年版。

［5］世界环境与发展委员会：《我们共同的未来》，王之佳，柯金
良等译，吉林人民出版社 1997 年版。

［6］［美］艾伦·杜宁：《多少算够——消费社会与地球的未来》，
毕聿译，吉林人民出版社 1997 年版。

［7］［美］霍尔姆斯·罗尔斯顿：《哲学走向荒野》，刘耳、叶平
译，吉林人民出版社 2001 年版。

［8］［美］希拉里·弗伦奇：《消失的边界：全球化时代如何保护
我们的地球》，李丹译，上海译文出版社 2002 年版。

［9］［美］彼得·休伯：《硬绿：从环境主义者手中拯救环境·保

守主义宣言》，戴星翼、徐立青译，上海译文出版社 2002
年版。

［10］［英］埃里克·诺伊迈耶：《强与弱：两种对立的可持续性
范式》，王寅通译，上海译文出版社 2002 年版。

［11］［美］丹尼尔·A. 科尔曼：《生态政治：建设一个绿色社
会》，梅俊杰译，上海译文出版社 2002 年版。

［12］［美］巴里·康芒纳：《与地球和平共处》，王喜六、王文
江、陈兰芳译，上海译文出版社 2002 年版。

［13］［美］罗伯特·K. 默顿：《科学社会学》，鲁旭东、林聚任
等译，商务印书馆 2004 年版。

［14］亚洲科学院协会编：《通向可持续发展的亚洲：绿色、转型
与创新》，科学出版社 2010 年版。

［15］［美］格雷姆·泰勒：《地球危机》，赵娟娟译，海南出版社
2010 年版。

［16］［美］简·E. 芳汀：《构建虚拟政府：信息技术与制度创
新》，邵国松译，中国人民大学出版社 2010 年版。

［17］［美］塞缪尔·亨廷顿：《文明的冲突与世界秩序的重建》，
周琪等译，新华出版社 2010 年版。

［18］［美］艾伯特－拉斯洛·巴拉巴西：《爆发：大数据时代预
见未来的新思维》，马慧译，中国人民大学出版社 2012
年版。

［19］［美］杰里米·里夫金：《第三次工业革命——新经济模式如
何改变世界》，张体伟、孙豫宁译，中信出版社 2012 年版。

［20］［英］维克托·迈尔－舍恩伯格、肯尼思·库克耶：《大数
据时代：生活、工作与思维的大变革》，盛杨燕、周涛译，
浙江人民出版社 2013 年版。

［21］［英］彼得·马什：《新工业革命》，赛迪研究院专家组译，

中信出版社 2013 年版。

[22] ［法］贝尔纳·夏旺斯：《制度经济学》，朱乃肖、周泳宏总译审，暨南大学出版社 2013 年版。

[23] ［美］德内拉·梅多斯、乔根·兰德斯、丹尼斯·梅多斯：《增长的极限》，李涛、王智勇译，机械工业出版社 2013 年版。

[24] ［美］埃德蒙·费尔普斯：《大繁荣——大众创新如何带来国家繁荣》，余江译，中信出版社 2013 年版。

[25] ［美］胡迪·利普森、梅尔芭·库曼：《3D 打印：从想象到现实》，赛迪研究院专家组译，中信出版社 2013 年版。

[26] ［美］大卫·芬雷布：《大数据云图：如何在大数据时代寻找下一个大机遇》，盛杨燕译，浙江人民出版社 2014 年版。

[27] Albert Borgmann. Technology and Character of Contemporary Life. A Philosophy Inquiry [M]. Chicago and London, the University of Chicago Press, 1984.

[28] United Nations Commission on the Environment and Development. Agenda21 [R]. USA：UNCED, 1992.

[29] Cordano, M. Making the Natural Connection：Justifying Investment in Environmental Innovation [R]. Proceedings of the International Association for Business and Society, 1993.

[30] P. A. Geroski. Innovation Technological Opportunity and Market Structure [R]. Oxford Economic Papers, 1995.

[31] Becker M., Ladha J. K., Ali M. Green Manure Technology：Potential, Usage, and Limitations. A case study for lowland rice [J]. Plant and Soil, 1995.

[32] Simvan der Ryn and Cowan. Stuart. Ecological Design [M]. Island Press, Washington D. C., 1996.

[33] Albert Borgmann. Holding On to Reality: The Nature of Informationat the Turn of the Millennium [M]. Chicago: University of Chicago Press, 1999.

[34] Norberg-Bohm V. Stimulating "Green" Technological Innovation: an Analysis of Alternative Policy Mechanisms [J]. Policy sciences, 1999.

[35] Hrubovcak J. , Vasavada U. , Aldy J. E. Green Technologies for a More Sustainable Agriculture [R]. United States Department of Agriculture, Economic Research Service, 1999.

[36] Hoffman, A. Institutional Evolution and Change, Environmentalism and the U. S. Chemical Industry [J]. Academy of Management Journal, 1999.

[37] A. Bartzokas. Policy Relevance and Theory Development in Innovation Studies [J]. Enterprise and Innovation Management Studies, 2001.

[38] Schwitzguébel J. P. Hype or Hope: The Potential of Phytoremediation as an Emerging Green Technology [J]. Remediation Journal, 2001.

[39] Anex R. P. Stimulating Innovation in Green Technology Policy Alternatives and Opportunities [J]. American Behavioral Scientist, 2000.

[40] Nelly udshoorn, Trevor Pinch. How Users Matter: The CO-Construction of Users and Technologies [M]. Cambridge, Mass: MIT Press, 2003.

[41] Murat Isik. Incentives for Technology Adoption under Environmental Policy Uncertainty: Implications for Green Payment Programs [J]. Environmental and Resource Economics, 2004.

[42] Liston-Heyes C. , Pilkington A. Inventive Concentration in the Production of Green Technology: A Comparative Analysis of Fuel Cell Patents [J]. Science and Public Policy, 2004.

[43] Jaffe A. B. , Newell R. G. , Stavins R. N. A Tale of Two Market Failures: Technology and Environmental Policy [J]. Ecological Economics, 2005.

[44] Fagerberg, J. , Mowery, D. C. et al. The Oxford Handbook of Innovation [M], Oxford and New York: Oxford University Press, 2005.

[45] Etzkowitz, Henry. The Triple Helix: University-industry-government Innovation [M]. NY: Routledge press, 2005.

[46] Melissa A. Schilling. Strategic Management of Technological Innovation [M]. The McGraw-Hill Companies, Inc. 2005.

[47] Department for Environment, Food and Rural Affairs [R]. June 2006. Procuring the future: sustainable procurement National Action Plan: Recommendations from the Sustainable Procurement Task Force. http: //www. actionsustainability. com/partners/sustainable_ procurement_ task_ force. aspx.

[48] Jonh Vidal, Dust, Waste and Dirty: The Deadly Price of China's Miracle [N]. The Guardian, 2007 – 7 – 18.

[49] Basel I. Ismail, Wael H. Ahmed, Thermoelectric Power Generation Using Waste-Heat Energy as an Alternative Green Technology [J]. Recent Patents on Electrical Engineering 2009.

[50] Delgado-Ceballos, J. , Aragon-Correa, J. A. et al. The Effect of Internal Barriers on the Connection Between Stakeholder Integration and Proactive Environmental Strategies [J]. Journal of Business Ethics, 2012.

[51] Hall B H, Helmers C. The Role of Patent Protection in (Clean/ Green) Technology Transfer [R]. National Bureau of Economic Research, 2010.

[52] Lema R, Lema A. Technology Transfer? The Rise of China and India in Green Technology Sectors [J]. Innovation and Development, 2012.

后　记

　　本书是在笔者博士论文基础上修改完成的。在即将出版之际，饮水思源，感慨万千。

　　感谢我的博导中央党校赵建军教授。在生活上，老师对我百般关爱；在学术上，老师对我严格要求；在工作上，老师对我谆谆教导。老师常讲，"做研究要有问题意识，学会和敢于提出问题，把问题引向深入，抓住问题实质，触及问题深处""学术研究要一竿子到底，不能浅尝辄止，不能囫囵吞枣"，我都牢记于心。本书从构思选题、拟定框架、逻辑结构、语言分析到撰写、修改、定稿，凝聚着老师太多的心血。恩师对知识的追求、对学术的严谨、对生活的热爱一直影响和感染着我。在此，向恩师表示深深的敬意和衷心的感谢！

　　感谢家人的无私奉献和全力支持。父母的爱深沉而伟大，教我学会坚强、勇敢、执着，看着含辛茹苦的父母双鬓斑白，已过而立之年的我深感愧疚。感谢妻子多年来的理解与支持。仔细想来，我陪伴孩子的时间真是太少了，作为父亲，应尽全力给孩子营造一个良好的学习和生活环境，每每想到这，所有的压力都会转化为前行的动力。感谢弟弟、妹妹为家庭的默默付出。唯有不断努力才是对家人最好的回报！

　　感谢生命中的每一天。人生中没有多少轰轰烈烈的时刻，更多的是平凡中的坚韧、踏实中的奋进、挫折时的反思和成功时的谨慎。我会深入实际而不浮躁、独立思考而不跟风，逆境中泰然奋进，顺境时深思慎行，踏实过好每一天！

感谢中国社会科学出版社社长赵剑英对本书出版的鼎力支持，感谢编辑孙萍、马明的细致校对。本书参考和引用了大量文献，在此对作者表示感谢。由于时间仓促和水平有限，书中难免会出现错误和疏漏，恳请各位读者批评指正。

杨发庭

2017 年 3 月